冰雪世界的远征

毛一雷 著

一次无后援的国家行动

一个史无前例的艰险任务

一位随队医生的生死考验

一段南极冰盖上的传奇故事

中国大百科全书出版社

图书在版编目（CIP）数据

冰雪世界的远征／毛一雷著. —北京：中国大百科全书出版社，2010.6
ISBN 978-7-5000-8382-5

Ⅰ. ①冰… Ⅱ. ①毛… Ⅲ. ①南极—科学考察—日记 Ⅳ. ①N816.61

中国版本图书馆CIP数据核字（2010）第116011号

出　　品　北京全景地理书业有限公司
策　　划　陈沂欢
责任编辑　徐世新　韩小群　郭颖谦
特约编辑　刘　莹
责任印制　乌　灵
供　　图　夏立民　徐　进　毛一雷　余建斌
内文插画　relen

装帧设计　北京美光制版有限公司
出　　版　中国大百科全书出版社
社　　址　北京西城区阜成门北大街 17 号
邮　　编　100037
电　　话　010–88390718
网　　址　http://www.ecph.com.cn
经　　销　新华书店总经销
印　　刷　北京利丰雅高长城印刷有限公司
开　　本　170mm × 240mm
印　　张　19
字　　数　174 千字
版　　次　2010 年 6 月第 1 版
I S B N　978-7-5000-8382-5
定　　价　39.80 元

2009年1月27日

中国第25次南极科考队内陆队

在南极冰盖最高点（Dome A）建立昆仑站

胜利完成了一个几乎不可能完成的国家任务

内陆队随队医生毛一雷真实的记录下这段传奇经历

序一 / Preface One

在南极冰盖之巅——冰穹A建立昆仑站是中国第25次南极考察队最核心的任务，是人类在探索极端环境和自然征程上迈出的新一步，具有重要的科学和政治意义，这项光荣而又艰巨的任务落在南极内陆考察队28名队员的肩上。

内陆队员的选拔是我作为考察队领队最关心也是最担心的事。把素昧平生、极富个性的一群人，组建一个团队去执行这样一项艰巨的任务，这本身就是一个极端重要而又艰难的工作。第一次见到内陆队随队医生毛一雷时心情是复杂的，一雷是北京协和医院具有高级职称的外科医生，有很好的医学学历和经历背景。但已届中年的他为什么要加入这样的队伍？医生的任务在这支队伍中是最不确定的。如整个行动顺利，队医就会“失业”；如有队员遭遇意外，他可能面临世界上最大的工作压力。一雷虽然在网上报名、多次培训和选拔中表现出色，但作为内陆队队医，除医学专业知识和技能外，必须年轻体壮，具有良好的心理素质，更为重要的是：在南极内陆特殊环境下考察队员必须绝对服从命令。内陆队要在两个月多一点的时间里，在南极内陆极端恶劣的条件下，驾驶雪地车队携带大量建筑材料和油料，穿越茫茫雪原到达南极冰盖的最高点，战胜那里高寒缺氧的严酷环境和极为有限的施工条件限制，在最短的时间里完成昆仑站建设施工任务。执行这样的几乎不可能完成的任务，天时、地利、人和缺一不可，任何环节的失败与疏忽都可能导致整个行动的失败。毛医生的专业素质无可挑剔，但他的资历有可能会成为“绝对服从”的障碍，说实话，行动之前我对一雷不无担心。

当我站在中山站迎接内陆队完成建站任务凯旋之时，我再次见到了毛医生，他在内陆冰盖考察中的突出表现与传奇早已不断传到我耳中，所有内陆队员都说，毛医生真是太棒了！他在这支队伍和这次行动中起到了非常重要和关键的作用。他作为先遣队成员参与了前期冰盖布油任务；在向冰穹A挺进过程中，他全程独自驾驶雪地车运送物资和油料；他为恶劣环境下身体出现不适的队员提供及时的医治，整个行动没有出现一人因健康原因减员；在南极冰盖上他完成了两项医学科研的数据采集，为在极端环境下人体生理变化研究获得了宝贵的第一手资料；他主动请战承担了大量厨师、机械师、建设施工队员的工作……在这次行动中，一雷不仅仅是“服从命令”，还主动承担了大量不属于自己的工作，为整个内陆队分忧，内陆队长李院生曾说“毛一雷是内陆队的主力队员”。我承认，一雷的表现的确出乎我的意料。

从艰苦的南极回到国内“文明生活”之后，一雷和我一直保持着联系。

最近，一雷突然把他的南极日记给我看，才知道他居然这么有心，详尽地记录了内陆考察生活中的点点滴滴。以前，也曾有南极队员写日记，但没有过如此真实和生动的生活细节记录。这日记虽不是考察的科学笔记，但其详尽性和真实性足以成为今后南极内陆考察的重要参考。

一口气读完一雷的这部南极日记，很多场景似乎又重现在眼前，勾起了我对那段难忘岁月的记忆。书中的一些意见与感受，也许带有一定的个人情绪色彩，未必为全体南极考察亲历者所苟同，但这恰恰证明了南极自然环境之残酷与内陆考察生活之艰难，一千个人眼中就会有一千个哈姆雷特。我感激这些原汁原味的感受和文字，相信这部日记一定会引领读者，跟着我们考察队员共同喜爱的毛医生，深入南极内陆腹地，积极地领略南极冰盖特有的太阳与风雪，真切地体会南极内陆考察旷世的严酷与豪情。

非常高兴为一雷写一段证明性的文字，以表达我对一雷参加我们这次考察的感激与喜爱!

中国第25次南极考察队领队、首席科学家

中国极地研究中心主任

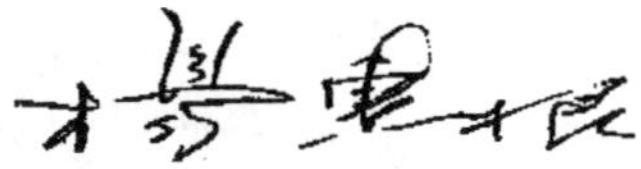

2010年4月于上海浦东

序二 / Preface Two

我从医五十余年，至今还忙碌在临床一线工作和高层的保健任务中，虽然年轻时也不乏传奇经历，但为一本非医学专业的书写序言，说实话，还是第一次。我熟知毛一雷，我的半个老乡。他从欧美游学归来后，曾长期跟在我身边工作和学习，是一个典型的医生。

了解他一步步的成长过程，在我印象里的毛医生是个有着传统外科医生严谨、持重和睿智的“年轻人”。他在自己的业务领域里是非常出色的，他对临床业务和医学研究的近似“疯狂”的追求给我留下深刻印象。这一点无论是同行还是患者都很肯定。我相信以他的学术背景和努力精神，他会在专业领域最终占有一个相当的地位，其实这已经足够了。

但我同时也能感受到，也听人多次说起，毛一雷还是一个“喜欢折腾”的人。他有过许多在我看来非常怪异的旅行经历：曾两次驾车到西藏；在珠峰大本营留下脚印；到非洲马赛马拉草原上看狮子；在尼罗河上划船；于爱琴海和博斯普鲁斯海峡边跑步……我也耳闻，他在这些经历中吃过不少自我的苦头，有时非常“狼狈”，但他还是乐此不疲。也许，他认为这是生活中另一种挑战和刺激，能为他的人生带来更多的经历；也许，这些不同的侧面加在一起，才是一个完整的毛一雷。只要不影响工作，我也不反对。

直到有一天，他站在我的办公桌前说：“钟老，我要去南极冰盖了，是作为南极科考队的随队医生。”我很惊讶！以前协和外科的年轻医生有过作为队医参加南极科考的经历，但走到南极内陆、走上充满风险的冰盖，毛一雷的这个计划实在是有点疯狂。

“你不务正业啊！”我脱口而出。但内心里还是有些许赞同，要是我还年轻说不定我也会去。

“钟老，请放心，四个月之后我就回来。”

几天之后，毛一雷安静地消失了。大家只知道他去了南极，仅此而已。他仿佛陷入了一个信息的黑洞，无声无息。

四个多月之后，毛一雷突然“夺门而入”，面前的这个人把我吓了一跳：肤色紫黑，唯有双目周围略白，对比极其鲜明，估计是拜墨镜所赐；面部略肿，且比常人粗糙了很多，仿佛已被暴风雪蹂躏了许久；乱蓬蓬的头发，发丝枯槁，全不见几个月前光亮、丰腴的模样。第二天，毛医生就平静地投入了医疗工作，仿佛一切都跟往常一样未曾改变。如果不是那双“白眼圈”的提醒，大家差点忘了他刚从南极回来。

半年之后，毛医生把他整理好的南极日记捧到我的面前，让我“批评指正”。我这时才有机会、有心情细细地阅读他在南极的经历。说实话，我被深深地打动和震撼了。

在这无声无息的四个多月里，他原来经历了这么多事儿。

毛一雷是中国第25次南极科考队成员，同时也是内陆队的成员之一。他作为随队医生和队员们一起克服重重困难，在南极冰盖最高点Dome A成功建立了昆仑站；他在极端艰苦的条件下，完成了医疗保障和医学研究任务；他在进入冰盖的征途中全程驾驶雪地车，并主动“客串”了厨师、机械师、摄影师等多个角色……130多天的一点一滴，毛一雷都用录音笔每天如实地记录了下来，并原汁原味地诉诸于文字。从他的记录中，我领略到了冰盖的广袤、冰山的肃穆、海豹的闲适、企鹅的慵懒。我感慨于在极端环境下工作的艰辛，有时甚至充斥着残酷的绝望和无助。一会儿，我为那生死攸关、千钧一发的处境而屏息蹙目；一会儿，我跟随那一个个鲜活的人物而或喜或悲、或怒或叹。当我读到位于南极之巅的昆仑站终于矗立起来的时候，我也不禁喊了一句：中国人，有种！

毛一雷在日记中写道：“人类基因中似乎刻有一种无休止的探索和获取的特质”，我对此深以为然。人类接近自然、了解自然，进而利用自然的历程，不就是这种特质的体现吗？有时候，我们的努力在大自然的伟力面前显得是那么的微不足道和可笑。但是，任何迈向未知世界的脚步，都具有开创性的意义，都是人类血液中“野性”的表达。

如今，毛一雷医生早已从南极回到了我们的身边，早已进入他正常的工作状态。从表面上看，他没有任何变化，就像没有去过南极冰盖一般。但是，当一个人历经生死考验，拥有平常人无法接触的感官体验的时候，他的“内核”抑或是基因上肯定会被刻上独特的“印记”。至于这个“印记”是什么，我也不知道，只有留待时间给我们答案。

看来，没有理由说，任何“不务正业”的行为都是没有影响的。

我推荐大家看一看这段不平凡的经历，也许会有帮助的。

是为序。

北京协和医院外科

2010年3月于北京北极阁三条

主要人物 / Main Team Members

李院生 内蒙古人，中国极地研究中心科学家、教授，担任第25次南极科考内陆队队长。他极地经验极其丰富，被称为“王牌内陆队长”。他善于吃苦、意志坚强，带领全队经受住了生死考验，胜利完成昆仑站建站任务。

夏立民 山东人，国家极地办公室综合处处长，担任第25次南极科考内陆队党支部书记兼副队长。他开卡特车，是队里运输的绝对主力。他还兼任极地考察办公室特派摄像师，记录下许多珍贵的影像资料。本书中部分摄影作品出自夏队长之手。

李侍明 上海人，宝钢金属有限公司副总经理，担任第25次南极科考内陆队副队长，被称为“李总”。他带领宝钢施工队的队员们在Dome A以最快速度完成了昆仑站的施工工作。他性格开朗随和，很会享受生活，为内陆队营造了轻松诙谐的气氛。

崔鹏惠 原籍辽宁，长住青海，是青海洁神装备制造集团分厂的业务厂长，机械工程师，担任第25次南极科考内陆队的首席机械师。他经验丰富，是世界上唯一曾四次去过Dome A的人。老崔在冰盖穿行的途中起到了至关重要的作用，堪称全队的灵魂。

魏福海 大连人，来自中国极地研究中心，在第25次南极科考内陆队担任机械师。小魏是“80后”，非常机灵精干，善于统筹安排日常琐事。小魏有丰富的南极内陆经验和驾驶技术，善于处理复杂问题，从不慌乱。

曹建西 湖南人，来自中国极地研究中心，在第25次南极科考内陆队担任机械师。他毕业于同济大学，为人低调、工作踏实，在去冰盖的路上，还能坚持学习英语。小曹是一个工作积极、思路灵活的“80后”青年。

邹正定 “上海裔”贵州人，贵州柴油机厂工程师，在第25次南极科考内陆队担任机械师。他一直分管两台发电机组的工作，掌管着队里的“心脏”，是全队人员的生命所系。老邹干活有韧劲，一步一步稳扎稳打。他说话的节奏与工作节奏类似，让人急于等下文。

张胜凯 山东人，中科院武汉大学测绘所专家，在第25次南极科考内陆队中承担测绘、定点等任务。他被称为“GPS-man”，是全队的“眼睛”；他是人类到达Dome A后定下最高点位置的第一人；他个性鲜明，不愠不火，语气风格具海派特色。

宫雪非 安徽人，中科院南京天文光学技术研究所科学家，在第25次南极科考内陆队任雪地车驾驶员，并负责相关专业科学研究。在内陆队里绰号“老公”，他身材消瘦，道骨仙风，清雅恬淡，神采飞扬。

次旦罗布 藏族人，西藏自治区第一人民医院心内科和高原病研究所医生，在第25次南极科考内陆队担任随队医生，主要负责队里的高原病防治工作。他始终是一个热情快乐的人，周围的人也常被他的快乐情绪所感染。

许　波 湖北人，中央电视台记者，负责第25次南极科考内陆队的前方报道。他白白净净，是“硕果仅存”的到过冰盖却没有被晒黑的“独苗”。他说话和气，努力地为工作打拼，属于新时代青年。

徐　进 北京人，中央电视台摄影记者，负责第25次南极科考内陆队的前方报道。他因少语且常作沉思状，故常被误认为反应迟钝。他在户外活动和摄影技巧方面都达到了相当专业的水平。本书中部分摄影作品出自这位老兄之手。

张宏忠 北京人，任职于同仁医院，担任第25次南极科考内陆队厨师，人称“冰盖第一厨”（注：前几次内陆冰盖队均未配厨师，这次是第一次）。老张为人豪爽、率真，一口地道的“京片子”，颇有京都“侠客”之风。他在科考过程中利用有限的资源，为队员们准备了花样繁多的美食，保障了队员们可以保持充沛的体能。

姚　旭 安徽人，宝钢公司队员，参与在Dome A建立昆仑站的施工。他的工作积极性在宝钢队员中排第一，浑身上下透着灵气。他一路开着卡特雪地车，喜欢琢磨，创立了“组合运输法”和“两组重量分配起动法”，大大提高了运输效率。

目录 / Contents

谨以此书献给那些为中国南极科考事业奉献青春与生命的人们！

第一部

向南、向南、再向南！
驶向南极冰雪世界

1 南极梦开始的地方

2008年11月4日 星期二

下午2点整，我步入北京国际机场候机楼，将搭乘下午3：35的国际航班，从北京经上海转机，飞抵澳大利亚首都悉尼，在那里登上在弗里曼特尔港（Fremantle）临时停靠的“雪龙号”，与第25次中国南极科考队队员们会合，正式开始我的南极之旅。

曾多次踏进北京国际机场候机楼，尽管这一次的意义大不一样，但心情并没有想象中那么兴奋和激动。是心态在衰老，还是心智在成熟?

从上海飞抵悉尼需要十几个小时，我有充足的时间整理自己的心情。绚丽的极光、冰雪的世界、懒洋洋的海豹、憨态可掬但对爱情忠贞不渝的帝企鹅……提起南极，很多人脑海中出现的是这样纯净唯美的画面。但我清楚地知道：我此番面对的，将是一次充满风险和挑战的旅途。

我告诫自己，必须比任何时候都更加认真细致地筹划。从开始酝酿南极之行，到出发道别之际，我一直向亲人、朋友们尽量轻描淡写此次行程的风险。如果把风险如实告知他们，只会徒增他们的牵挂和担忧，却于事无补，这不是我的风格。

在多年来的工作中，我已经养成遇事提前考虑、规划，做好最坏打算的习惯。我开始再一次预想此次南极之行可能会出现的各种状况：严寒、暴雪、翻车、迷路、掉入冰裂缝……思路逐渐迟缓，我居然在飞机上糊里糊涂地睡了一觉，这在我的飞行史中并不多见。

去往南极途中，为保持体能，内陆队队员在雪龙船的甲板上晨跑锻炼。

澳大利亚弗里曼特尔港码头前的火车站，弗里曼特尔港是一个宁静、美丽的小城镇。

为雪地车装履带，宽宽的履带适合在南极冰盖表面行驶。

经过重新装修的雪龙号停泊在澳大利亚的弗里曼特尔港口，在这里补充物资食品，然后直接开往中山站。

2008年11月5日
星期三

当地时间早上8：40（北京时间早上5：40），飞机在悉尼机场降落。时隔19年，再次降落在悉尼机场，面对似熟非熟的候机楼和机场，尽管已是不惑之年，“物是人非”的感慨还是涌上心头。

19年前，我第一次出国，也是我第一次坐飞机，就是从悉尼转机到南澳大利亚州州府阿德莱德（Adelaide），在那里的Modbury医院当住院医师。第一次远离家人踏上异国的土地，有些微微的忐忑，但更多的是踌躇满志。

当时国内条件和西方国家相去甚远，悉尼机场候机楼的各种设施、服务、店铺，无不让我感到既新奇又惊讶。19年后，命运让我再次回到这里，机场还是那个机场，设施却也没有多大的变化，甚至机场里的人流和气息都似曾相识。而我，经历了那么多之后，早已不再是当初那个对悉尼机场充满惊奇和羡慕的毛头小伙子了。

从悉尼搭澳大利亚国内航班赶往佩斯（Perth，西澳大利亚州的首府）。佩斯机场规模更小，也更精简，但是干净整洁，亲切便利。佩斯四季分明，属地中海气候，是澳洲境内阳光最充沛的首府城市之一。此时在南半球正是春末夏初之际，当地的人们已经穿上了短衣衫。

从佩斯机场出来后坐上出租车，原计划是到当地火车站，再乘火车到离佩斯十多公里的南部港口小镇弗里曼特尔，我们的“雪龙船”正停靠在弗里曼特尔港。出租车司机告诉我，如果坐出租车从机场走旁路直接插到弗里曼特尔港，虽然稍贵一点（50澳元），但可省去很多周折和麻烦，我同意了。

出租车司机的英语带有明显口音，我猜测他是斯拉夫裔移民，交流后证实，他果然来自前南斯拉夫的萨拉热窝。话题自然谈到年轻时看过的南斯拉夫电影《瓦尔特保卫萨拉热窝》，瓦尔特当时可是全中国人民心中的英雄。

司机一下猜出我是中国人，他说他遇到的每一个中国人，不管是留学生还是商人，只要听说他来自萨拉热窝，就立即提到瓦尔特。司机自豪地告诉我，他本人就曾在瓦尔特牺牲的那个老电厂工作过，该电厂后改名为“瓦尔特电厂”。一个国家的英雄被另一个遥远国家的民众赞扬、推崇和记忆，确实是件令人自豪的事情。第三世界国家的移民在谈到美国时，态度总是高度一致，司机言语之中表现出对北约组织轰炸、拆分南斯拉夫联盟的愤愤不平。

出租车上的交谈很融洽，闲谈中不知不觉半个多小时过去了，我们到达了弗里曼特尔镇。

这是一个典型的西方小镇，很少高楼，当地最高建筑是一座纪念在朝鲜战争中阵亡士兵的纪念碑。建筑多是旧式的欧洲风格，整个小镇安宁平和。出租车载着我在小镇沿港口的路边转悠，寻找雪龙船。在事先同船长和当地代理的沟通中，已得知雪龙船就停泊在火车站附近。

终于找到了火车站，规模很小，门口清静，是一栋别致的小房子，猛一看还以为是座教堂。在火车站正后方，我看到了高耸的红色吊车缆臂，曾在照片中看过雪龙船的吊车，我几乎确定那就是雪龙船。出租车停下来，当我看到通红船舷上巨大的“雪龙”二字，一颗心终于放了下来，那是一种找到“组织”后如释重负的感觉。

跟出租车司机道别后，我迫不及待地来到船边。码头上有一伙穿着鲜红队服的人员，他们正忙着组装一辆德国产的雪地车PB300，指挥大家的是一个长方脸、外形阳刚、堪称“老帅哥”的中年男子。第一次近看雪地车，体积并没有想象中那么大，像一辆小型坦克。那个老帅哥“指挥官”正是拥有“冰盖王子”美称的传奇英雄人物——本次内陆队队长李院生教授。

登上雪龙船甲板的那一刻，我知道没有任何理由、任何意外能阻止我去南极了，南极我去定了！

我被安排同李队长一个舱，五层的一个单人房间。原本是李队长一个人住，但由于第25次南极科考人员数量之多是有史之最，共有204人，将近40人没有固定床位，我的床位就是李队长房间内的一个长沙发。

船上的条件比我登船前的想象要好得多。房间里有洗手间和淋浴设备，舱内有空调，饮食也不错，还免费供应啤酒、牛奶和速溶咖啡等。最重要的是，通讯设备也还算齐全。

舱房的凌乱程度在我的意料之外，但想一想也在情理之中，因为204名队员中只有7名女队员。凌乱是我们生活中久被压抑的本性，短暂的不适应后，我很快释然了。可以随便乱丢东西、可以不用铺床叠被、可以臭袜子满天飞，但不会有任何唠叨和指责，一种无法言表的自由感油然而生。

雪龙船停泊在澳大利亚的弗里曼特尔港，这里是它远征南极前最后一个补给站。

2008年11月6日
星期四

雪龙船是11月3日傍晚到达弗里曼特尔港的。经过几天的整修、补给后，将于明天开拔。今天是比较清闲的一天，我决定好好探究一下雪龙船。

我们国家在南极的科考工作，最主要的根据地是“一船两站”，两站即“长城”和“中山”两个南极科考站，而“一船”指的就是雪龙号船。这是一艘两万吨B1级的破冰船，1993年从乌克兰进口，因前苏联解体，当时中国政府以1750万美元的低价购得。

之后进行过一系列的升级改造，升级改造费近2亿元，大大提高了船上科研设施和生活设施的配备水平，现在雪龙船的身价估计值7亿元人民币。现在的雪龙号相当于一个海上极地科考站，已经去过10多次南极和3次北极，为我们国家极地科考工作立下了汗马功劳。

在一层甲板下面有一个可容纳150人左右开会的多功能厅；一个小小的游泳池，大概有5~6米宽，10余米长，放水后水深约可达3米。听说不会游泳的李队长曾经独自下水，差点有生命危险。池内目前还没有放淡水，可能是要等到确保淡水充足时再放吧。

游泳池旁还有一个迷你桑拿室；一个健身房，里面有些简单的器械；靠右边有一个方方的房间，房顶比较高，两边的墙上有篮球架，虽然整个场地可能还没有半个篮球场大，但已然能进行小型的对抗赛。就是不知开船后，在摇晃的船上投篮，命中率能有多高？

雪龙船的驾驶室在最高层，科考队员被允许自由出入，前提是保持安静、不影响船长和其他船员们的工作。驾驶室显然比其他房间宽敞得多，而且“前后通透”，四面有朝下倾斜的玻璃窗，能够清晰地看到周围的海面。

雪龙船在行驶中全程使用卫星导航，在玻璃平板中有一个全球卫星定位系统（GPS）的电子航海图，沿着这张电子图的航线走，方向基本上就不会出错了。我突然想，与郑和下西洋时代和15~17世纪欧洲人的“大航海”时代相比，科技的进步，是否使得对船长的航海技术和个人决断能力要求要小得多？那时的船长大部分只能靠经验和直觉来驾驶船只。

雪龙船的船长是一个瘦小、和蔼的中年人，同我想象中叼烟斗、留胡子、瞪眼睛的船长形象有很大的反差。我小心地走进驾驶舱，提防着被严厉喝斥“离开工作重地”，但船长热情的笑容很快打消了我的畏缩心理。打了招呼以后，他还简单地回答了我几个有关驾驶的问题。进入驾驶室和船长一起“开船”，有很强的参与感和莫名其妙的优越感。

今天的另一个任务是在船上接通我的电子邮件。任何时候我们都需要和家人朋友保持必要的联系，而我还有很多本职工作要继续，“通邮”就更为重要了。主管船上通讯的尤主任是一个总是乐呵呵的、带浓重广东口音的中年人，在他的房间里居然有一套喝乌龙茶的茶具和很讲究的小杯子，即便在船上，喝茶时的程序也一道不落下。

2 | 穿越魔鬼西风带

2008年11月7日
星期五

凌晨6点整，晨曦中，我们28名“内陆队”队员在码头上集合，开始跑步锻炼。

雪龙号上200多人中，除了船务、后勤人员，大部分是科研工作者，他们中有些就在船上进行科研工作，有些则要到南极中山站上工作。虽然我们全体都属于“中国第25次南极科考队”，但是只有28个人将进入南极内陆，承担建设昆仑站的任务，所以我们又被称为“内陆队”。

李院生队长要求内陆队队员在船上必须坚持早锻炼，因为雪龙船从上海到南极，需要近一个月的时间，必须让每位队员保持良好的体能状态。而且，这样的“集体活动”能培养队员们的团队意识。冰盖建站任务艰巨，而这支队伍的成员来自四面八方、各行各业：有国家极地办的专职人员、冰盖气象科学家、新闻记者、医生、厨师，还有实际建站的12位宝钢建筑工人（他们被媒体称为“中国最牛民工”）。成员之间互相没有行政约束，没有谁是绝对的领导，在内陆艰苦环境下，团队合作意识和集体主义精神尤为重要。

上午10点，雪龙船按时起锚，在领航员引导下慢慢驶出弗里曼特尔港港口。

起锚时天气非常好，称得上风和日丽，大家心情也很愉悦，仿佛一段美妙旅程就此开始。但是，约一小时后，船就开始颠簸，愉悦的心情很快被上下左右翻腾的海浪打得乱七八糟，所有人都或多或少出

在南半球南纬45～60度之间，太平洋、大西洋和印度洋是相互连通的，没有大陆阻隔。这一区域常年刮着猛烈的西风，给航海带来很大威胁，被称为“魔鬼西风带”。经过“魔鬼西风带”时，万吨轮船犹如一片树叶在巨浪中颠簸。

现了晕船反应，有人开始呕吐。

我没有在大洋中航行过的经历，上一次坐船也是很久远以前的事了，虽然难受的感觉已经出现，还是莫名其妙地认为我应该是不会晕船的。我打开电脑准备处理邮件，但是，仅回了半封邮件，突然感到头晕、全身乏力、出冷汗，并且有很恶心的、要上吐下泻的感觉……不得不承认，我也彻底晕了！那是一种完全不能自我掌控、完全无助的感觉。赶紧关上电脑躺在床上，15分钟以后才觉得稍微好了一点。突然间想起一个故事：一个刚上舰艇的新水兵，被晕船折磨得痛不欲生，向舰长申请离舰没有得到批准，感觉生不如死的小水兵直接跳海了。没有经历过真正晕船的人，恐怕很难想象这种痛苦，我觉得有点理解这个小水兵了。

晚上我又一次光顾了顶层的驾驶室。尽管船体还很摇晃，但驾驶室很安静，暗暗的灯光仿佛投射出沉着和坚定，使人觉得无论情况如何变化，都在船长的掌控之中。台灯的光线优雅地照在航海图上，驾驶台上电子导航仪闪闪烁烁地跳动，反衬得船外的狂风和海面格外狰狞、漆黑。船长告诉我，如果我们现在沿着航线朝正南开，会正好遇到一个气旋，我们的船就有可能遭遇风险，至少也会拖延时间。所以雪龙船现在正偏转航线朝西航行，力图避开这个气旋，并且要在下一个气旋到来之前，尽快通过这一地带。

不知道我们这次的运气会如何？离南极还很遥远，真不知道大海还要怎么折磨人！

2008年11月8日
星期六

今天是周六，北京的家人、朋友们应该正在悠闲舒适地过周末了。从现在开始到明年3月下旬，周末对我来说将没有任何意义。这也不坏，不断经历一些完全不同的生活，不正是我一直所追求的吗？回忆筹划出征南极的经过，从第一次接触国家极地考察办公室的人员，之后一步一步地安排、计划、争取，西藏艰苦的体能训练，到最后各个部门、各个层面的层层审批等，花了我将近2年的时间，才使我今天能够在这艘船上“享受”晕船的感觉。晕晕乎乎之中心里还是很欣慰，算是实现了人生的一大夙愿吧。

上午的锻炼取消了，因为有一个“私下的”、“民间的”活动要举行。这个活动是由参加昆仑站建设的12名宝钢队员组织的，他们从九华山请了一尊地藏王菩萨到船上，告诉所有内陆队员：人人都可以去上一炷香求平安。这是他们在经历比较艰难的建筑和旅行任务时必做的程序，也可能是建筑行业中的惯例。很多航海专业人员出海前也有拜佛求平安的习惯，也许同他们的渔民前辈的习俗有关。

宝钢项目经理李侍明担任内陆队的副队长，为了低调，他称这是一个“民间活动”，自由参加，去不去悉听尊便，其实队里所有人陆陆续续都去了。李侍明副队长还送给每人一个开过光的写有“出入平安”的镀金牌子和一串手腕上戴的佛珠。

船在弗里曼特尔港启航时，我80岁的老母亲发给我的最后一条短信是“菩萨保佑你”。虽然至今我没有真正的信任何一种宗教，但我从不敢随意否定一种信仰。母亲年轻时也是不信佛的，但现在信了。

2008年11月9日
星期日

颠簸、摇荡的雪龙船继续航行。坐在舱内可以清清楚楚地听到舱外的狂风挟带着巨浪拍打船舷的声音。

我对船体的摇荡已经明显适应多了。上午尝试着到船上的各个房间去串门，与人闲聊可以分散注意力，中午和晚上都能正儿八经地吃一点饭，下午还换上运动衣和球鞋，在健身房的跑步机上跑了一会儿步。在颠簸的船上跑步有点困难，脚步左右摇晃，时轻时重，坚持跑了5公里，出了一身汗，感觉比较好。自己觉得已经不晕船了。

可惜好时候很快就过去了，到了晚上，船体摇晃明显加剧，海面上12级的飓风掀起了七八米高的巨浪，晕船的感觉重新回来，原来雪龙船已经驶入传说中的“魔鬼西风带”了。

“西风带”在南半球南纬45~60度之间。在这里，太平洋、大西洋和印度洋是相互连通的，洋面上没有任何陆地，即包围南极大陆的一圈海洋。

由于地球自转，这一区域会刮起西风，西风顺地球绕一圈但没有任何阻碍，风会越刮越快、越吹越猛。同时，南印度洋的暖气流、洋流遭遇来自南极的冷气流、洋流，也会加剧风浪的旋转，造成地球上独一无二的巨浪飓风区，这就是所谓的“西风带”。

西风带一直都是航海人员恐惧的地方，因为当船卷入西风带气旋后，极有可能出不来。据李队长介绍，22次队（第22次南极考察队简称）的时候，他搭乘澳大利亚考察船进南极，正好遇到西风带气旋，在西风带这15个纬度区域里来来回回迷航了50多天，最后幸免于难很大程度上靠的是运气。其实最早到达南极的“先驱者”们，大多都无心为之，是被风暴“卷”到南极周边地区的。

站在六层驾驶室里，看着这两万吨的庞然大物被狂风巨浪肆意蹂躏，船头一会儿整个没入海水中，一会儿又被高高抛起，海水从两侧泻回海中。窗外一会儿看到的是整个天空，一会儿又是整片海水。让人在晕船的痛不欲生之余还要胆战心惊，因为感觉船随时会翻倒！

只能祈祷赶快通过这个魔鬼地带！

2008年11月10日
星期一

今天雪龙船仍在西风带内航行，但已经成功避开了前一个气旋，后一个气旋尚未形成，因而船的摇摆在一个能够忍受的范围。因为看电脑屏幕还是会感到头晕，所以我主要是躺在床上休息。

与很多人相比，我是幸运的，因为晕船并不影响我的食欲，吃饭

时胃口一直不减，也少有呕吐反应。船上有一位可爱的女队员小罗，晕船晕得厉害，吐得一塌糊涂，但一直坚持锲而不舍地吃饭。她经常吃着吃着忽然就不见了，一会儿又回来了，原来是找地方吐去了，吐完了再坚持回来吃。

中午在餐厅吃饭的时候，一个海浪把二层餐厅后面的一块船窗玻璃打碎了，海水一下子涌了进来，可以想象海浪的力量有多么巨大。

雪龙船行驶途中，前方出现一道美丽的彩虹。雪龙船是一艘两万吨B1级的破冰船，我国从乌克兰购得，经过系列升级改造，它现在相当于一个海上极地科考站。

下午本来还准备去跑步的，但从船体摇摆程度和自身身体状况分析，只能放弃。虽然晕船的感觉时强时弱，但我的情绪却前所未有的放松，因为第二天不会有各种病人和生死攸关的手术。睡不着我就不睡，实在累了、困了，倒头就能睡着。

我有幸与李院生队长住一起，可以了解更多实际情况和细节。

Dome A，是南极冰盖最高点。那里高海拔、极度寒冷，长期被西方南极探险学家称为“人类不可涉足之地”。现在我们不但要进入那个不毛之地，而且要在极短时间内建立起昆仑考察站一期工程，其艰难程度、风险程度可想而之。

2008年末至2009年的中国第25次南极科考队的所有任务中，内陆队建设昆仑站是重中之重，在一定意义上可以说，只有内陆队建站成功，这一年度的南极科考才算圆满完成任务。海洋局领导和第25次南极科考队的领队可能都明白，内陆队建站成功与否，可能直接关系到对他们工作的评价。

进入澳大利亚领海之后，雪龙船上升起澳大利亚的旗帜以表尊重。这是一种国际通用的航海礼仪。

第一次看到冰山，大家非常兴奋，这说明基本通过西风带，快要进入南极地区了。

宣教过程中只了解到有几辆车的车况不好，开进内陆会有困难，但从李队长和几位有经验机械师的眼神中，我能读出他们有更多的忧虑。虽然在物资准备、人员选拔、车况检修、油料配备、食物挑选等可控制的环节，都有着细致而周密的准备，虽然人人都抱着“必须建站成功”的信念，但在Dome A，未知情况太多，谁也没有百分百成功的把握。而在南极冰盖，失败并不意味着可以重新再来，因为任何一个意外，都可能导致某些生命的终结，甚至是28人组成的内陆队的全军覆没……

恐怕只有我们中国人“胆敢”在条件并不充分的时候还会开始行动。

2008年11月11日 星期二

我逐渐认识了同船的人，结交了一些朋友，有了比较多的私下交流。各种职业的人聚集在雪龙船上，像一个小社会。里面有气象学家，来观察南半球和南极附近气候的变化和特点；有海洋学家，在船行进到不同区域时采集海洋浮游生物和其他海洋标本；而李院生队长这样的冰芯学家，只有到南极冰盖才能打冰芯、采样本，才能开始科研。

我也带了中国医学科学院的两个医学研究任务，研究人在极端环境下机体的适应和调整，但这好像不是南极考察的主流科研项目。船上有一位去中山站越冬的陈医生，他充当“船医”角色，所以在专业上我基本是一个闲人。

船上有不少新闻媒体的记者。两位中央电视台记者许波和徐进，将和我们一起奔赴内陆冰盖。还有新华社、人民日报和海洋报的记者，他们将在中山站完成采访任务，人民日报记者余建斌是我的宁波老乡。他们都很敬业。虽然单位里对报道工作并没有具体的任务指标，撰稿数量、图片数量都没有明确规定，但是，无论通讯条件怎样恶劣、晕船反应怎样痛苦，他们一直坚持用各种方式向国内传递实时报道。船上204名队员，身后就有204个家庭和千万颗牵挂的心，雪龙船上传回的任何点滴信息都是珍贵的，都备受亲人朋友们的关注。

船上生活除了每天早上的锻炼外，每晚还要集中开会学习，有第25次考察队的大会和内陆队28名队员的小会。学习内容都很实用，比如雪地车的种类和型号、操作注意事项、曾经出现过哪些故障、在冰盖上可能遇到的危险和自救他救方案等。

如同战争即将打响之时，向士兵们“速成”如何开枪和打炮，其重要性不言而喻。如果有雪地车出现故障，业已超负荷的物资运输将更加困难，如果28名队员中有两人以上因故终止行程，那这次建站任务就极有可能完成不了。这就是为什么这次内陆队中超规格地安排了两位医生的原因，除了我这名外科医生外，另一位是来自西藏高原病研究所的藏族医生次旦罗布。

2008年11月12日
星期三

进入西风带已经两天，多数人都在饱受风浪折磨：有些人整天平躺在床上；有些人几天未进食，已经开始输液；有些人出现严重的呕吐反应……那是种脚底无根、无处躲藏的感觉。有两位船员藏进直升机的停机坪里；另有一位兄弟像猫一样蜷缩在甲板上的锚绳盘成的圈里面。典型的鸵鸟心理，就好像海浪看不到你，你就能躲过西风带的“魔掌”一般。其实无论你藏在哪儿都一样，即便你跳下海也躲不过去，这就是西风带！在大自然面前，人类确实渺小和微不足道。

有趣的是，餐厅的人气指数是雪龙船摇晃程度的直接反映。晃得厉害的时候，用餐时餐厅没几个人，厨师精心准备的食物尽数浪费；而当船稍稍平稳，各类人员纷纷从各自藏身角落钻出来，情况一有变化又立刻随之消失，比战事疏散都快。

后来听船上的老队员用36个字总结过西风带的感受：一言不发，两眼无神，三餐不吃，四肢无力，五脏翻腾，六神无主，七上八下，久卧不起，十分难受。总结得很是准确、传神、到位，堪比千古流传的卓文君数字诗，人民群众太有才了！

下午5点40分，广播传来通知：雪龙船左舷发现一座冰山！沉寂多日的船舱里立刻热闹了起来，大家兴奋地跑出舱外，有些人甚至来不及披上外衣。冰山矗立在雪龙船左前方不远处，呈圆桌形状，在蓝天碧海之间轮廓分明，晶莹剔透，异常漂亮。

有经验的人根据目测初步估计，此块冰山长约800米，宽约500米，高200米左右，无法想象这样的庞然大物居然是一个漂浮物体。大家像过节一样聚集在甲板上，更有人冲进驾驶台，欢呼雀跃，互相庆幸，所有的照相机、摄像机都被派上了用场，随船的CCTV、新华社、人民日报等记者开始赶稿，把第一次看到冰山的情景和这里的气氛第一时间发回国内，后方多少颗焦急的心在等着这一消息啊！

看到冰山时的兴奋，不仅仅是因为它漂亮或因为它和周围海景融合在一起的独特美丽，还因为冰山的出现预示着雪龙船即将进入浮冰区！进入浮冰区后，船就不会晃动得那么厉害了。雪龙船即将远离魔鬼西风带，我们即将摆脱晕船的折磨，怎能不欢呼雀跃！第一个发现冰山的徐进还被奖励了特别的礼物——两罐用南极冰水酿制的啤酒。

经测量得知，这座冰山位于南纬55度73分，东经99度处，离实际西风带的边缘南纬60度还有大约4个纬度。晚上8点船长通过广播告知全体人员：雪龙船安全顺利地穿越了西风带，整艘船毫发无损，没有人员受伤，没有意外事故，我们胜利了！当晚所有人睡了个好觉。

3 | 挺进南极圈

2008年11月13日 星期四

自从昨天傍晚看到第一座冰山后，海面上一片宁静，漆黑黑的，再也看不到冰山踪影了。雷达显示，至少在10公里范围内，没有可观察到的冰山。但平静的海面提示我们，船正航行在周围有浮冰、冰山或岛屿的海域里，因为狂风被海洋表面物体抑制了。

凌晨3点，天就开始发亮了。离极点越近、越临近仲夏季节，就越能体会到“白昼”。虽然隔着两层窗帘，光线还是穿过缝隙透了进来。拉开窗帘一看，惊喜地发现浮冰现象出现了。穿上所有衣服带上照相机，跑到驾驶室，雪龙船前后左右都漂浮着大小不等的浮冰，大的像大圆桌面，小的碎成脸盆大小，泛着微微的光亮。

专业人士称它们为海冰，是由于海面气温低，海水结冰而形成的。海冰长不高，也没有根，化了是咸水。我们之前看到的冰山，是南极大陆冰架下海后，断裂漂移的一部分，化了以后是淡水。

很快地，船舱里挤满了看浮冰的人，大家争相拍照。第一缕阳光出现了，浮冰上没有任何污染，没有一丝尘埃，在阳光照耀下晶莹剔透，有的呈清澈的蓝色，大部分是晶莹的白色。

最让人兴奋的是，有的浮冰上居然躺着海豹，你难以想象，身形巨大的海豹可以如此慵懒地躺在浮冰上，随着浮冰惬意漂移。当巨大的雪龙船经过身边时，它们也只是抬头漫不经心地看一眼，随即又懒懒地趴下去，一副事不关己、高高挂起的姿态，引起我们一声声的惊

进入南极圈，在白色浮冰和蓝色海水的衬托下，红色的雪龙船非常醒目。

呼。离雪龙船不远处，一艘日本捕鲸船正在作业，原来这个区域还是鲸鱼经常出没的地方。

随着船的航行，浮冰密度越来越大。整个雪龙船仿佛行驶在一大块平整的冰面上，如果不细看，难以发现冰与冰之间有裂隙。行进中，船头和船底部不时有“吱吱嘎嘎”或“砰砰”的声音，那是雪龙船在破冰的声音。在“西风带”里被狂风巨浪“欺负”，到了冰封的洋面，雪龙船才得以发挥威力。据船长介绍，普通船只的侧面钢板一般只有2厘米厚，船头稍稍厚一点。作为B 1级破冰船，雪龙船船头钢板有50厘米厚，两侧船舷的钢板达5厘米，能以1.5节航速连续破厚度1.2米（含0.2米的雪）的冰。

但是，随着海冰越来越厚，威猛的雪龙船也开始吃力了，前进开始不易，船长和大副商量后，决定稍改航向。三年前，澳大利亚一艘破冰船遇到海冰区，贸然进入，结果被卡在冰中，进退两难下被困许久。目前雪龙船已到了南纬60度，东经99度，如果沿着相同纬度朝西开，到东经75度左右（中山站的经度），就能比较有策略地避开厚的海冰区。

由于船体趋平稳，原来不知躲在何处的队友们纷纷现身到餐厅吃饭，使得餐厅爆满，以往可随便盛的菜肴被大师傅严格掌握菜量，每人只许一勺。有一位晕船最厉害的兄弟吃完饭后，感觉还是不舒服，戏称本已快要习惯了摇晃的感觉，现在却平稳了，需要重新适应平稳。我的同行、藏族队医次旦实在是被摇怕了，在餐厅吃饭时两眼还紧盯着窗外的海面看，突然看不到浮冰了，紧张地说了句：浮冰去哪儿了？随后赶紧溜回船舱平躺下去。

经过几天颠簸，体会到了海员的辛苦：被风浪肆意颠簸蹂躏，有时还需要在茫茫大海上连续航行数月甚至半年，生活是真正的简单、枯燥。我一定做不了海员。

2008年11月14日
星期五

今天雪龙船几乎朝正西开，沿南纬60度一直到东经75度左右，也就是中山站所在的经度了，再朝南过冰封区，至南纬69度就到达中山站了。

下午船又有些摇晃，到驾驶室一打听，才知道原来我们刚刚躲过了一个气旋，紧跟着下一个气旋在雪龙船的正前方形成了，中心风力12级，气象云图表明我们的船几乎在飓风的中央。这种情况以前也只是在气象预报中听听而已，而今却身在其中。幸亏有部分浮冰区保护，船体的摇晃基本还能承受。

从18世纪开始，西方探险家就开始有意识地向南航行，寻找传说中的“南方大陆”。他们驾驶的是双桅杆木船，既没有GPS卫星导航，也没有雷达。当海面上能见度非常低，暴风掀起巨浪的时候，他们应该是完全看不到前面的冰山和前进方向的，双桅杆木船在大海中像一片叶子……但他们还是照样完成了航程，令人敬佩，也让人觉得不可思议。

在海上旅行中，各级领导、各专业组人员一直在不间断地开会，讨论到站后的物资卸运、出发准备、人员分工等方案和具体细节。船摇晃得厉害时，大家就在会议桌上趴一会儿，好点了就重新开始。

今天下午的会议主要是落实内陆队队员的具体任务安排。下船后各种行动是不允许出现任何差错的。船上的所有建站物资都要运到中山站，整理后装上雪橇；4辆雪地车需要装上履带并试车；找到并挖出24次队留下来的雪橇和其他物资，它们已被去年的雪深埋在地下……特别重要的是，我们不能遗漏任何一样小东西。如果有一件建筑配件遗漏，哪怕是一片钢片、一个合页，都可能导致昆仑站无法建成。

下达任务时的气氛，让人觉得我们像一艘登陆艇上全副武装、等待出击的战士，船正向对岸逼近，登陆艇甲板一放下，就是我们冲锋陷阵的时刻！大家群情激昂，摩拳擦掌，准备迎接一次从未经历过的战役。如此豪迈，前面所经历的风浪和颠簸又算什么呢？

后来知道，对于25次队内陆队员们来说，这些风浪和颠簸确实算不了什么。这些困难完全不是故事，甚至不算故事的开始，真正的艰难险阻还都在后面。

2008年11月15日 星期六

雪龙船继续朝西偏南方向艰难行驶，到了南纬62度，东经80度的方位，离中山站已经不太远，约80海里（1海里=1.85公里）。

为了给昆仑站建设预留充裕的时间，今年雪龙船计划到达中山站的时间（11月17日）比去年提前了将近1个月。但现在看来，南极的夏季还没真正到来，海冰融化的情况远不如去年。从卫星云图上看，中山站附近的海冰基本未化，雪龙船行进越来越困难，最后可能根本无法前进。如果是这样的话，只能采取海冰卸货。

所谓海冰卸货，是指先将船上的货物用吊车卸载到冰面，然后装载到雪橇上，再用雪地车牵引雪橇，从冰面运输至中山站。但由于冰厚不均匀，有的区域可能不能承载如此大的重量，万一冰面碎裂，后果严重。所以这个措施存在着很大风险性，属万不得已之策。

南极是一个无人居住的大陆，其面积相当于中国加上印度次大陆，大约1400万平方公里，不属于任何一个国家的领土。国际公认的“南极条约”规范着来自各国的科考队的行为。20世纪80年代我国在南极建设了两个科考站：长城站和中山站。长城站在南纬62度左右，处于南极圈以外；中山站在南纬69度，属南极圈内，科考意义比较大。

世界各国在南极建立了数十个科考站，但这些站点绝大部分同长城站和中山站一样，建立在南极洲的海岸边上，环境条件相对

越向南行，海面上的冰山越多。这些大冰山从南极冰架上断裂下来，在漂浮过程中逐渐融化,融化后是淡水。

温和，仲夏化雪后可看到裸露的地面，供给和救援相对方便。而南极大陆95%以上的面积全年被冰雪覆盖，我们称之为冰盖。冰盖上积雪终年不化，高海拔、高寒，气候条件极其恶劣。我们平常会用“无人区”来形容某地环境极度恶劣，而南极内陆，则几乎是“无生物区”。

Dome A处在内陆纵深，环境极端恶劣，一直被西方探险家们认为是人类无法到达、到达后无法生存的地点，更不用说建立科考站。2005年1月18日，中国第21次南极考察队从陆路实现了人类首次登顶Dome A，第一次领衔的队长就是李院生。2008年1月12日，中国第24次南极科考队再次登上冰穹A，为建站做了一系列准备。

这次是中国第25次南极考察队，我们内陆队的任务就是要将人类史上规模空前的队伍和物资运上Dome A，并在那里建立昆仑站一期工程。前两次登顶Dome A进行了一些有意义的勘测，前期勘测已发现，人类能在Dome A生存的时间极短，只有在1、2月之间，即南极洲最热的一个月（“最热”的季节平均气温也在零下30℃左右）。我们必须计算好时间，在1、2月间到达、完成建站并成功撤离，如果不能按时撤离，整个内陆队只能坐以待毙，因为外部救援是不可能的。

在Dome A建站的政治意义和科考意义是其他站所没法比拟的。从科学考察和极地活动话语权的角度来看，南极地区有4个必争之点：极点、冰点、磁点和冰盖最高点（Dome A）。前三点已分别由美国、前苏联和法国占据，中国此次筹建昆仑站就是为了抢占最后的这个“最高点”。如果建站成功，将标志着中国从极地科考大国向极地科考强国迈进了关键的一步。

在踏上雪龙船以前，这次南极科考对我来说仅仅是一个探险的概念，对其内容、意义均知之有限，也没有刻意去了解。对其中的风险，虽有所思考和准备，但上了这条“船”后，才知道凶险程度远远超乎我的想象和准备。算是在浑然之中踏上险恶旅途吧！

2008年11月16日
星期日

今天航行很平静。从地标位置看距离中山站只有60海里左右，要是没有海冰，依据雪龙船的速度只要大半天就可以到达中山站。

但卫星云图显像提示在南纬68度至69度（中山站）间有一片较厚的海冰区，根据往年经验，每年这个时候在这个区域总是有比较严重的冰封。

今天轮到我“帮厨”。上雪龙船后，所有队员都要轮流到食堂帮助厨师干活，这次船上队员人数比以往多了很多，厨师更是忙不过来。今天帮厨工作量挺大，因为晚上全船人员隆重聚餐，所以饭前洗菜、切菜、灌装食品准备，饭后收拾饭桌碗筷、拖地板等工作并不简单。好久没有做这些“家务活”了，但在这种特殊的环境里，干得还是很愉快。

下午4点，在船上召开了“誓师大会”，主要是做动员并宣誓确保昆仑站建站成功。大家穿上统一队服，会场上群情激昂，各路记者在现场做了报道。此情此景，让我想起小时候“革命年代”的气氛。此次建站本身可能就有政治任务的成分，誓师大会也像是“政治运作”，但是只有亲身经历了，才能体会到在这种特殊情况下，一些仪式性运作和气氛渲染的必要性。

随船的“国际极地考察研究基金会”派遣的比利时记者虽然对内容一句也听不懂，但对于这个形式一定感到很新奇，在“革命口号”此起彼伏声中，他兴奋地到处拍照。誓师大会后，他也参加了晚上的聚餐。大家毫无顾忌地抽烟、喝酒、唱歌，互相敬酒劝酒。

后来在中山站，他跟我这个从经历和谈吐上均比较像“帝国主义走狗”的人有了一番交谈。他说誓师大会那天他感到非常震惊，他看到了政治色彩浓重的仪式，让他认识到，这是一支共产党领导的队伍（如果倒退40年，这支队伍的目标是把他等资产阶级们送进坟墓的）。当大家高呼口号时，多少让他产生了畏惧感。而仅仅半小时后，人人开怀畅饮，抽烟、喝酒、大声喧哗，如此的自由和随意。他体会到，如果不从历史和文化的角度，而光从表面现象，是无法读懂一个群体或民族的，特别是无法读懂我们中华民族。

2008年11月17日
星期一

上午醒来，发现船行驶得更加缓慢了，我们距离中山站其实仅有30海里左右了，可是海面被严严实实地封冻了，从船上看前面是一整片冰面，雪龙船举步维艰，不敢贸然前进，万一被卡在冰封中进退两

进入南极圈以后，海面的浮冰越来越密集。这些浮冰是表层海水凝结成的，融化后是咸水。

企鹅好奇心很强，它们排着整齐的队伍赶过来参观雪龙船。

雪龙船是B1级的破冰船，它能冲破1.2米冰层。但是纬度越高，海冰越厚，这里已经超过了雪龙船的破冰能力。雪龙船没法再向前行进，科考队员下船检查冰层的厚度，发现有些地方已经超过4米。

难，反而会耽误时间。

上午10点钟，出动直九直升机飞到雪龙船前方探察海面冰情。由于天气不好，能见度很低，机上人员无法观察海面上冰雪厚度和溶化情况，无功而返。下午直九再次出动，这次飞行时间明显延长，在外面待了两个多小时，两次停在冰面上，相关人员下机实地观察冰情和积雪情况。

探察结果表明，西面冰层较薄，雪龙船如果朝西行驶，有希望能破冰前进10海里左右，如成功，我们将距离中山站20海里，部分物资可以用直升机吊装，或者用雪橇装运。其后，雪龙船在海冰区驶驶停停、停停驶驶，尝试着一米一米朝前拱，但总体成果不大。

当船停下来时，很多好奇的企鹅来拜访雪龙船。两三天前经过浮冰区，第一次看到企鹅站在浮冰上随浮冰漂游，大家都很兴奋，争先恐后地拍照，但由于掠过太快，并不能仔细地欣赏。现在大船几乎镶嵌在海冰之中，估计企鹅们从十几公里外就能看到这红色的庞然大物，好奇心强，于是过来探个究竟。

企鹅是群居动物，活动起来经常成群结队。它们排成几列纵队有次序地前进，对前面的庞然大物和上面的人没有丝毫恐惧。一群企鹅整齐地围着雪龙船转一圈，看完之后觉得没啥新奇，估计也不能吃，就排着队，水平方向张开一对“小手”，摇着胖嘟嘟的身子不慌不忙地离开了。后来越来越频繁地看到企鹅，队员们也不再新奇了。

已进入南极圈，离仲夏越来越近，开始有了白昼现象。晚上11点左右天才开始变暗，凌晨1点钟左右天又开始泛亮，而即使在这短暂的“夜里”，也基本能看清外面的景色。

中山站就在不远的前方，海上旅程结束，马上就要真正进入工作状态了。

第二部

备战中山站，内陆队就是冲锋队、敢死队

中山站，中国人冰雪世界里的根据地
大雪围困中山站
冰海沉车，机械师死里逃生
天公不作美，暴雪肆虐的盛夏
有幸加入冰盖「先遣队」

4 中山站，中国人冰雪世界里的根据地

2008年11月18日 星期二

船还在原地没动。冰面盖着10厘米左右的积雪，看不清哪儿有冰裂缝、哪儿的冰可能比较薄。

直升机开始不停歇地向中山站运送人员和部分物资。一些相关人员需要到中山站先开始工作，其中包括进行中山站扩建工程的建设人员，还有两名内陆队机械师，他们到中山站后可及时组装、检修车辆和雪橇，准备油料等。

我不知何时会接到离船的命令，但还是提前整理好自己的行装，把要带的东西塞进两个大旅行包里。房间里的电话铃突然响了，通知我在20分钟之内准备好行装，坐直升机去中山站。没有任何预兆，就这么匆忙、简单，不需说明，也不需要知道是谁的指令，一切听从指挥、服从命令即可。

下午1点40分，我准时到达后甲板的直升机停机坪，在螺旋桨掀起的强风中登上了直九直升机。这架直九是极地办从沈飞的一个运输公司租用的，它那带着“法国血统”的娇小外形我们并不陌生，后尾的圈孔里有一个小小的螺旋桨，这种机型在国内也可用在军事上。

进入直升机后，与我的想象截然相反，机舱粗糙得令人惊讶，至少在我这外行人眼里有点落后——飞机的内饰、仪表盘、操作杆、各种按钮开关简直像七八十年代小汽车的内饰水平，与想象中的直升机机舱相去太远。直升机在猛烈的震动中缓缓上升，机舱里的各部件、

中山站全景，它建于1989年2月，是我国第二个南极考察站，也是我国第一个建在南极圈内的科考站。

物品随之剧烈抖动。这是我生平第一次坐直升机，心里掠过一丝无法掌控局面的恐惧。

随着直升机升高飞远，回望雪龙船，船体越来越小，像一个模型，这是我第一次完整看到雪龙船的整体外形。直升机飞行高度并不太高，一路上能清楚地看到冰封的海面，看来短期内破冰是困难的。大约飞行了20分钟后，前面出现了一群屏风似的冰山，在冰山后面看到几座露出泥土的山峰，中山站快要到了。

直升机缓缓降落，我第一次亲眼看到传说中的南极中山站。它的地理位置在南纬69度、东经76度，在格罗夫山脉中的一个半岛上，取名叫协和半岛（同协和医院没有关系）。中山站没有院落围墙，高低不同的建筑散落分布在一个海湾的山坡上。已经建成的和正在施工的建筑，大大小小有十几座，排布看起来有些随意。

早期的建筑更像堆积在一起的“铁皮集装箱”，而这种集装箱似的房屋是各国南极站的典型建筑形式，其密封性能好、保暖性强，下面用钢架架起，离开地面有1米多的距离，以防被雪掩埋。各种车辆、器械、推土机等停在空地上。刚进入夏天的中山站还满地积雪，只有少数地方露出泥土。这个季节极昼已经来临，中山站几乎没有了黑夜，晚上九十点钟还有阳光，十一点左右天还是亮的，到凌晨一二点钟太阳又出来了。

进入站区，我被引入生活楼，简单安置行李后就来到站长办公室。第一眼看到的就是墙上的卫星地图，详细标注着中山站及其附近的丘陵、湖泊、海湾等地形和名称。有趣的是，所有的地名都是中国人非常熟悉的。比如站区内有一个湖叫“莫愁湖”；南边有“仙女峰”、“友谊山”；东南面的海边有“伏虎林”、“东坡石滩”等。在俄罗斯进步二站和中山站之间有一个比较大的湖，当然就叫“团结湖”了。

联想到早年西方殖民者每到一个地方，就用他们熟悉的家乡地名来命名每一个地标。在美国东海岸建立New York，就是新的约克，Cambridge是拷贝英国家乡的剑桥，连美国的东北部地区也被叫做New England，就是新英格兰。如果说中山站是中国在南极大陆的一个象征意义的“属地”的话，那么人们的心态也非常相像，愿意用祖国熟悉而亲切的名字来命名所见到的山脉、丘陵、湖泊、港口和城市。

我这次被突然派到中山站，主要是跟24次队越冬的唐德培医生做交接。本次越冬医生陈医生也和我一起上了站，他和唐医生进行越冬医疗用品交接，而我要交接一些带到内陆冰盖去的医疗设备和药品。唐医生交接完毕后回雪龙船做船医。

令我惊讶的是，堂堂的中山站医务室简陋的不得了，可能连如今的农村卫生所都不如。我猜想，可能是因为南极的细菌和病毒比其他地方少得多，科考队员生病的机会也少得多，所以医务室的装备在中山站不算大事。

晚上第一次在中山站的餐厅用餐。餐厅位于中山站第一批建成的主楼内。所谓主楼是个一层的平房，两排集装箱当中搭出一个走廊。里面有一个厅，叫“中山堂”，摆放着一尊孙中山先生的雕像，据说以前常在中山堂开会，现在已经不常用了。

中山堂的对面就是餐厅，大概可同时容纳几十人一起进餐。餐厅后间有一食品货物架，像小超市里的架子，有澳大利亚的红葡萄酒、水果罐头、午餐肉、可乐、饼干、水果干等，架子上的食品货物均可以随便拿、免费用，似乎到了共产主义。玩笑中说越冬队员在此拿惯后，回国进超市，拿了东西不付钱就走。

由于建筑比较陈旧，走廊已经漏水，站长说待在建的新主楼完成后，此建筑将要拆除。我们住的生活楼是2002年建成的一栋二层的建筑，基本设施还可以，比较干净、整洁，像国内中型城市的三星级宾馆。中山站各楼的设施反映了我国不同阶段的实力和经济水平，也显示出了在不同时期我国南极探险队生活条件的差异。德国、澳大利亚等国的建站风格会稍有不同，据说德国站是“走出站外是南极，走进站内就是德国”，所有的标准是按照西方国家的生活标准来设计的。

据站长说，近年来中山站的设施已经有了很大改善。不久以后，等我们从内陆回到中山站时，通讯也会有很大进步，电话可能可以直接通到上海，收国内市话费，而无需通过很贵的卫星电话。中山站还要建立一个卫星地面站，届时网络通讯、收发电子邮件等将有极大的改善，越冬队员也就不会那么寂寞了。就目前的中山站通讯条件来看还是有许多不便之处，每周两次集中发送电子邮件，来回需几天时间，卫星电话以美元收费，相对比较贵。

各国的南极站时常有意外发生。一个多月前，距离中山站一公里左右的俄罗斯进步二站发生了一场火灾，一栋二层建筑整个被烧毁，受伤人员众多。一名小伙子没能及时撤出（据说是喝醉在屋里了），在火灾中牺牲，两名重伤员被转到中山站抢救。今年初，一辆俄罗斯装甲车在冰面上行驶时，整辆车突然掉入冰窟窿，造成一死一伤的惨剧。日本和韩国队员也有爬冰山掉进冰裂缝伤亡的报告。我国的两个南极站，在历经25年的科考活动中，至今没有发生一起重伤或死亡事故，这既得益于我们严格的管理，也是我们的运气。

2008年11月19日
星期三

一早起来做医疗准备工作。整理需带进南极内陆的药品和医疗用品、登记数量，有些要经蒸锅重新消毒。这些东西先放在我的房间内，以后要运到内陆队的雪橇上。

早上9点多，李院生队长从雪龙船飞了过来。他说今天要和几名机械师及GPS导航专家张胜凯一起去“出发地”看看，要求我一起去。原来内陆队向冰盖内陆进发时，并不是从中山站开始，而是在离中山站10多公里（直线距离8公里）的冰盖为起点，大家叫那里“出

雪龙船到达中山站附近海域，船上的直升飞机把人员和部分物资送到岸上。

中山站“元老级”的主楼看起来像是一组“集装箱”似的建筑。

中山站里的指路标，上面标有这里到国内外主要城市的距离。

中山站是以中国民主革命先驱孙中山先生的名字命名的，这是站里的“中山堂”，里面有孙先生的塑像。

发地”。我赶紧整理行装，随同他们出发了。

我们开的是一辆德国产Piston Bully 300型雪地车，是PB车系列中的一款。它是专门为南极冰盖设计的，履带非常宽，抓地性强，价值300多万元人民币。前面可以装一个雪铲或货斗，发动机是奔驰公司产的，马力极大。车身分前后两厢，前面是驾驶室，可以坐两人，后面的车厢是根据客户要求加装的，最多可以坐8人，一边4人。这次一起去的机械师有老崔、小魏和小曹。

雪地车在满是积雪的丘陵上开，很多地段完全看不见路，或者是根本就没有路，行进非常困难。雪地车一路开足马力咆哮着，剧烈地起伏摇晃，感觉极其疯狂，但其实最快速度也不过每小时十几公里。俄罗斯的科考站进步二站后面有个非常陡峭的山坡，俗称“俄罗斯大坡”，下坡时坐在后面的6个人在车厢里互相碰撞，扭成一团。开了近一小时，才进入冰盖区，到达所谓的“出发地”。

第一次在雪地里飙车有两个感觉：一是以前认为自己至少算个业余“户外”爱好者，现在真正经历了地球上最极端的“户外活动”时，才知道自己以前参与的户外活动实在是太业余了。二是找到了西部牛仔的感觉。车厢里满地是扳手、撬棍、绳子；雪刮进车里融化后，地上湿漉漉的；大家穿着厚重的满是油渍的制服；满车厢烟味儿；人随着车厢不停地摇晃、震动和撞击。这种开车方式应该是世上少见的。在剧烈颠簸中，说不紧张是假话，但那种狂野和刺激，也让人感觉很“西部”，很过瘾。

出发地离原俄罗斯的进步一站不远，苏联在最兴旺的年代建过很多个南极科考站，其中包括一个冰盖内陆站，但随着形式的变化，俄罗斯国力衰落，国家对南极科考的投入减少，这个进步一站已经被废弃。

该站原来还有一个飞机场，我们的出发地就在机场跑道边。南极的机场看不到普通机场那些相关的建筑，远处有一个盖满了雪的集装箱，就是“候机楼”，候机楼一旁有个更小的铁皮房，那是机场临时管理人员的住宿地。此外，只有几根竹竿和稀稀拉拉的标志物以及堆在地上的油桶。雪上跑道还算像点样子，两边用黑布木杆作标记，跑道面是用雪地车压出来的。

冰盖区的景色与刚才的丘陵不一样，入眼全是白色的雪，连一丝的灰色或者土色都没有。厚厚的积雪覆盖在冰面上，前后、左右、上下都是一望无际的白，没有任何地标和参照物，除了雪还是雪，雪和天相连。我从雪地车上下来，一脚踏下去，陷进积雪中40多厘米，那可远不是积雪的厚度，之所以没继续往下陷，是因为我体重不够，积雪至少有几米深。

我们找到了去年24次队留在这里的4个装在雪橇上的舱，它们曾到过Dome A，2个是乘员舱，1个是生活舱，1个是发电舱。我们整理了这几个舱，并对出发地进行了一些规划，用GPS定位，划出航空煤油堆放区、货物堆放区等，插上各种彩旗作为标志，以方便直升机识别。

做完这些工作后，又一路疯狂颠簸着回到了中山站。春末夏初的中山站下起了暴风雪，风速在每秒13～14米，相当于7级风，雪非常密，遮天蔽日。

2008年11月20
星期四

与唐医生完成药品和医疗用品交接工作，并将物品整理完毕后，理论上我在中山站的任务就完成了，可以好好参观一下中山站并拍一拍照片。

内陆队和留守中山站的机械师们任务很重，所有的车辆都要检查、准备和调试，他们都忙得晕头转向。中午碰到李院生队长，他问我能不能帮助机械师一起去照顾车辆？我愉快地答应了。来南极的目的之一就是增加经历，任何有助于增加经历的事情，我都乐于去干。

下午我给机械师当助手，我们的主要任务是装配、调试和维护4辆巨大的卡特匹勒雪地车（Caterpillar，简称卡特车）。这也是一种进发南极内陆的主力车型，同德国的PB车（PB240或PB300）不一样，卡特车原是美国农场的一种巨型拖拉机，被澳大利亚车商买下后，改装成专门适用于南极内陆冰盖的运输车，其马力比PB车更大，运输能力强。去年这4辆卡特车中曾有两辆开进了内陆冰盖，行驶中发现它们存在缺陷：由于自重大、履带不够宽，在雪地松厚区域行驶时容易陷车。但建设昆仑站的物资数量巨大，所以今年内陆队还得请这4个大家伙出马。

我的任务是装车的反光镜，这些反光镜的螺纹都不好，美国人专配的螺丝居然不配套，我不得不反复去库房里寻找相应的螺丝。听起来活儿不重，但在零下8℃的气温下，穿着厚重的制服、戴着墨镜，双手不听使唤地干活，效率很低。到晚饭时分，该装的都装完了；机油、机滤都更换了；车辆也顺利地发动了一次；我也负了点小伤，右膝盖破了皮，肿了一块，那是跪在巨型履带上装反光镜时磕的。

一天劳动下来，同机械师们已混得很熟了。机械师老崔比我大几岁，是唯一一个三次去过内陆冰盖的老队员。他是一名经验丰富的雪地车机械师（全世界也没有几个），性格开朗、随和。工作结束后闲聊中他们说，以往看外表和举止，觉得我是一个高深莫测的人，还老捧着一本厚厚的原版英文书，更加让人不敢接近，但我一天的劳动表现打消了他们的这个想法。

能和他们融为一体我很高兴，人最重要的是要善于入乡随俗。茫茫冰盖上，不需要身穿白大褂、干净儒雅的医生，也不需要西装革履、满嘴洋文的专家教授。不管在国内彼此的差距有多大，在这里完全没有身份和地位的差别，大家穿一样的衣服，吃一样的饭菜，住一样的房间，做一样的工作，为着一个共同的目标。

为了庆祝今天的成果，我晚饭时顺手在餐厅拿了瓶上海“石库门”牌黄酒，微波炉加热后味道还不错，就是稍稍偏甜了一点。

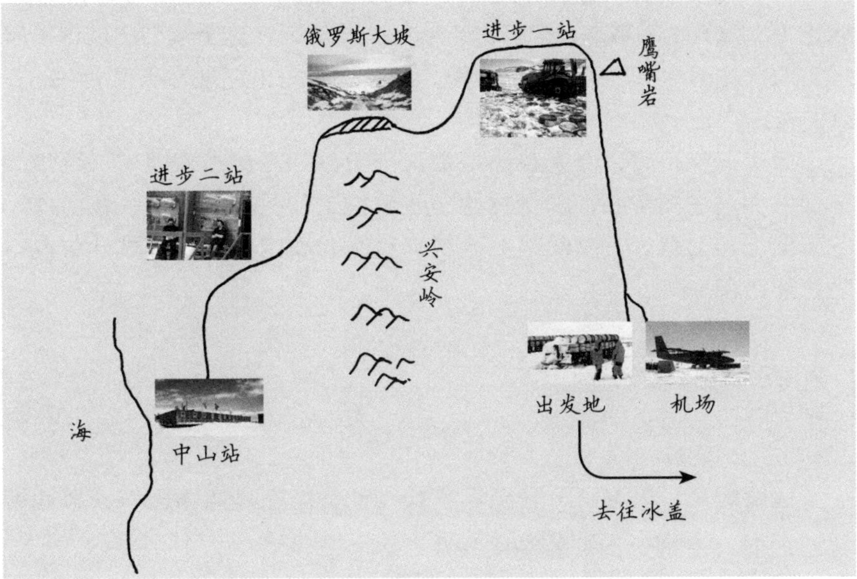

中山站附近地形图

5 | 大雪围困中山站

2008年11月21日 星期五

早上起来，中山站依然是风雪交加，大雪下得不亦乐乎。

雪龙号传来好消息，船又艰难地行进了10海里左右，离中山站只有约20海里了。但是，海面冰情严重，想在内陆队出发前靠到中山站码头，是不可能的了。

清晨，推土机刚把路面的积雪清除走，但很快又被刚下的雪积满了。推土机没推到的地方，踩进去雪能没到腰部，有1米多厚。我本以为这是中山站夏季的常态，但听去年越冬队员讲，在这个季节出现这种暴风雪天气并不寻常，中山站的夏季，通常会有一个短短的冰雪消融的美好时光。

虽然天气不好，今天我还是跟几个机械师去整修雪地车。给雪地车换机油、加润滑油，以及其他一些维护工作。我们还在一辆PB300的车顶上装上雷达，以便路上遭遇暴风雪时能用雷达搜寻其他车辆，防止迷路和掉队。

2008年11月22日 星期六

早晨起来，气温已上升至零下1～2℃，但还是风雪天气，风速每秒6～9米。这种天气好像遥遥无期。

为了让雪龙船尽量靠近中山站，工兵在海冰上埋炸药，期望炸出一条通路来。用了足以炸毁一栋大楼的炸药，但是冰面只出现了一排窟窿。

李院生队长脸色凝重。一年之中，人类能在Dome A地区生存、作业的时间仅有1个多月，为了能按时到达Dome A，内陆队原定出发日期是12月5日，在此之前人员和物资必须在出发地准备完毕。照现在的天气来看，12月5日能否出发是个问题。出发时间越晚，路途上和建站过程中的压力将会越大，整支队伍面临的危险、可能遭遇的不测和意外就越多。

晚上7点多钟，天气突然放晴，甚至能看到阳光，大家的心情立刻也阳光灿烂起来。直升机连夜开始运输，因为光线良好，直升机来回飞了6趟。首先把中山站急需物资和冰盖建站物资运到中山站，还送来了8位宝钢工人，他们的主要任务是配合直升机吊装物资。一架直九飞机和一架Ka-32直升机轮流吊装，老毛子造的Ka-32运力很大。这一“夜”，中山站热火朝天，一派大干快上的景象。

2008年11月23日
星期日

按原定计划，上午要再去出发地，接应直升机吊载航空煤油。早上醒来一看，大家傻眼了，窗外又下起了雪，而且风雪比昨天更猛烈了。在这样的天气下，直升机是不可能飞的。变幻无常的南极天气啊！

早餐以后，尽管天气恶劣，内陆队员还是向出发地进发了。队长和机械师们开了一辆PB240和两辆PB300雪地车。到了出发地，发现几天前挖出来的四个雪橇舱，又被这几天的大雪掩埋了1/3左右。用雪地车将雪橇舱重新拖出来，停放到新的雪面上，以备在出发时方便连接。

在中山站和出发地之间，我们在茫茫大雪中找到并且挖出了24次队留下来的6个雪橇。原本25次队携带了足够的新雪橇，但目前还被困在雪龙船上，我们不得不动用这批旧雪橇。费了九牛二虎之力终于将雪橇拖出并放到容易辨认的地方。在雪橇周围还埋藏着装满煤油的油桶和一些器械，出发前需挖出这些油桶和器械，装上雪橇，一起带往内陆。

事后得知，在过去一年中，24次队中山站站长徐霞兴（也是上次去冰盖内陆的首席机械师）曾多次带人将这些雪橇车拖出雪面。若不是这样，它们早被深埋雪底，今天我们根本没法找到它们，即便找到了，估计也难以将它们拖出地面来。

下午回到营地，气氛仍然很凝重。大家心里都明白，虽然上午在出发地的准备工作还算顺利，但建站所需的主要物资还在雪龙船上，准备工作的总量中，我们只完成了一小部分。整个行程也许还要向后推，现在只能指望雪龙船能开到坚冰区，开展海冰卸货了。

2008年11月24日
星期一

早上醒来后赶紧朝窗外看，这已经变成了大家的习惯。窗外风雪肆虐依旧，且有逐渐加大的趋势。这种气候在这个季节的中山站是相当反常的。不是全球气候正变暖吗？怎么中山站气候越变越冷，越变越恶劣了？难道老天爷在故意刁难我们，为我们这次业已艰难的、意义非凡的建站行动再出些难题吗？

中山站站区的维持需要多方面的支持，其中发电站尤为重要。电是这里的命根子，必须用电才能维持这里的一切：只有有了电，我们才能够在异常寒冷的南极躲在铁皮箱一样的地方越冬；只有有了电，我们才能有水用、有水喝，有煮熟的食品吃；只有有了电，才有可能同外界保持必要的联系。

站区的人习惯将发电站的房子称为“发电栋”，发电栋如同中山站的心脏，一切的一切都维系在它身上。发电栋有三个发电机组，其中一组长期休息备用，其他两组交替着正常运行。在两组发电机交替开闭时，会有一个很短的间隙，此时备用组就跟上来代替一小会儿。就这样，确保中山站一年四季一秒钟都不间断的电力供应。

如果电力供应中断，那就是特级警报。如果不能修复，其后果不堪设想，在严冬无外援的情况下，只能静待生命的终止。因此，中山站的三个发电机如果有15分钟不能工作，将要直接上报国务院，这是国家的紧急状态之一。

这次25次南极科考队中有两支建筑队伍。一支来自于中铁，队员主要是来自河北等地的北方人，他们将留在中山站完成站区的扩建工程；另一支来自于宝钢，大部分是安徽和江苏的南方人，他们将跟随内陆队出征南极内陆冰盖建设昆仑站。前一支队伍已经顶风冒雪地投入了紧张的中山站扩建工程，后一支队伍则在紧张焦虑的等待之中。

两支队伍同吃同住，大家对他们作了些有意思的对比：在船上两支队伍曾进行过拔河友谊赛，中铁赢，宝钢输，因为中铁的北方人和宝钢的南方人，从个头儿到力气都存在一定差距。但两支队伍的领头人却恰好相反，统领中铁的北方汉子刘总，矮小精瘦，长着似一副苦相，但一开口声音洪亮，一口“京片子”；宝钢这支南方队伍的“头领”李总，却是一个身高1.8米的五大三粗的汉子，但一开口却是一口软绵绵的“海派普通话”。风格反差之大，令人不可思议。

中山站要修建的新建筑包括：一个现代化主体综合楼、一个大型车库，一个建在山顶的景观楼、新的垃圾焚烧处理站等，还有一个接通网络的大型天线。他们下船后早已开始工作，强度很大，工人24小时轮班倒，机器却从没歇。因为他们要赶在南极短短的夏季里把这些建筑物外部全部建完，这样可以在冬天来临后进行室内装修工作。听说，当我们2月底从冰盖胜利返回（或非胜利返回）时，有可能看到初具规模的新建筑物。

今天一天基本被困在中山站，大家只能干着急。

2008年11月25日
星期二

又是风雪交加的一天。

这里的雪尽管下得非常大，但称不上“鹅毛大雪”，因为完全没有“雪花”，确切地说，这里下的都是“雪粒”，体积很小但速度非常快。从屋里朝窗外看，漫天的细小雪粒是横着飞过来的，没有“飘雪”的感觉。从生活楼到餐厅吃饭，20多米的路程，即便是跑步前进，也会被吹得满身雪。专业人士对此现象一言道破：南极气温低，从不下雨，也形成不了雪花。

夏季的中山站还是风雪交加，今年的气候似乎有些异常。

今天继续工作，内容是到废弃的俄罗斯进步一站旁，把前次队留下的航空煤油从积雪中挖出来，并装到雪橇车上，拉到出发地待发。

南极的雪地车用的大多是航空煤油，冰点极低，零下60度都不会被冻住，经雪埋数年也能使用。路上发现，前天还铲过雪的路，已被大雪完全掩埋，一点踪迹都没有，就像此地从未有人和车到过一般。在“俄罗斯大坡”上，由于正对着风向的原因，积雪甚至已到了2米深。带雪铲的PB300不得不反复上下来回地推雪，我开始有些不耐烦，而几个“老南极”沉着坚定、毫不动摇。鏖战了2个半小时后，才通过了约一公里长的“俄罗斯大坡”。

俄国人支援给中山站的装甲车，它们马力大又结实，适应极地的严酷环境。

风雪围困中山站，但是要做的工作很多，机械师在风雪中检修雪地车。

到了放油点，茫茫雪海，根本看不见油桶的踪影，首先需要把油桶找出来。大家在一个大致的方位开始挖雪，只要挖出一个油桶，找到旁边成排的油桶就容易了。终于找到了，整整300桶！但它们被雪深深掩埋，并且互相靠得很近，用人力根本抠不出来。

我们用钢索套住油桶顶端，用雪地车慢慢把油桶从雪地里牵引出来，再用装在卡特车上的小吊车把油桶一个个吊到雪橇上，捆绑好。雪橇分两排，每个雪橇一般放60个油桶，下层40个上层20个，但如需要可在上面再加一排，一个雪撬最多可装70个装满油的油桶。这次去Dome A需要携带差不多900桶燃油，供应我们12辆雪地车来回使用，并提供所有的发电、煮饭、取暖等用途，所有能量来源都是燃油，燃油的重要性在冰盖旅程中是不言而喻的。

回到中山站，简单吃完饭后已经是晚上9点多了。

在中山站餐厅里有一个很大的液晶屏幕，这个屏幕连着一台电脑，能放映一些拷贝来的电影，吃饭时大家经常聚在一起边吃边看。每当电影里出现一些接吻或亲近的镜头时，餐厅里集体观看的老少爷们都会毫无顾忌地发出怪笑起哄之声，无论身份地位和年龄。若在国内，这种现象会被多数人斥为“低级庸俗”，但在这里，谁也不觉得有什么不妥。我们的队员中不乏专家学者，但在经历了一年的单调、枯燥的单性群体生活后，越冬队员的这种反应实属正常。

人在特殊时期、特殊环境里，会变得和平常很不一样。当越冬结束，重新回到常态生活时，专家依然是专家，学者依然是学者，中山站餐厅里“低级庸俗”的集体怪笑，将化作特殊记忆。

2008年11月26日
星期三

天气终于转晴，风小了，雪停了，气温升高了。短短半天，地上的雪开始融化，而且融化速度很快。这里的天气真像孩子的脸，今天是令我们高兴的笑脸。

一早我们就出发了。今天的任务和昨天一样，还是从雪中挖出油桶、吊装到雪橇上并捆绑结实。因为天气比较好，我们工作的时间比较长，中午在工地上简单吃了些干粮，晚上的天色并不变暗，所以不知不觉干到很晚。效率很高，80%～90%的油桶都挖了出来，其中的大部分已装上雪橇车。两辆满载油桶的雪橇被拖到出发地。

这个过程说起来简单，但对我来说确实非常劳累。好歹也算个“文化人”，以前所干的最重的体力劳动也就是扛点大米上楼，哪儿干过此等重活！不过，身体虽然疲累，但毕竟意义重大，而且同志们对我的劳动态度还是高度肯定的，所以心情很舒畅。

本希望借今天的好天气，直九和Ka-32直升机能够同时吊运，将更多的油桶安置到出发地并装上雪橇车。但背运的是：Ka-32直升机只运了一趟就出了故障，趴窝不动了。一开始还指望能修理好，因为不受天色影响，即使晚上11、12点都可以运输。但接到通知说今天修不好了，大家只好收工回中山站。

回到中山站已是晚上10点，简单吃完饭后去发电栋洗澡。进去的时候发现天边的太阳西斜，但天色不暗，等我洗完澡出来，太阳却正在冉冉升起！这可不是我洗澡时间长，而是因为太阳升降得太快了，夜间太短了。

雪龙船那边也趁好天气在加紧努力。靠自身破冰不行，请来了在中山站越冬的两个工程兵军官（一个中校、一个上校，至今不清楚为什么他们要在中山站越冬），让他们负责尝试用炸药爆破海冰，试图炸出一条通路来供雪龙船航行。

他们非常专业，全身上下披挂着爆破工具，用钻头在海冰上凿出一排共10个洞，每个洞直径约30厘米、深约3米。在每个洞中放进炸药，10个洞同时引爆。只听一声巨响，海水和冰渣被炸出几十米高，着实是一次威力巨大的爆炸。但跑上前一看，海冰上却仅仅炸出一些比原窟窿大一号的冰窟窿，海冰的整体纹丝未动，更不用说炸开一条“雪”路了。

这些炸药要是放在一座城市里或建筑物里，其威力和破坏程度一定会极其大，足以成为国际头条新闻。但在这无边无际、冰雪覆盖的海冰上，在这莽莽旷野里，这次爆破释放的能量实在是太渺小了。

人类怎么能与大自然的巨大能量相抗衡、相比拟呢！如同我的一位朋友说过：我们的探险，只是亲近自然、了解自然、敬畏自然的过程，别说征服自然，就连抗衡自然都谈不上。

客观上讲，中山站的总体运作是很遵守国际南极条约的。机械师们整修车辆、更换机油时，会把所有换下的油料和废物一滴不漏地收集起来，统一收到大油桶里，然后再由雪龙船带回国内处理。

虽然目前中山站的垃圾分类还没有西方国家那样细致，但也尽量地进行了妥善处理。中山站的垃圾一般分为两类，一类是能烧毁的（如食物残渣等），另一类是不能烧毁的（如玻璃瓶子、铁罐之类）。那些能烧毁的废料一律运到焚烧垃圾的专用房内焚烧。这个垃圾房每天要花很长时间来焚烧垃圾，单单焚烧这些垃圾就要消耗掉很多珍贵的燃油。那些不能焚烧的则在打包装箱后运输到国内处理，以尽力保护南极地区的环境和生态。

但是从另一方面看，不管如何注意南极的环境保护，在人类涉足南极的那一刻起，就无法避免对南极的影响和破坏。在中山站附近，活动着一种叫“贼鸥”的大型的海鸟，它们常围着中山站的垃圾站飞翔，因为在那里它们可以找到食物残渣。贼鸥这种不劳而获的行为，会减弱它们天然的捕食能力，还会使它们的肠道细菌群体结构发生改变。

人类到达南极后，无可避免地带来了这块大陆从未有过的细菌、病毒和其他微生物，而这些微生物又可能通过贼鸥等动物传播至南极大陆各处。去年南极发生过一个事件：有批企鹅和鸟类发生了像鸡瘟一样的瘟疫，有人指责中国南极站没有处理好食物垃圾，鸟类偷吃食品后带上细菌病毒，尔后发病并进行传播。这种指责的证据是否充分不得而知，但细菌病毒经此种方式传播的可能性是存在的。南极生态环境的脆弱，由此可窥一斑。

严格的保护措施无法完全阻止南极环境被破坏。人类越好奇、活动越频繁、取得的成功和胜利越大，这种破坏就越明显。如果真要保留这块清静之地，那我们就应该彻底向这块大陆说再见。但是，人类基因中似乎潜藏着一种无休止的好奇心，没有什么能阻止我们探索未知的欲望，只是那些给我们带来便利和享受的“科技”，同时也在加速对地球自然环境的破坏。

6 | 冰海沉车，机械师死里逃生

2008年11月27日
星期四

早上风和日丽，谁也没想到今天会是不平凡的一天。事后回想，似乎早上就有不祥预兆。Ka-32直升机像往常一样起飞，不久机翼就撞到了一只贼鸥，贼鸥的脑袋被削了下来，直升机明显受伤。紧急降落后检查，机械师出了一身冷汗——损坏程度完全可使直升机坠毁。所幸没事，直升机修好后很快又开始运输。

科考队员用自重较轻的雪上摩托探测海冰，寻找一条冰上运输的安全通路。

雪龙船在艰难行进了几十米后，在一处乱冰区被迫停了下来。所谓乱冰区是指不平整的厚实的海冰区，还不是比较可靠的同大陆相连的真正的冰架，但在雪龙船前方一两百米的地方就应该是冰架了。

这次征程的计划是出动12辆雪地车，组成人类历史上南极冰盖最庞大的车队向内陆进发。中山站已有7辆雪地车，还有5辆需要从雪龙船上卸下来，雪地车非常重，一辆PB300重约7吨，Ka-32直升机是吊不动的。

现在需要下决心是否进行海冰卸货，首先要保证内陆队的物资上岸，让内陆队尽早出发。晚上11点左右，相关专家用手持便携式冰雷达探测后，认为雪龙船周围的冰层厚度最薄2米，最厚4米，应该足够坚固，而冰架也在前方不远。冰架上的冰面足够结实，完全可以承载雪地车，现在与冰架只隔一两百米的海冰，雪地车只要能顺利通过这段海冰“危险区”，就有把握开到中山站。决策层果断决定：海冰卸货开始！

雪龙船无法再向前，只能在海冰上卸货。船上的吊车缓缓把雪地车放到冰面上。落入海中的车就是这一款式。

徐霞兴奇迹般地从冰海中逃生，图为他在雪龙船上被抢救的情景。

南极考察队

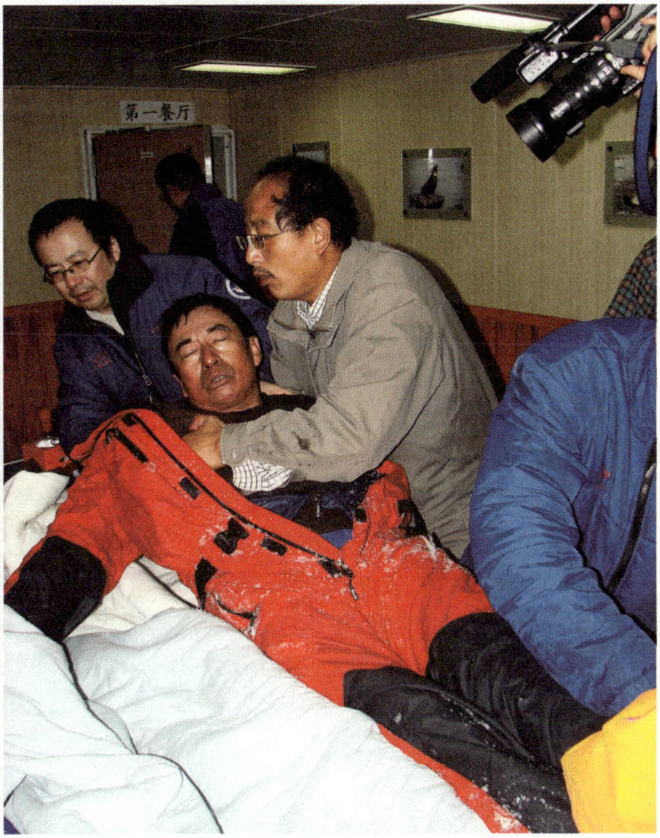
第一餐厅

雪地车和雪橇被雪龙船上巨大的吊车缓缓地吊放到船舷两侧。一辆崭新的PB300被吊到船的左舷，在现场装上履带并加好油；雪橇被吊到船的右舷，相应物资装上雪橇。

24次内陆冰盖队的首席机械师、24次队中山站站长徐霞兴将驾驶第一辆PB300，徐霞兴是个年近六十的上海人，精干利索，胆子特大。作为机械师，他资格老道、经验丰富，驾驭雪地车的技术可以说数一数二。完成此次任务之后，他就可以光荣退休，但是，几分钟之后的事故，使他差点成为中国极地科察20余年来的第一个献身者。

他计划驾驶PB300从船头绕到船的右翼，拉上载有物资的雪橇，运送到前方冰架上。徐霞兴下船后仔细地检查了一下冰面，开始驾驶雪地车慢慢朝船头方向挪，行至船头前方150米处时，在没有丝毫前兆的情况下，冰面突然整块坍塌，PB300车连车带人一起陷入海中！

此时，第25次南极科考队总领队、首席科学家杨惠根教授正在雪龙船驾驶室里，当雪地车还一半在水上、一半在水下时，杨领队猛喊："跳车！跳车！为什么不跳车？为什么不跳车！"雪地车很快没顶于水下，杨领队哭出了声……

事后徐霞兴回忆，感觉海冰塌陷时，他立刻加大油门，试图带领雪地车一起逃离，但已经来不及了。雪地车开始向海底下沉，海水从驾驶室四周钻了进来，很快到了他的膝盖。他试图打开驾驶座一侧的车窗或车门逃生，但因为外面海水的压力，没能成功。他跳到副驾驶座准备推窗门的时候，海水已到了他的肩膀。雪地车继续下沉中，他想到车顶那个小小的天窗，那可能是他唯一的逃生希望了。

天窗并不大，只能朝前打开40°左右的角度，是通风用的，而且车顶上还有行李架子挡着。当他跪在副驾驶座上，用左手使劲旋动天窗螺纹的时候，冰冷的海水已没到他的脖子了，因为外面海水的压力太大，天窗一时也打不开。那一刻，他几乎认定自己今天就要葬身此地了。

绝望之中，右手猛力一拉，竟然打开了右侧驾驶室窗户，涌进来的冰冷的海水将他整个淹没，但同时也平衡了驾驶室内外压力。最后一个机会了，他用尽全身力气再次向上推天窗，突然感到一股力量在把他朝外推。

当他的上身冲出天窗后，硕大的极地靴却被卡在天窗和行李架中。这时候他已经憋不住气了，猛烈挣扎后，竟然奇迹般地将靴子挣脱掉了！此时雪地车已沉到水下5～6米深，四周水色发暗。他开始奋力向上浮游，快要窒息的时候，头顶顶到了一块冰，终于浮出了海面！昏昏沉沉中看到了拿着竹竿前来营救的队友……

在雪龙船上，当徐霞兴清醒过来后，机械师老崔与他抱在一起，痛哭流涕。老崔是徐站长去年赴冰盖的“战友”，刚刚才为徐霞兴的车加完油。亲眼看着战友在几分钟内九死一生，老崔难以抑制自己的心情。现在回想起来，如果我没有经历过南极、没有经历过生死与共，我可能永远也无法理解两个中年男人的抱头痛哭！

在徐站长开动雪地车之前，机械师小曹正在雪地车旁边，徐站长拉开车门时还看了他一眼。要在平时，小曹一定会跟他一起上车，坐在副驾驶座上，但今晚不知为何小曹没挪步。要是他上了车，副驾驶座上有人，可能事故就不是这个结局，可能两人都会被淹死或至少一个被淹死。

徐霞兴死里逃生一定是有神相助。

7 | 天公不作美，暴雪肆虐的盛夏

2008年11月28日 星期五

今天举行中山站留守队员的交接仪式，中国南极科考队第24次队和25次队正式交接。主持本次交接仪式的是秦为稼副领队，还有昨晚刚刚经历生死的24次队中山站站长徐霞兴。昨晚冰海沉陷事件之后，与徐站长相处一年多的越冬队员们都希望尽快见到他。冰雪南极的艰苦条件下，一起工作和生活的日日夜夜中，他们之间已经建立了深厚的感情，远远超乎领导和下属之间的关系。

虽然没有特意召集，但全体人员自动地等候在停机坪上。听到直升机由远及近的声音，所有人翘首企盼。直升机降落后，秦领队第一个走下飞机，大家简单地打了下招呼。期盼的目光等待的是第二个下飞机的人，那就是我们的徐站长。徐站长一下飞机，李院生队长及一批老队员们一拥而上，泪流满面地紧紧拥抱，说不出话来。我几次都挤不到徐站长的身边，也许只有共同经历过生死的战友才能理解这种感情。

24次队和25次队的中山队员们，在广场上的五星红旗旗杆下站成了两排，秦领队宣读了国家海洋局的电报后，宣布交接仪式正式开始。24次队队长徐霞兴和25次队队长魏明先后讲话，随后24次队的国旗降下来，重新升起25次队新的五星红旗。虽然仪式简单朴实，但当那些平时看来多少有点散漫的队员排成整齐的纵队，庄严地在五星红旗下接受任务时，神圣庄严的感觉还是油然而生。

日常生活中，我们已经不大习惯庄严的仪式活动，认为它有些做

中山站前堆放着建材。中山站会进一步扩建，成为一个科研水平高、生活舒服的南极科考站。

作，但此次南极之行，让我深刻地体会到在某些特定场合下仪式的必要性。庄严的仪式可以很好地调动和激发情绪，使人产生很强的参与感、归属感和荣誉感，可以强化参与者内心的真性情，起到很好的教化作用。当国旗缓缓升起的时候，我深切地体会到：在远离祖国的南极，我们就是中国的象征。我告诫自己，在今后的日日夜夜，一定要为我们的国家效力，尽一切努力完成交给我的任务！

下午我们再次前往出发地，接收直升机吊运过来的货物。内陆队的厨师——北京同仁医院的张宏忠也一起去了。晚饭就在出发地的餐车解决。饭后我们一直工作到10点多钟，才分别乘直九和雪地车回到中山站。

2008年11月29日 星期六

白天由于天气不好，直升机不能飞行，大家都闲了下来，我们终于有空在中山站附近溜达溜达。

中山站一些早年修建的建筑已经比较陈旧落后了，受当时的建站理念、可动用的人力资源和经济条件的制约，很难在遥远、寒冷的南极修建高质量的建筑。近年修建的建筑物，比如我们住的生活楼，是2002年建的，虽然条件已有不少提高，但其结构和设计也快要跟不上形势发展了。

在极地科考方面，我基本同意内陆队副队长李侍明的看法：南极科考也许不是一个国家发展国民经济所必需的，它更像是国家层面上的“奢侈行为”，是“富国们”的游戏。特别是对经济条件还有待发展和提高的国家来说，南极科研的投入，在短期内不应该期待，也不会带来直接的回报，没有产值可言。

雪龙船的日均油耗约20万元人民币！试想想，一个没有钱的国家，玩得起这种昂贵的游戏吗？国家在此项中烧钱，也是一种国家地位和身份的表现，谋求的是在国际社会上讲话的分量，以及未来可能的长远利益回报。

中国作为一个大国，经济正在腾飞，国力逐渐增强，在南极洲有两三个科考站很正常。早期开拓者在艰苦条件下建立了长城站和中山站，做出了很大贡献。但我们的观念需要与时俱进，不能再是能省钱就省钱、能简单就简单、能凑合就凑合了。

前辈们“艰苦奋斗”的好作风需要继承，但在南极科考和考察站建设方面，需要借鉴发达国家的理念和方式，多些人文考虑和关怀，多些超前意识。举一例：南极考察队员的风险补贴，十几年来未有改变。这一标准在十几年前能买所谓的“几大件”，但现在看，甚至比很多公差出国的补贴都要少。

自愿报名、立志想到南极的队员虽然不会在乎报酬，但这样的对待也有失大度；而专业极地人员，有的是因为工作需要而轮流去的，就难免会出现躲躲闪闪的情况。这与此次昆仑站建站，气势如虹的大手笔花费是很不相称的。

晚上10点钟左右天气好转，我们内陆队5位队员又到出发地工作，主要是帮助直升机吊装卸货。这次共运送了6个雪橇，一直作业到凌晨4点。

我们获悉，雪龙船上的主要负责人和党组成员开会讨论决定，继续进行卸货工作，同时通告大家，要坚定信念，不管困难有多大，今年昆仑站一期工程一定要建设成功。

卸货运输中，最大的难题还是雪地车。雪地车7吨重，而Ka-32直升机安全吊装范围在3.2吨左右，最多也只能吊4吨重的货物。如果满负荷起吊，直升机还不能加满油。大家正在探讨把雪地车拆卸后分开吊运的可行性。万一雪龙船上的4辆雪地车在限定时间内不能到达中山站，依靠中山站的7辆雪地车也要上南极冰盖，尽量把昆仑站框架建好。

2008年11月30日 星期日

今早，Ka-32直升机出了点小问题。韩国的机组人员发现直升机油箱内可能混进了水（用手电照着时，发现油桶的底部有一圈一圈的水珠，油轻水重），如果强行起飞的话会发生危险。韩国这几名机组人员工作很负责，也很细心，只是平时不声不响。

他们把直升机的油箱彻底清空后，发现底部果然有水。据他们分析认为：是中山站去年剩油的油桶内本来就有少量水，给飞机加油时一起加了进去。因为这个小故障，加之机组人员昨晚几乎干了个通宵，不适合疲倦驾驶，故大家上午处于休整状态。

原定计划12月5日出发已是根本不可能了。雪龙船现在每前进一米都很困难，海冰卸货风险多多，如果等到盛夏海冰消融后雪龙船再开进中山站卸货，那就“黄花菜都凉了”，会错过今年的建站时机。

现在能做的，只有用直升机一趟趟地往中山站吊运内陆队的物资。这样一来，油耗远远超出了原计划。25次队领导通过国内外交途径紧急协调，向澳大利亚凯西站借用航空煤油。澳方很快答应无偿送给我们160桶煤油，那是他们已堆放在出发地附近、准备在晚些时候用的。

南极科考中，真正能做到“一方有难、八方支援”。任何一个国家的考察站遇到了困难，都能最快速地得到其他国家考察站无私、无偿、不计回报的援助，无论是人力和物力上的，如同到了真正的“大同世界”。这样的例子不胜枚举。即使有些国家在“正常”世界里不太友好，甚至有些敌对，但在南极这块土地上，各种芥蒂均化为乌有。

中山站也不乏不顾风险、在黑暗冬季出手紧急救援“友军”的事迹，一度传为南极佳话。也许在南极恶劣的自然环境下，同舟共济、互相帮助是“相依为命”的必须手段，这么做给人的客观感觉是非常亲切、非常温暖的。中山站给附近的俄罗斯进步二站最频繁的“支援”是向他们提供白酒，这是俄国人不可或缺的“生活必需品”；而

在中山站前的广场上，中国南极地24次队和地25次队举行交接仪式。

作者在拍摄海豹、企鹅，中山站附近有很多南极动物，它们都不怕人。

中山站的气象站，被称为“气象栋”，这里发布的天气预报非常准确。

他们结实耐用的机械装备，也给我们帮过很多忙。

下午有机会又在中山站附近转了一大圈。中山站依山傍水，临近海湾，站区内有两个淡水湖，其中一个就是著名的“莫愁湖”，站区附近还有两个更大的淡水湖，故水资源利用极其方便。站区进退两便，布局得当，让我这个不懂风水的人都能猜出此地风水一定上好。中国人在这方面是强项。怪不得印度人今年也悄悄地在我站一旁做些探察工作，据说想借些风水在一边建站。

中山站的北面是一个巨大的冰川，以前我看到过大陆雪山中的冰川，但是那规模完全无法同眼前的大冰川相比。冰川向下移动，慢慢向大海延伸，当前端的部分断裂下来时，会漂出海面，就是我们熟悉的冰山。站区最远的山头大概离我们住处2~3公里，那边靠近海湾，周围的环境相当好，空气非常干净。

走进山窝里面，有一种置身世外的感觉，四周安静得如同进入了一个严谨、肃穆的实验室。山坡上没有一丝植物的痕迹，一眼看过去全是裸露的岩石、积雪、冰川、冰封的海面。山坡上只有我一人，穿着鲜红色的内陆队队服，远处若有人看到，说不定会联想到红楼梦中的薛宝琴，披着凫靥裘站在粉装银砌的山坡上，白雪红颜，分外美丽。其实来南极之后，我已变成了真正的“红颜”了，脸上是那种长时间经南极强烈紫外线照射之后的“赤红”。

今天在这片小山坳里，终于找到了点儿南极世外桃源的感觉！

2008年12月1日
星期一

今天中山站又遭遇气旋袭击，看来老天爷是打定主意要磨练我们了，大家心情之沉重不必多说。

雪地车沉海事件之后，我尽量多和国内的家人朋友们电话联系，向他们一再表示，我的安全没有问题，我的身体也没有问题，好让他们放心。中山站的电话房是个很热闹的地方，特别是雪地车沉海之后的这几天。

南极队员的亲属们，很多是在看了媒体报道沉海事件之后，才对南极的风险有真正的认识，担心和忧虑陡然增加。打电话经常需要排队，当好不容易轮到你拿起话筒时，如果后面队伍中有认识你的人，他们会和你开玩笑，催你快点。再加上信号问题，一般需要比较大声才能听得清楚，所以电话中基本只能报平安，卿卿我我的话是说不出口的。而通话费用好像也不适合长时间卿卿我我，打回国内的电话收费标准是1美元/分钟。曾经有队员把南极科考特殊补助费，全部扔进了电话里。

5天前李院生队长就回雪龙船去了，一是为了指挥卸货，更主要的是为了组织相关人员商量对策，看是否需要削减并重新组织内陆队伍，但至今也没有确切消息传过来。这确实是一个左右为难、难以决策的大问题。

2008年12月2日 星期二

今天，在暴风雪的肆虐中，中山站发电机的电力输送设备坏掉了，三分之一的功能性营区都停了电，相关人员马上投入了紧张的检修。庆幸的是生活楼和餐厅没有停电，如果这两个区停电，所有队员们的生命安全就会受到威胁。

由于担心停放在出发地的雪橇再次被暴风雪掩埋， 9名内陆队员冒着暴风雪又一次向出发地进发。PB300雪地车开到俄罗斯大坡时，风暴实在太大，能见度极低，行进万分困难，当我们在坡上顶风冒雪、一米一米地往前挪时，接到李院生队长从雪龙船上，通过中山站转过来的紧急呼叫，询问我们一车9人的状况，并指令我们立即返回，避免危险事故发生。

回到中山站，剩下的只能是躺在床上看书了。

2008年12月3日 星期三

据中山站气象预报中心（俗称“气象栋”）报告，低气压中心正慢慢移出中山站区域，肆虐了几天的较大气旋快要过去了，但是紧接着又会来一个较小的气旋。报告说在两个气旋之间会有四五个小时的相对平静时间。

下午，暴风雪果真小了一点，内陆队员赶紧利用这段时间赶去出发地，把再次被风雪掩埋的雪橇重新拖出来、整理好、排列整齐。紧张地工作了一下午，晚上8点多钟，眼看着天边发暗，有狂风再起的征兆，我们立刻撤回了中山站。

中山站里有一个习惯，后来这个习惯也延续到了内陆队，就是在每个队员生日时，大家都要好好地庆祝一番。虽然条件简陋，没有什么好的Party的装饰和礼物，但这种方式会给远离家人、几乎与世隔绝的队员们带来一种特殊的温暖和亲切感，大家伙儿也正好借此机会热闹一番，聚一聚餐。

今天晚上是中央电视台摄影记者徐进的生日，厨师特意为他煮了手擀面，大家聚在一起吃面条祝贺他的生日，并唱了生日歌。聚餐后就地在餐厅的电视机大屏幕上唱卡拉OK，有人一直唱到很晚。

但由于主要的大事不顺利，大家心里都蒙着一层淡淡的、挥之不去的阴云。

2008年12月4日
星期四

明天就是12月5日了，内陆队原定的出发日。但现在，大部分物资还在船上没能运过来，出发前的准备工作只完成了大约1/6。雪龙船还在南纬69度02分，算下来大概还有30多公里的距离。

近一段时间来，我一直为一个问题困惑。在这种繁杂、忧心的状态下，很多人希望知道下一步的计划、可能实施的方案、需要做的准备等。但是，一直没有人明确地告知这些信息，就算我们主动询问，也得不到明确的答案。

也许是因为情况复杂多变，计划总是没有变化快？也许是担心计划一旦公布，若最终无法实现会影响队员情绪？抑或“战场上的普通战士”并不需要了解上层作战计划？无论怎么说，对于我来讲，明明置身其中，却感到迷茫、担忧，愿意参与的时候，却被隔在局外，这种感受是很糟糕的。目前主要领导均聚集在雪龙船上，新华社、中央电视台、人民日报、海洋报以及那位比利时记者，都悉数被送到了中山站，也许是避免不需要报道的素材被传播出去？

我无意中从对讲机里“偷听”到一个信息：凌晨2点左右，雪龙船上会派人驾驶冰上摩托车从雪龙船出发，经海冰向中山站方向探路。同时从中山站方向，也开出一辆雪地摩托去迎接，他们将在离中山站5公里处碰面。

早上7点，我“自发”到中山站码头去迎接他们。交谈后了解到：雪龙船上的领导们开始再次认真考虑海冰卸货的可行性。昨晚派出的是一支5人队伍，包括李院生队长、内陆队夏立民书记、机械师曹建西、船上大洋队的队长和一名队员，驾驶两辆冰上摩托车从雪龙船出发（雪地摩托车比雪地车要轻得多，在冰面上行驶的风险会小一点），经过海冰向中山站方向探路。大洋队员主要负责沿途探测冰面，每过一段钻一个冰窟窿，以此探明海冰的厚度和承重能力，希望找出一条能行驶雪地车的坚冰之路。

昨晚的探测表明，形势不容乐观。气候回暖在加速海冰的融化，冰面上覆盖的60厘米的雪妨碍了他们对海冰厚薄、是否融化的直观判断。一些地段上层是正在融化中的、又湿又碎的大冰渣，大概有二三十厘米厚，再向下才是1米多厚的冰。7吨重的PB300在这样的冰面上行驶是有一定风险的。

但是即便拆去履带和吊车，PB300还有5吨重，Ka-32直升机还是吊不动。船上还有2辆PB240，拆去履带后，主车大概4吨重，可以分开来吊运，然后在中山站重新组装。这样的话，中山站能聚集9辆车（不包括船上暂时没办法运送到中山站的2辆PB300）。9辆车能够组成车队出发，但是运力有限，拉不了这么多物资，可能也带不了这么多人员。

由于这次任务特殊，这支队伍的各级领导，都有非常丰富的南极探险实战经验，作风也很踏实，是一支很有战斗力的队伍，李院生更被称为“王牌内陆队长”。但是我没有看到很多细节上的周密安排和规划，在我的层面上也体会不到与这次重大任务相匹配的事先考虑和准备，好像很多事只能是想到哪儿就做到哪儿。（也许这也是南极的特殊性？）

比如说，多数内陆队员从未碰过，甚至从未看到过冰盖用雪地车，但他们中相当一部分人在出发后需要担负驾驶雪地车的工作。而迄今为止，非机械师人员中，只有我偷偷学了一把，能胡乱把车子开起来外，其他队员甚至连方向盘都没摸过。今后是否可考虑将“雪地车驾驶技术技巧”作为国内出发前的培训项目之一？至少是到了中山站后，在等待卸货的时间里，可以有计划地安排非专业司机做相关培训。

每当一个重大项目胜利完成后，外人看到的是辉煌和成功，感觉

在中山站去出发地的路上，拉斯曼丘陵的部分山坡上冰雪已经融化，露出黑褐色的泥土。

到的是崇敬、赞赏和自豪；而当你深度参与其中每一个细节，你可能会看到其中的混乱、缺乏头绪、争论不休、方案欠完整等。但是，在南极，结果就是答案，多少带些“成王败寇”的意味。

2008年12月5日 星期五

一大一小两个气旋终于过去了。虽然我们有现代化的设备和运输工具，但老天爷的安排还是起决定性作用的。天定胜人啊！

乘直升机到出发地，看到的是一片凄凉。再也不去想今天曾是原定的出发日了，大家卯足了劲赶紧准备。从上午开始Ka-32来来回回、一刻不停地在吊运，单单雪橇就吊了20多个。每个雪橇有2吨多重，基本上是一个大铁架子构成的平板车，其下装4个能上下左右活动的船形雪橇腿。

下午Ka-32完成了一个重要的、决定性的工作，把两辆拆了履带和后部吊车的PB240雪地车的车身吊运到了中山站，随后又吊来了它们的履带。这样一来大家都松了一口气。其一是因为近4顿重的PB240车身对该直升机几乎是一个极限重量，万一吊运过程中出意外，机毁人亡，那就全盘结束了；其二是这两辆PB240到了中山站后，站上就有了9辆车，出发冰盖的基本“本钱”算是有了。

虽然不是最理想状态，但是9辆至少能保证内陆队可以出发，以前的担心减轻了不少。回到中山站时已是凌晨2点，很累……

8 | 有幸加入冰盖“先遣队”

2008年12月6日 星期六

上午起来，天气看起来还不错，但根据中山站气象预报，今天傍晚将有一个新的气旋到来，风力可以达到12级左右。在国内，大家对城市里的气象预报总是半信半疑，发现其对错各半。但在中山站，发现气象预报相当准确，还真有点儿神。说新的气旋什么时候来它就什么时候来；说它什么时候离开，就什么时候离开，时间能精确到钟点。

不知道我一直抱怀疑态度的气象预报在这里是怎么精算出来的。根据天气预报，我们早早集合奔向出发地，去整理和安排出发时需要备齐的雪橇和油桶，因为要在傍晚气旋到来之前平安赶回中山站。

出发地是离中山站最近的一处冰盖的起始点，再往里，没有方向、没有泥土、没有生物，更谈不上有“路”，只能根据GPS卫星定位，摸索着向距中山站1200多公里远的Dome A进发，说是“死亡之路”并不夸张。

在冰盖上能明显感到比海边的陆地要高出很多，就像在一个坡上，能望见入海的冰川、海里的冰山以及在东北边的一大片丘陵地带，这就是所谓的拉斯曼丘陵（Larsemann Hills），中山站就位于其中的一个山窝里。从冰盖上看丘陵，正像毛主席他老人家形容的“泥丸”。

举目海边，能看到海湾。有人嚷嚷说看到了海上的雪龙号船，开始以为是在起哄，后来在指点下仔细辨认，确实有一小红点，经高倍望远镜证实，真是雪龙船。此船离中山站有30余公里，我们又身处冰盖之上，能看得到船真是神奇。

雪橇从直升机上看似温柔其实是狠狠地砸下后，大部分都被埋在雪里了，必须要有很多工序才能把它准备就绪。每个雪橇上的16个螺丝（分上下两层，每层8个）必须全部拆下来；雪橇前面的三角架必须从腹部下拉到前面复位；抽出固定用的木棍；装上前面的雪橇头；然后把护栏板装在雪橇的四周；最后把雪橇车挪到一个合适的位置。整理完雪橇之后，开始吊装和捆扎油桶。在天寒地冻的冰盖上，穿着笨重的工作服、喘着粗气，干这些活儿要用尽全身的力气。

今天李院生队长和我们一起到了出发地。他的情绪看起来不高不低，脸上几乎没什么表情，完全看不出他在想什么。一开始觉得他目光沉着坚定，但后来发现他永远是这种目光。他总是背着一个非常陈旧的双肩包，一条背带露出的很多毛须用胶带纸封上了，据说这是他参加的某次考察发的。一身衣装，从头到脚分别来自于各次考察队的队服，原以为他这种极具个性的穿戴是有一定的意义或想显示什么，后来发现并非如此，只不过是顺手拽过来、随便穿上而已。也许对于他，穿什么、怎么穿是完全没有关系的吧！

午饭后，我见他站在出发地冰盖上，长时间地抽着烟（烟灰放在一个塑料瓶中带回中山站集中处理），眼望远方作思考状。我猜想，此时各种计划肯定已了然于李队长之胸。但到晚上返回中山站后，大家还是没听到有什么计划。我忽然想是不是在南极这一特殊的环境中不需要有周密的计划和安排？南极冰盖需要李院生这样的人，李院生也需要南极冰盖。

晚上回来时我们拉上了2个空雪橇，计划经过澳大利亚储存航空燃油的地方时，将他们答应送给我们的160桶油装上。但是到达时已将近8点，风雪一阵紧似一阵，新的气旋真的如气象预报一样，就要如期到来了。大风下，吊车的吊缆挂着油桶不断地前后左右晃悠，为操作增加了风险。雪龙船上的领导通过中山站不断传话过来，让我们尽快撤离。

回到中山站已是晚上10点，气旋强烈，狂风大作。今天的工作强度远比昨天大。有一件事令我心里很忐忑：以前曾扭伤过的左脚踝在我从雪地车上跳下来的时候又扭了一次，钻心疼。我担心会影响今后的重体力劳动，特别是出发后的行程。

2008年12月7日
星期日

一整天呼啸的暴雪，12级的飓风。深刻体会：所有的高科技和先进技术，在这里最多只能做到使我们不被冻死和饿死，人类的力量和大自然的威力，根本不在一个量级上。

今天宝钢建筑队24岁的小伙子小宋开始发烧，据说是在洗澡的时候冻了一下，之后发冷并烧到39° C。我和次旦医生诊断为感冒。感冒在人们日常生活中太常见了，但在南极却是罕见病种，小宋是中山站十多年来的第二例感冒患者。

南极同“文明”大陆几乎隔绝，应该不存在我们日常生活中常见的致病菌和病毒的，即使再受冷受冻，理论上也不应该感冒。感冒是一种病毒感染，那病毒从何而来呢？看来由于人类越来越频繁地涉足南极大陆，正把各种各样的细菌、病毒带到这块曾经的处女地，这里终于也有了感冒。

因为病本身不重，又年轻力壮，经过简单处理后，小伙子很快恢复过来。看来以后在极地药品准备中，还需要多带抗病毒和细菌感染类药品。

请老天爷给几天好天气吧！如果这种天气一直持续到12月中旬以后，就不可能在1月份赶到Dome A并在建好站后安全撤回了，这意味着年度建站任务失败。

中山站的夏季依然大雪纷飞，机械师在雪中检修车辆，这几辆雪地车将是奔赴南极冰盖的主要交通工具。

挖掘被积雪掩埋的雪橇。这些雪橇将被装满货物，挂在雪地车后面。

队

2008年12月8日 星期一

今天天气稍有好转，但风速还在每秒7～8米，直升机虽然没有办法工作，但内陆队全体人员还是开着4辆雪地车去了冰盖继续作业。现在我已经能独立驾驶雪地车了，自我感觉很不错。回想第一次进冰盖出发地，坐在后舱内产生的那种“惊天地泣鬼神”般的悲壮豪迈的感觉，现在觉得这段路是一个小case了。我曾经在刚学会开雪地车后不久，独自一人开车翻越俄罗斯大坡，回中山站取吊车配件。同志们说我有开车癖，我自己也觉得非常过瘾。

天气一直在和我们开玩笑，中午时分，风小了太阳却躲起来了，紧接着飘起鹅毛大雪（因为气温上升，所以有了鹅毛大雪），两小时后太阳又出来了，之后不久又开始下雪。反正一句话：天气反复变化，就是不让直升机有起飞的可能。

跟我们一起来的比利时记者Jean de Pomereu，应该是法语区的比利时人，老婆是英国人。根据以前和西方人打交道的经验判断：他不是一个带有色眼镜看中国的西方记者。由于他计划在我们进内陆冰盖后，就跟雪龙船回澳大利亚，因此非常想并积极申请去我们的出发地看一眼，了解一下那里的情况和布局。因为语言关系，他找我帮他穿针引线，希望队长同意他去探一探传说中的出发地。

几个回合下来，我发现领导对此事反应不很积极，好像有点忌讳。我分析，可能是担心我们在部署出发地的作业过程中，难免出现了一些非环保举动（队员的环保意识参差不齐）。比如说，排泄物没有非常好地处理、有乱扔食物残渣和垃圾碎屑现象、有的烟头没有按照规定收集在瓶子里带回中山站集中处理等。

其实后来发现，其他国家的队员也存在类似现象，但我们中国人是要面子的，家丑不愿意让外国记者看见。本来好不容易游说成功，领导答应今天让他跟着去，但在出发时还是没叫上他，也可能是没顾上。我回来后，他见到我时的那一脸惊讶，让我觉得很愧疚。好在后来他还是有机会去了一次出发地。

经过这段时间的接触，Jean对中国人和中国的事业还是有感情的。我认为在感染力和同化力方面，中华民族可以排第一。后来据说在国际极地事务相关大会上，有人别有用心地攻击中国人时，Jean还站出来为我们辩护！

2008年12月9日
星期二

今天天气转好，我们可以全天作业。两架直升飞机交叉着，一刻不停地在吊运物资。目前所需的雪橇已经全部到齐，带去内陆的其他各种物品，如零配件、食品、生活用品、科研用品、食堂用品如微波炉等，也正在陆续地运到出发地。

昆仑站的建筑构件，也分散着运来，并由宝钢队员负责分别吊装到相应的雪橇上，进行固定。其实在这次冰盖运输任务中，建筑构件最重、也是最重要的，相当于昆仑站一期工程的所有钢结构都被放在雪橇上了。

这也是这次行动特别困难、特别艰巨的原因所在，因为前一次内陆队虽然也到过Dome A，但其主要目的是做探察活动，仅携带生活用品和少量科考用品，故人少车单，相对要轻松得多。而这次单单钢架构的运输，就是人类历史上在内陆冰盖运输的重量之最，并且这些重量已明显超过了车辆的负荷。需要从海拔0米运输到4000多米的高度上去。怎么运？谁都没有经验。能否成功？谁都没有把握。

经过一天的运输，相当一部分物资已经就位。不管怎么说，出发地的场面看起来还是让人舒了一口气，终于有了点出发前的气氛了。

下午快要收工的时候，突然接到通知：领队、副领队和队长们开会商量后，决定派遣一支先遣队，在大部队正式出发前，先行将400桶燃油送进内陆，放置在后续队伍必经的路上，以减轻大部队出发时的运输压力。先遣队在来回共4～5天的时间内，能走多远就走多远，估计应该在300公里左右，然后星夜赶回，休整后再随大部队一起出发。

说来好笑，几天前我在李队长那里了解到：本次队伍运输负担过大，而离出发地不远就要面临一个200多公里的大上坡，该处雪质松软，被称为“销魂软雪带”，负重的雪橇很难顺利通过。当时我曾半开玩笑地建议，是否可以先派一支先遣队送油，因为油是运输路上的消耗品，车队到达约300公里处时，油的负担已有所减轻，可以再加装预置在路上的油。当时被李队长否决，我也认为像自己这样对南极内陆没有丝毫经验的医生，只凭想当然估计一定行不通，故没再吱声。

FASSI
CATERPILLAR
CAT

为雪地车加油。雪地车的燃料是航空煤油，这种燃料的凝结温度是零下60度，适应极地恶劣环境。

但今天却通知我是“送油先遣队”的5名队员之一，不知道是因为我提了建议，就该“自作自受”，还是先遣队需要一名能开雪地车的医生？如果还有别的原因的话，可能就是这一阵子我劳动表现好，大家认为我身体不错、能吃苦、能干活吧。

另外4名先遣队员分别是队长李院生、首席机械师崔鹏惠、年轻机械师魏福海、负责GPS导航的张胜凯。老崔原来是青海一个车辆厂的业务副厂长，冰盖经验丰富，沉着有招儿，内陆队目前用的雪橇，就是他设计的。

因为时间比较紧，先遣队定于明天就出发。明天已是10日，内陆队整体无论如何在12月中旬偏后就必须出发，要不然就不用出发了，留给我们路上来回的时间在5天之内。我们5人将昼夜不停，轮流开车奔赴内陆。只知道肯定会很辛苦，暂时没有考虑风险问题。接到这个命令后，总体感觉是又兴奋又荣幸，5人先遣突击队中有我一个，而且我是其中唯一一个第一次进冰盖的人！

美国产的匹克卡勒车，它动力强劲，是内陆队运输的主力，美中不足是履带不够宽，遇到软雪带抓地力不足。

因为我们5个人明天就要出发，所以被照顾提前收工返回中山站。所谓“提前返回”，到达中山站也已是凌晨1点钟了，简单地吃点饭后就躺下休息。可能是因为太兴奋，一直到凌晨3点左右才睡着。

PB240型雪地车，它动力略逊于PB300，之前去Dome A的科考使用过此种车型。

趁天气好抓紧运输，直升飞机在中山站上空忙碌着吊运物资。

第三部

初探南极大冰盖，一生中最艰苦的四天三夜

陷车不断，令人绝望的软雪带

暴雪迷航，差点儿丢命

无穷尽的准备工作

9 | 陷车不断，令人绝望的软雪带

2008年12月10日
星期三

虽然只睡了不足5个小时，上午起来却精神十足、略带兴奋，作为先遣队成员之一深入内陆冰盖，难免会有自豪之感，而对于将要面临的辛劳、艰难和风险，我甚至完全没有去考虑。

饱餐一顿后，5人先遣队驾驶一辆PB300和一辆卡特匹勒车赶赴出发地。很多出发前的准备工作需要做，最主要的一项工作是先把雪橇连接到雪地车后面。我们的雪地车就像火车头，后面要拉一连串载满煤油的雪橇（PB300拉3个雪橇，卡特匹勒车拉4个），雪地车和雪橇、雪橇和雪橇之间用主钢缆一环套一环地接上，钢缆几乎和我的前臂手腕一样粗，用重达25斤的大卸扣套钩，过程相当吃力。

费了九牛二虎之力完成了所有准备工作，但出发刚一起步就不顺利。“出发地”以外是一个延绵40多公里的“软雪带”，同国内常见的雪相比，“软雪带”地区的雪并没有特别“软”，只是由于近期雪天多，新的积雪有1米左右深，雪面更加疏松。

一般情况下，雪地车自身通过或拉上一、两个雪橇车一起通过是没有问题的。但此次两辆车拉了7个雪橇，雪橇上有460桶燃油，属于严重超载，在这种雪面上行驶的困难可想而知。必须用最大马力才能勉强启动车子，启动后就不能停下来，甚至不能减速，否则连雪地车带雪橇一起深深陷入雪里，我们管这种情况叫做“捂车”。

PB300车启动十几米后就被“捂住”了，雪地车的履带在无法前

遇到软雪带，雪地车拉不动后面沉重的雪橇，会在原地刨坑，把自己陷在雪中。

进的情况下继续滚动，相当于就地刨坑，结果是车很快深陷雪里，一直被埋到履带高度。营救行动遵循标准步骤：先用卡特车从左右两侧把PB300的雪橇一个个向前拖动一点儿，让紧绷的钢缆放松开一些（当雪地车深陷雪地时，后面的雪橇还在雪面上，二者之间的钢缆会越绷越紧）；再把雪橇和雪地车、雪橇和雪橇之间逐一脱钩；然后用铲子将PB300车前方的雪挖空，垫上木头；最后卡特车挂上钢缆，拖拽PB300，同时PB300也开足马力向前冲。几次努力之后总算将PB300成功救出。

在营救行动中，光挖雪就耗时半个多小时。体力消耗很大，PB300被成功拖出雪面后，人人坐在地上直喘粗气。气刚喘匀，就要立刻动手再将脱钩的雪橇重新挂钩、再次起步。但不久，卡特车也被困住，只得重新开始另一场营救行动，这次得靠PB300来救卡特车。

在短短数百米距离内，两辆车反复陷车、反复营救，有时被救出后前进不到10米又再次趴下！我们身体上筋疲力尽，心理上乌云密布直打雷，冰盖路途如此遥远，其他各类困难还不得而知，照这样下去，怎么可能完成任务？但李院生队长还是一如既往地表情平静，也就是没有表情，难道他真的不担心？还是不知道担心？

从出发到近中午时分，两辆车拖着7个雪橇只挪动了300米！大家身体和精神上所遭受的折磨无法用语言来表达。不过这更加证实了，派先遣队先行送油的必要性，因为如果不能有效减轻大部队出发时的负荷量，整体队伍的前进只会比先遣小分队更困难。

经过讨论后认为：两辆车拉这么大的负重过“软雪带”是不可能的，决定增加兵力。紧急联系中山站后，秦为稼副领队和另一名队员分别驾驶一辆卡特车和一辆PB240来增援我们。7个雪橇分到4辆车上，PB240马力小，拉一个雪橇，两辆卡特车和PB300各拉两个雪撬，重新再出发。不幸的是，即便载重减轻，车队行驶了约200米后，又再次陷车，开始新的一轮脱钩、挖雪、铺木头、拉车的程序……

我已经筋疲力尽，相信其他人也是如此。拖着碗口粗的钢缆去卸钩、挂钩时，几乎是在雪地上连滚带爬进行的。有时一屁股坐在地上、有时踉跄扑倒在地上，第一次真正体会到了行进在冰盖内陆的艰辛，而以后还将在冰盖上跌打滚爬近三个月！

也许随着大部队出发，人多力量大，情况可能会好一点？极度寒冷中，连续的超出承受能力的重体力劳动，大家身体和精神都已极度疲惫。根据上午的行进速度，我非常怀疑我们能否在5天里把这些雪橇拉到300公里处并返回中山站。以此推算，又怎么可能将所有500多吨物资运到1200多公里远的Dome A呢？我平生第一次有了绝望和崩溃的感觉！

简单进食后决定再次为车辆减负，每辆车只拉一个雪橇，先走出这段既上高坡，又软雪的地段再说。4辆雪地车比较顺利地把4个雪橇拉到了离出发地约13公里的地方。两辆增援车辆需要打道回府了，临走时秦副领队向我们挥手告别，祝我们一路顺利。接下来我们就用两辆车来来回回地倒雪橇，其间又经历了两次陷车事件。到晚上10点多钟，终于把7个雪橇全部挪到了离出发地仅13公里，海拔300多米的地方（可以想象这坡度的陡峭程度）。

13公里处的雪面好像硬了一些，李队长和老崔商量决定，试着用PB300拉2个雪橇，结果发现还是不行，再次陷车。于是，PB300拉1个雪橇，卡特车拉2个雪橇，继续上路。希望开到一个冰面情况更好一些、坡度又不太陡的地方停下来，再返回去拉剩下的雪橇，力争把原计划的7个雪橇一个不少地运到目的地。希望海拔600多米的地方符合这两个条件，大家一心想着尽快赶路，谁都没有想到还有吃晚饭的事情。

晚上10点多钟天还是亮的，我们继续轮流开车，挣扎在无边无际、毫无差异、没有标记的冰盖上。GPS是我们唯一的方向，如果GPS不准确或是有误差，我们就有可能一起消失在茫茫冰盖上，不知开到什么地方去了，不知何时才会有人发现我们。一路上随着海拔的升高，气温的下降，冰雪面的硬度慢慢增加，路面也开始光滑，行车相对容易了些。这才体会到，前面一段“软雪”带来的困难并不代表全程都是如此，我这才放了一点心。

通过无线对讲机得知，当我们在内陆冰盖上努力挣扎的时候，雪龙船上的领导们一直在琢磨怎样把船上两辆崭新的PB300弄上岸，因为它们是这次出征南极内陆的主力。唯一可能的还是冰上运输。由于海冰沉船事件，这次行动尤其谨慎。今天上午他们把俄罗斯进步站站长请到雪龙船上，该站长正巧是一位海冰专家，请他帮忙再次实地探查冰情，硬是在海冰上查出一条能行驶雪地车的“冰路”。内陆队夏立民副队长带领队员用雪地摩托实地摸索后，判断此路应该可行，并在沿途逐段插上竹竿做标记，沿着竹竿行车，像避开雷区似地前进。

先遣队5人一边在向冰盖纵深行进，一边通过无线对讲机系统收听了海冰卸货的整个过程。行动在凌晨12点多终于开始，有点孤注一掷、成败在此一举的悲壮感觉。夏立民副队长和曹建西机械师分别驾驶一辆PB300车，沿着竹竿标记的道路慢慢向中山站前进。刚开始他们特意打开车门，以备突发事件时有机会跳车。

但行驶一段后发现，驾驶室外面是雪地车的一米多宽的履带，真要跳车也可能会被履带碾死，他们干脆关上了车门，一根接着一根地抽烟，横下一条心朝前开。车上装着GPS，雪龙船上的卫星系统在屏幕上实时观察行车位点，每通过一根竹竿夏立民副队长都通过对讲机向各方进行汇报，并提示后车的小曹路况信息。就这样一点点地前进，每前进一米就和中山站近1米，就多一分成功的可能。

中山站派出了冰上摩托到距中山站3～4公里处的冰架上接应，老糜处长负责中山站方面的指挥。雪地车到达接应处就意味着安全的冰上行驶的起点。我在对讲机中听到他们最为兴奋的对话，夏、曹两位从远处隐约看到了接应的摩托车前灯的灯光，那可是胜利的希望！对于他俩来说，这段行程不亚于游走在鬼门关，时刻都有车毁人亡的可能性。特别是在徐霞兴冰海沉船事件之后，他俩敢于再次冒险，实在值得钦佩。

两人顺利到达接应处后，摩托车掉转方向，在两辆雪地车前方带路，向中山站进发。接下来对讲机中是来自各个终端的欢呼声。中山站“倾巢出动”，全体领导和队员自发来到中山站广场迎接两辆雪地车的到来。杨领队送上了最热情洋溢的话语，那种如释重负的心情在杨领队身上表现得尤为突出。我心头也落下了一块石头。无法想象，万一这两辆车出现车毁人亡的事故，这次的南极内陆探险会如何收场？

虽然两辆PB300上了岸是个大喜事，但是在运力增加的同时，也增加了燃油的负担。这两辆雪地车可不是省油的车，意味着我们要带更多的燃油进内陆。不过总体来说，还是利大于弊。

当听到两辆PB300顺利到达中山站后，李院生队长的心情是复杂的，他的考虑要实际得多。考察队将11辆（原计划是12辆，一辆已沉入海底）雪地车悉数交给内陆队后，12辆车的物资分装在11辆车上，超载问题同样没有解决。而原先考虑的因车辆减少而缩小建筑规模的可能性将被取消。现在车子都交给你们了，其他人已成“旁观者”，如何搬运的责任和担子全落在内陆队身上了。李院生能没压力吗？

2008年12月11日
星期四

从凌晨2点开始我们今天的故事吧！

5个人一直不停歇地奔波，如同勤劳的蚂蚁，来来回回地将7个沉重的雪橇往前挪。到了今天上午，已经送到了距离出发地30公里处。也就是说，5个人不眠不休用了将近24小时，终于把两辆雪地车和7个雪橇朝前搬运了30公里。因为海拔逐渐增高，气温逐渐下降，雪融化的程度也越低，雪面状况明显比前面好，硬度增加，拉着重橇开车相对容易一点。

作者在户外工作。冰盖上最暖和的天气温度也在零下二三十度左右。

这时，我们开始“贪心”了，侥幸地希望能按照最初的计划，PB300拉3个雪橇、卡特车拉4个雪橇，7个雪橇一起前进。重新链接上雪橇后，满怀希望地朝前开了仅50米，卡特车又一次“陷身”，巨

CHINARE

大的履带竟然完整地埋入雪中。

李院生队长居然来征求我的意见："毛医生，你对这样的运输方法有什么想法？"我直接回答了一个想了很久的答案：这种运输法已经超出了极限，从方法学上看有明确的不可行性，而且效率低，体力和时间耗费太大，不符合"科学发展观"。

讨论后决定，在30公里处暂时抛下2个雪橇，只带5个雪橇前进。卡特车拖3个较重的雪橇，PB300拖2个雪橇（其中一个雪橇上只有40桶油，供先遣队自身的路上用油）。越朝前开雪面硬度越大，加上拉雪橇的承载能力合适，之后的路走得相对比较快也较顺利。希望上一次陷车是我们送油任务中的最后一次陷车。

从凌晨2到6点，李院生队长在前面开着PB300，带着张胜凯GPS导航，后面跟着老崔和小魏开的卡特车。这4个小时中我在PB300的车厢里睡觉。我以为在这种车体颠簸、情绪不安的情况下，可能睡眠会不好。可是当我一倒头，几秒钟之内就死死地睡过去了，身体和精神上都实在是太累了。

凌晨6点，机械师小魏把我叫醒，发现车正在停下来加油。小魏指着四周告诉我："毛医生你看，这就是真正的冰盖了。"小魏二十七八岁，来自大连，在上海极地研究中心工作。小伙子非常机灵精干，我很少碰到像他这样勤快、善于安排日常琐事的所谓"80后"青年。在冰盖上大家都成了兄弟，一开始小魏叫我"毛哥"，后来发现年龄上的差距，就调侃成"毛叔"了。在他的指引下，我环视了所谓的真正冰盖。

严格意义上讲这还不是真正的"冰盖"，而是一个"雪盖"，表面上有一层雪，但是并不厚。可能是因为这里温度太低，不像那种在零下10℃以内的雪那样比较松软、容易融化；雪层是由很小的颗粒组成的，非常坚硬，脚踩下去并不下陷（除了软雪带）。这可能就是为什么还把它叫做"冰盖"的原因。据专业人士说，冰盖上的冰经多年积累，厚的地方可以到几千米，终年不化。它们并不是由水凝结而成，而是上面的雪一层层朝下压，压到几十米深的时候就压成冰了。

在冰盖上行进，大部分时间都是强风夹杂着雪粒的天气。南极内陆的风被称为"下降风"，也就是风从南极的高原处朝下吹，一路上把表层的雪吹刮下来，即使在没有暴风雪的情况下，你都可以看到沿着地面有飞速流动的、带着小颗粒雪的风雪流刮过去，称为"地吹雪"，极其独特和壮观，估计在地球上任何其他地方都看不到这种景观。

如果正好有阳光斜斜地照在流动的地吹雪上，看上去像是整个地面在流动，会感到自己的双脚根本不是踩在实地上，而是踏在流动的云里雾里。此景象的壮观还在于它的规模，无边无际，360° 转，满眼全是一色的地吹雪。无论我描述得多细致、多传神，你都无法准确想象这种景象，除非你身临其境。

来不及细观风景，加完油后轮到我开车了。当我坐到驾驶盘前的时候，感到精神好了许多。虽然只有短短4个小时的睡眠，但像每一个早晨一样，精力得到了明显的补充，而且之前的颓丧心理消失了一大半。在必要的时候我的精力还是超常旺盛，不知是否同外科医生的职业有关。

我开着PB300作为头车领路，旁边是一如既往的温和平静的张胜凯：山东人，中科院武汉大学测绘所专家，人类到达Dome A定下最高点位置的第一人，怎么算也够得上一个英雄人物吧，但表面上看起来，一点都不像。我喜欢他的性格，尤其是当他用一种几乎是海派的软绵绵的语气说，“我是个很大男子主义的人”的时候。

除了加油、休整、简单进食之外，就是无休止的开车。这种疲劳和之前在出发地的重体力劳动加上压抑的心态有所不同，它更持久也更单一，如果非得受一种煎熬的话，我宁愿选择这种。李院生队长的睡眠非常少，即使是我在开车，让他有机会在后车厢休息七八个小时的时候，他也睡不着。出车厢时，他的眼睛肿得像水蜜桃。

他一口咬定睡不着是因为我开车“太快”，颠簸得太厉害。我知道真正的原因一定不是颠簸，而是他所承受的压力太大了。没有置身于冰盖环境下的人很难理解这种压力，生死存亡、成败荣辱都压在他的身上。他的性格又是那种不骂街、不发泄，多大压力都自己死憋硬抗的类型。50多岁的人啊，实在不容易！

PB300驾驶室的密封程度相对较好，透过车窗常常觉得外面是“风和日丽”的天气，只有下车加油、检修时才知道，这里其实是冰刀霜剑、寒风刺骨。现在距离出发地60公里左右，气温已下降到零下15～20℃。

在这无边无际没有任何差异的冰盖上，根本没有路，只能根据GPS的导向朝着一个“莫名其妙”的方向前进。在没有任何标记物的时候，方向感是很奇怪的，有时我认为自己开的是直线，但在GPS对照下却不是，赶紧调整。有一次停车时我离开车队，朝前“笔直地前行”一段去看地形，等到往回走时才发现，刚才所谓直行的路线，其实是一条弧线。这与沙漠里迷路的人沿一个方向走，却会兜回原地是

以前存放在进步一站的油桶完全被积雪掩埋了，我们要把这些油挖出来。

一个道理，人走路时肢体用力并不均匀，会在不知不觉中走偏方向。

开始并不习惯这种开车方式，后来觉得跟着GPS箭头走比较方便、省心，操作也并不困难。开车时，完全不用看车窗外的“路面”和方向，不用注意“行人”和“交通规则”，更不用担心撞到任何物件，因为我们正行进在“无生物区”。以往听说过“无人区”，表明那地方环境极端恶劣，人类不能生存于其中。但南极内陆冰盖的条件更加险恶，别说人类或动物没法生存，就是微生物、细菌都不能存活。

20世纪前半叶也有西方探险家进入过南极内陆，传颂下来的故事大多是凄惨的结局。简单的营养不良、单纯的寒冷就能让几乎整支队伍死亡，仅有的存活者，记录下同伴们一个个死去的悲伤故事……万幸的是我们现在的探险条件已经完全不同于当年了。

在行进中，有时能看到一些人为竖立的竹竿。那是前几次我国科考队员初探Dome A时留下的。其目的不仅仅是为以后的行程做下路标，更主要的是通过计算这些竹竿的漂移距离来检测当地冰盖的移动情况。这些竹竿有很重要的科学价值，因为人类至今还没有获取这一地段冰盖移动的珍贵数据。而对于我来说，这些竹竿意义也很重大：开了半天车，正当心里没底的时候，如果终于能看到一根竹竿，会大大松一口气，表明我们的大方向是对的，暂时还不会在茫茫冰盖里永远消失。

晚上继续行车，已经完全没有时间概念了。到了离出发地90公里左右的地方，卡特车出了问题，停下来后就再也点不起火了。摆脱了陷车，我们又遇到了新的难题。两位机械师反复检查，判断是电瓶线路出了问题，电不能输入到车的启动系统进行点火，而我们没有带储备电瓶。

情况有点危急，因为不发动的车里是不能取暖的，零下20℃且狂风大作的天气里，几个小时之内人就会被冻僵。天气已经由地吹雪变成了漫天飞舞的暴风雪，这样的情况下直升机是不能起飞的，我们很难被救援。好在还有PB300，两辆车结伴而行，是内陆冰盖上规避风险的一种基本做法。

剩下的PB300车就是我们这几个人的性命保障了，无论如何它不能再出问题。李院生队长和大家统一意见：先修理卡特车，如果修不好，我们立刻掉头回中山站营地。在整个过程中，张胜凯同志一如既往地摆弄着他的GPS仪器，一脸温和平静的表情。

紧要关头，机械师老崔显示出了他的丰富经验，他对卡特车的结构和性能非常熟悉。经过长时间的仔细检查，终于在极其复杂的电路中发现了一根出问题的电线，至于它为什么会断掉，只有天知道。电线接上后，小魏一发动卡特车，真的打着了火。

只有两辆车的车队继续前进，我换开卡特车，跟在PB300后面。从60公里到90公里段的冰雪面比较硬而且相对平坦，我们的实际行车速度达到了每小时15公里左右，有了强烈的“开快车”的快感。时速15公里，在城市里像是蚂蚁爬，但是在南极，驾车人却真的能体验到飙车的感觉。这种雪地车的设计时速最高21公里，由于路面环境的特殊性，14～15公里每小时的速度，从直觉感知上已是非常快的了，而且相当颠簸。

后面的路段能保持10公里的时速顺利行进，我就非常知足了。

10 | 暴雪迷航，差点儿丢命

2008年12月12日 星期五

凌晨2点，停车吃饭，不知道这顿饭算是昨晚的晚饭还是今天的早饭。反正这是进冰盖后的第一次正经吃饭（其实这也是这4天3夜里的唯一一顿“正经”饭）。之前都是饿急了的时候嚼些饼干、喝罐八宝粥什么的。

卡特车后面有一个小型发电机，理论上能发240伏电，发出的电连接到PB300后车厢里。我们出发时带了微波炉、电热水壶和一些冰冻的航空食品，原计划是至少可以吃上热乎的东西，没想到的是，由于卡特车所发的电功率不足（好像电压是够了，电流太小），微波炉不能正常工作，效率极低，只能热一些简单的熟食。一袋虾仁在微波炉里加热10分钟都不见热气；5个已经化冻了的饺子在微波炉里连续转13分钟，只到了稍有点温、勉强可吃的程度。

以这样的速度加温食品，我们5个人轮流吃下来时间太长，会耽误行程，所以决定用热水将半温食品送下肚。我从车外刨了一些雪，放到电热壶里，加入少量水做“引子”（水壶不能加热干雪，没有水引子会把水壶烧坏），插电加热。水烧热后，我们一边喝热水，一边吃着半温的食品，就这样吃完了这唯一一顿“正经”饭。

白天在距出发地100～200公里的区域里行进。基本上是沿着东经75度径直朝南，因为Dome A几乎在中山站的正南方，也就是朝地球南端中心行走。据张胜凯介绍，离出发地100公里的地方，海拔就已经是1000多米了；而到200公里处海拔更上升至2000米左右了。相当于向前行走约200公里距离的同时垂直向上爬了2公里，坡度的陡峭程度可见一斑。

在这段区域里，每小时13～14公里的车速能感到明显的颠簸，奇怪的是，雪面上并没有明显的凹凸不平现象，但每隔一阵车子就会有一次颠簸。先是车头栽下去，随后车尾也栽下去，接着车头突然翘起来，拖在后面的雪橇也做同样的颠簸动作。

今天出现了特大暴风雪。漫天笼罩着白蒙蒙的雪色，虽然以“暴风雪”来称呼，但这同国内见到的暴风雪完全是两个概念。

由于这里高海拔、气温低，空中飞舞的雪是非常细小的颗粒。看不到一个明确的飞舞方向，而是白色雪粒弥散在空气中，就像是白色的“沙尘暴”一样，天地一色，能见度非常差，隔了一两米就看不清对面站的是何人，只剩下一个人影子。小魏曾随24次内陆队进过冰盖，据他说在以往的冰盖之旅中也很少碰到像今天这样大的暴风雪。看来老天爷要用种种方法对我们进行考验。

坏天气给开车带来新困难。前车驾驶员从驾驶窗朝外看，什么都看不见，只能利用GPS导航仪指路，基本不看路面状况，这被称为南极开车“一怪”。但是我们的卡特车没有带GPS导航仪，这就很麻烦了，只能跟着PB300车走。

天地间白茫茫一片，能见度极低，卡特车想要盯住前车的尾巴，并不容易。万一跟丢了，就会陷入很危险的境地。在这种天气下，前、后车均不可能互相寻找。

这会儿恰好轮到我驾驶卡特车，李院生队长驾驶领头的PB300车。原来开卡特车的老崔和小魏都已非常累，需要休息一下。虽然我也驾驶了十几个小时，但体力和精神都还行，所以我继续开车。由于开卡特车经验比较欠缺，又挂载了3个重雪橇，所以第一次启动就失败了。此时前车已经出发，我赶紧让小魏帮我第二次启动，仅仅一两分钟卡特车就顺利启动，但是当我们再抬头时，顿感毛骨悚然、一身冷汗，前车已经消失了！

在没有参照物的情况下，主观上的直行是不可能实现的。找不到前车就意味着我们迷失了行进的方向，而我们的卡特车又没有GPS导航仪！赶快通过对讲机同前车联系，请他们紧急停车。幸运的是在这种天气下，前车居然听到了我们的呼叫。不敢想象，如果此时对讲机坏了，我们会是什么下场（这并非杞人忧天，因为几个小时后，这台

宿营一夜之后，雪橇被大雪埋掉一半，出发前需要把它们挖出来、重新联接。

卡特车的对讲机真的坏了。坏在一个“不要人命”的时间和地点，还是老天有眼啊）！

前车停下了，并且打开所有的灯，包括黄色闪灯，便于我们寻找。我们估计两车离得并不远，但困难的是不知道该朝哪个方向开，方向错了就会越开越远。我和小魏商量觉得应该朝左试试，小心翼翼向左开了十几米后，看不到任何有车的迹象，开始心里发虚、手心冒汗。曾听老队员说过，以前日本队员碰到过类似情况，他朝着自认为正确的方向走，等到一天的暴风雪过去后，队友们发现了他的尸体，其实就在目的地不远处。

没有别的选择了，只能朝右再碰运气，像是一次性的赌注，但赌的是两条命。开了十几米后，我好像看到了正前方有个淡淡的黑影，但不能肯定是不是错觉。闭上眼睛使劲转动眼球，再猛然抬头一看，没有什么黑影，应该是错觉吧！

没办法，咬牙继续往前开。再看时，真是一个黑影！只要真是黑影就够了！这地方是不会有任何其他东西的。我们奔着黑影大胆朝前开，看到了前车车顶上的两个闪烁的黄灯。松了一口气，捡回两条命！

车队继续前进。这次我再也不敢怠慢，瞪大眼睛紧张地盯着前车车尾的黑影。丢失黑影就意味着可能丢失生命！就这么在一片白雾中

紧盯着前车开了半个多小时后，我突然“看到”前面出现了山川，而且两座山峰还叠加在一起，还有辆车在一山道上行驶，并不时地拐弯进入另一山道，拐弯时车头居然还被遮去一半。

此现象反复出现，我知道我出现幻觉了！可能是因为长时间连续驾驶，严重缺乏睡眠，加上精神高度紧张，周围环境和颜色太单一所致。我叫醒旁边正在打瞌睡的小魏，告诉他：“小魏，你来开一会儿吧，我累了。”

我并没有和他提我刚才看到“山川、山峰”的事情。小魏开了15分钟以后，扭头对我说：“毛医生，我怎么看到前面有山啊？”至此，我知道我们两人都已基本上“疯了”，我们的体力和精力都已经耗竭。我呼叫前面的李队长，请求稍作几分钟停留。

稍微缓点神之后，立刻重新出发，因为任务在身不敢耽搁。所幸的是冰雪面情况还可以，没有再次陷车。我和小魏约定好，每个人开车20～30分钟，就换下去休息一会儿。

在暴风雪中行进是件艰苦的事，但更艰苦的是加油，可以说加油是一个非常痛苦的过程。首先人必须下车，在狂风中用尽全身力气搬下大油桶，把它打开，再将油枪插上电，连接到油桶和车的油箱之间。

PB300车每次需要加一桶半油，而卡特车每次需要五桶油才能加满，整个加油过程耗时很长。狂风大作，雪打在脸上又冷又疼，手指都处于冻僵状态。一般每到一个加油点，会换一个人来开车。我开了一段PB300，加油时却不能换人。因为李院生队长太累了，他需要到后车厢里休息，到底是年龄不饶人。

好在到了下午，终于开出了暴风雪区域，也有可能是暴风雪减弱了。风越来越小，雪也基本上停了。南极冰盖的气候变化之快，用“瞬息万变”来形容一点也不过分。不久，我们居然在天边看到太阳和云彩了，就好像刚刚折磨我们的迷雾般的暴风雪根本没存在过一样。冰面上的地吹雪在阳光的照耀下显得尤其漂亮。

加完油后，我又回到PB300头车。张胜凯（昵称“凯凯”）在旁边打起了瞌睡，GPS导航仪掌握在我的手上。车外一切平静，安静的驾驶室里，我也开始打起了瞌睡。因为到今天下午6点，我已经整整24小时没合眼，并一直处在精神高度紧张之中。

在整个下午的开车过程中，我至少打了8次瞌睡，其中有两次应该不算“打瞌睡”，而是真正睡着了，因为我居然做了完整的梦。大部分情况下是我自己猛然惊醒，惊醒后第一反应是赶紧对照GPS调整已经偏离了的方向。而那两次做梦的“瞌睡”可能因为时间较长，与车行方向偏的太离谱，都是后车的老崔用对讲机把我叫醒的。

后来老崔说，有一次我的车划了一个很大的弧度，朝返回的方向开了。好在冰盖上空无一物，打瞌睡开车除了方向问题外，不用担心撞到任何东西而出车祸或是违反交通规则，一般也不会翻车。对老崔来说，这并不新奇，很多在南极冰盖上开过车的人都有边开车边瞌睡的经历，但能做出完整梦的却并不多。李院生队长说，他以前在冰上卸货、开冰上摩托时，曾开着摩托做过梦，当时别人死活不信做着梦还能驾摩托，现在至少有一个人可以为他作证了。后来我总结，只有当你实在太累但必须开车、同时又在一个荒无人烟的地方，能保证你不出车祸的情况下，才有机会实现梦中开车。

想起早年间的那句革命口号：“我们要征服自然、改造自然！”现在看起来是一个多么错误的想法。人类最多只能适应自然、顺从自然的发展，连“保护自然”都显得羞羞答答、自不量力。在南极，大自然要让我们5人丢掉性命是多么轻而易举！甚至能连任何痕迹都不留下。面对大自然并不表明人类不需要努力，只是需要学会敬畏。

晚上8点20分，终于开到了248公里处的一个定点。卡特车又开始报警，指示左边的车胎油压过低，导致履带拉力减小。我们都下了车，机械师们开始测量油压，但测量油压的管子与左车胎无论如何也连不上，试了一下右边的车胎，却很容易接上，看来给机器看病比给人看病还要复杂和困难。老崔说，根据经验这种卡特车的轮胎压力在15000以上应该还是可以开的。此时电脑显示表上左胎压力为15600，还在底线以上。

这时要做出一个重要决定：是否就在这里放下燃油？经过商量，又通过铱星电话与雪龙船上的领导沟通后，认为248公里处的这个点比较适合放下所带的油桶。再朝上开一点区别不是很大，而且时间也不允许了。于是我们立刻动手，卸下4橇油，其中3撬装满70桶，一撬装60桶，共270桶油。还有1个雪橇装有40桶，来的路上用了10桶，再放下10桶在这4个橇旁，剩下20桶油供我们回程路上用。

至此，送油任务算是完成了。大家坐下来吃饭，这次谁也没有精神再去发电，然后用微波炉毫无效率地长时间加热航空餐了，决定简单吃一些干粮就立刻返程。晚上9点钟左右，挂上装有20桶油的雪橇，掉头往回开。李院生队长和凯凯在PB300上，老崔开后面的卡特车，精疲力尽的我和小魏，终于可以钻进PB300后车厢睡觉了。

PB300车的后车厢原本是个空空的平板，德国人可以根据客户要求临时加装附件。中国人订车时，总是要求在车后加装一些有用的附件：如我们所睡的后车厢、起重机等。顺便提一句，俄国人好像思路就比较简单，他们买的PB300车通常不加装任何附属装置，后面还是一块大平板，因此运输能力远远不及中国人购置的PB300。即使要多捎上几个人，也非得蹬在后面的大平板上，极不方便。

但由于后车厢不是“标配”，加装时也就没有为南极内陆寒冷气做考虑。车厢是单层的，没有防寒设施，玻璃窗也是单层的，而且门旁[illegible]有一些小缝。我很奇怪，PB300好歹是一辆价值300多万元人民币的车，后面的车厢从门把手、固定钩到天窗居然可以像山寨版似的做得这么粗糙。

车颠簸得非常厉害，车厢里面的温度和外面的温度几乎一样，在很脏很乱的地板上铺一点被褥，和衣躺下，我们立刻死死地睡过去了。

中途醒过一次，醒来时发现，从门缝里不断飘进来的雪已经把我们俩的靴子埋住了一半，不得不在行进中打开门，把雪清理出去。后

风雪中跋涉的车队，在暴风雪天气时，天地一片白茫茫，行车极其困难。

被积雪掩埋的油罐，在进发冰盖的路程中，我们沿途预留下一些煤油，以待回程取用。

车厢里其实有一个电暖器，但是睡觉时却不能开，因为暖风会把飘进来的雪化成水，我们的脚就会泡在水里，一冷就结冰，可能冻伤。

这一觉从晚上9点睡到第二天凌晨3点停车加油，共6小时。这是我进入内陆冰盖以来睡的第二觉，也是最后一觉。

2008年12月13日 星期六

凌晨3点钟停车加油时，我被叫醒，感觉精神大好，又坐到了

PB300驾驶座上。回来路上相对顺利，没有遭遇暴风雪，卸下了拉载负荷，任务完成了，心情自然也好了很多。从凌晨3点到下午3点就回到中山站，除了中间凯凯想尝尝鲜，试开雪地车外，我几乎一直在开。

我们商量好，除了加油，一路上再也不停车。临近中午时候，我们到达了离中山站68公里点。此地是传统上的进出冰盖内陆的“集散地”，俄国队和澳大利亚队都曾在此经过并储存燃料。进入这个点后，惊奇地发现，这里已安放了6个雪橇。原来在我们进248公里点的时候，秦为稼副领队带领几个队员，把我们留在30公里处的2橇油以及另外4橇油放到了68公里处。

因为他们亲身体会到了过软雪带时的困难，所以想在大部队正式出发前，尽量把更多的物资先行放入冰盖。他们的做法与我们回来路上商量的不谋而合。这样可增加这次内陆队完成任务的可能性。

到了离出发地30公里处时候，终于能看到参照物了，这真让人兴奋！经历了数天四周没有任何参照物的恐惧后，再次看到海冰、冰山和雪融化后露出泥土的山脉，心理上的扭曲一下子被纠正了，内心里的兴奋和激动实在难以用语言表达。快要回到家了！在心底，我们已经把中山站当做安全而温暖的家了。

快到中山站时，张胜凯想开一开雪地车，他已是一个年轻的“老南极”了，所以我放心地把车子交给了他。我发现他开车时“洒脱”得不同寻常，双手都不把方向盘，让方向盘“飘着”，任凭雪地车自己行驶。当雪地车逐渐朝左偏得太厉害时，他会用一只手将方向盘向右猛转一把，然后又任凭车子慢慢朝右偏斜，太过向右时，就用同样方法左转一把。这样来来回回雪地车一直走“之”字形的轨迹。

开始时也不敢多问，因为他是第一个到达Dome A的队员之一，也许这样开车自有其奥妙所在。但时间一长，雪地车这样被来来回回地折腾，我实在忍不住，问他为什么如此开车，原来他在国内从来没有驾车经历，更没有驾照。之前几次上冰盖，他的主要任务也不是开车。他还强调这种“双手脱离法”是李队长教他的。南极冰盖上，张胜凯的“无照驾驶”当然也不会受罚。凯凯总是出人意料地有趣。

离中山站大约20公里的时候，小魏和张胜凯开始在对讲机中聊回到中山站后他们最想吃的是什么，蛋炒饭或是面条等。这时，对讲机里突然夹杂出第三个声音：“我们听到你们了，我们听到你们了！”这是内陆队副队长李侍明的声音，他大声说：“我让他们空运鸡蛋到出发地，蛋炒饭不成问题！”

重新听到出发地队友的声音真是太兴奋了！大家不由自主加大了油门，估计车速达到了16～17公里每小时，坐在车里，身体和心理都感觉像飞一样。

下午3点，我们终于胜利返回出发地。李侍明副队长热情地迎接我们，大家一一握手。内陆队这次专配的厨师张宏忠是北京人，来自北京同仁医院，是一个整天乐乐呵呵、挺够意思的北京哥们儿，做得一手好菜。

这次张大厨专门煮了既像泡饭又像粥的稀饭，一碗稀饭下去，觉得胃里非常舒服。虽然我走南闯北，号称什么样的食物都能适应，且作为南方人也喜欢吃辣，也很中意面食，但整整4天不规则的进食后，肠胃最适合、最习惯的还是把我从小养到大的米饭。

向250公里处送油，是本次南极内陆冰盖科考的第一次先遣行动，不但为内陆队整体出发前在冰盖深处的重要位置放了相当数量的燃料，大大减轻了内陆队出发时的运输压力，而且通过这4天3夜的探路，了解了今年内陆冰盖路线沿途的状况，如哪儿是软雪带、哪儿是陡上坡、哪儿又能挂上较多的雪橇。这些情况对整队的出发提供了非常关键、非常重要的信息，即使吃一点苦也很值得。

很快，我们登上直九飞机回到了中山站。直九飞机在中山站和出发地之间往返频繁，以至于李侍明副队长说：城里人打车上下班，我们是打直升机上下班。到了中山站，第一件事情就是洗澡、洗衣服，收拾个人卫生，之后感觉浑身上下舒适无比。虽然严重缺乏睡眠，但由于异常兴奋，根本没有睡意。

晚上9点，我还在跟几个内陆队员喝酒、聊天，队员们都认为一般的工作没有办法消耗我的精力。李侍明副队长跟我住一个屋，他提醒我现在一定要休息，因为明天还有非常繁重的工作。

11 | 无穷尽的准备工作

2008年12月14日 星期日

上午醒来后，发现全身酸疼乏力，精神不佳。前几天体力消耗确实不小，应该好好休息一下才对，但现在不是休息的时候，因为离内陆队最后的出发期限已经越来越近。一早就跟随大部队去出发地整理物资，主要是把直升机吊运过来的所有物资，按分类次序整理好并装上雪橇，一天下来并不轻松。

这次我来南极带来了我所在的中国医学科学院、协和医科大学的两个研究课题，它们均由徐成丽老师负责。一项是测定队员们在寒冷和高原的极端状态下，人体各种基因的变化情况，我将采取血液标本并完成前期处理，然后带回国内，在医科院用先进仪器分析；另外一项是检测内陆队员的全套心功能情况。因为到过冰盖Dome A的人并不多，因此这两套数据会非常珍贵。

由于这和我的外科专业关系不大，一开始对这两个课题并没有太大兴趣，听了徐成丽老师的详细解释后，我觉得这两个题目确实很有意义，值得一做，所以最后答应帮忙。我知道这样会给自己徒增很多麻烦，不但是一路上要归置、照顾好这些仪器和用品，到了Dome A后，还要说服队员们接受抽血，并对血样做一些前期处理。今天和次旦医生一起把要带上冰盖的医学仪器也运到了出发地。

由于一辆PB300车已沉入海底，部分物资需要压缩。李院生队长对要不要做这些医学课题、要不要把这些仪器带上冰盖提出了疑问。

他认为这两个医学研究项目缺少“实际应用价值”，坚持认为南极相关的医学研究应以服务于科考队员身体保健为目的。我认为南极的医学研究和其他自然科学研究一样，其重点之一是要揭示与人体有关的科学现象和自然规律。

我给李队长写了一个详细的有关研究性质、目的和作用的说明。我担心在物资紧缩理由下，这批仪器被拒绝拉上冰盖。李队长最后作了妥协，同意先把仪器带上去再说。

作为一个志愿者我总是以最努力的方式参与工作。开始时我常以“主人翁”的心态，对内陆队的行动提供建议或帮助策划，但后来发现这并不是一种好的心态或方式。其一是我身为随队医生，对南极科考没有任何经验，茫然提出建议并不一定有正面作用，有时反而添乱；其二是队里的各位有丰富南极经验的老南极，都是一些极有主见的人物，甚至决策层面上，意见也并不一致。应该让决策者来做需要决策的事，就像一支进入战斗状态的部队，或是经受风浪的船只一样，太多的“有主见者”，提出七嘴八舌的意见，对总体战斗的部署和航行有害无益，最好让一个决策者下命令。

实际上我们也是这么做的，其他人绝对服从命令就行。我在这特殊的环境里，渐渐改变了喜欢指手画脚的作风，做好自己的本职工作，服从任何命令、完成好任何指派给我的工作。

不过即使是这样，我还是对南极内陆队的总体安排和计划性存在很大的保留意见。这么重要的一次行动，又有这么大的困难和风险，事先的计划有明显的需要改进的地方。相当一部分工作没有明确计划，工作安排一直处在不断的变化之中，抑或原来就没有什么安排可言。

现有内陆队员也没有明确而仔细的任务分配，虽然队员们都充满热情，带着在国内很少看到的执著和奉献精神。但在相当一部分情况下，很多内陆队员都事先不知道要干什么，常常是在“被发现存在”后，临时指派任务，不免大大影响工作的效率。即便能吃苦，也还需要系统的安排和整体上的工作条理。

今天凌晨直升机运输又出了一个事故，差点使这次建站任务再

翻过山去，就要进入真正的冰盖地区了。

次葬送。凌晨1点左右，我们主力运输工具Ka-32直升机在冰面上吊运昆仑站建筑的一块基底钢板时，钢缆突然断裂。钢缆上的挂钩直接朝上弹起，打到直升机腹部，机腹的挂钩处被打碎，好在不是关键部位。不可想象，要是回弹的钢丝绳砸在机翼或者其他重要部位，将会直接造成机毁人亡。

钢缆断裂还有一个恶果，它吊的那块基底钢板从高空坠落到海面。巧合的是，钢板不偏不倚正好落到一块浮动的海冰上。3吨重的钢板从空中砸到冰面上，其冲击力可想而知，但居然没有把海冰砸碎，反而牢牢地嵌在冰上了。昆仑站基底钢板没有多余配件，一件是一件，如果它砸碎海冰、沉入几百米深的海底的话，就此一项，便可以使今年建设昆仑站的宏伟计划化为乌有。

更离奇的还在后面。Ka-32直升机机腹挂钩被砸坏，韩国机组人员检查后一致认为，虽然直升机还能飞行，但在挂钩扣损坏情况下不能进行吊运工作。因为挂钩扣要承受的力量太大，即使简单修补或焊接后也不能再运输了。

没有了Ka-32，运输将不得不停顿，内陆队无法在限时内出发。

雪龙号船上的领导立即组织了船上、站上和各队里的机械工程师和技工进行“大会诊”，大家群策群力，几个臭皮匠顶一个诸葛亮。经过几个小时连夜奋战，终于用土法自己做出一个新的挂钩扣来，还能同直升机牢牢地连接。

韩国机组人员看后认为可以用，又重新启动吊运任务。其实中国人聪明，善于因陋就简、就地取材，能在不可能的情况下想出解决办法来。要是严谨认真、一板一眼的德国人碰到这种情况，估计只有老老实实打道回国，明年再见了。人性上的差异决定了只有中国才会出现这样“质量尚可”的山寨产品。

直升机的问题解决了，另一块重要的石头还悬着没有落地。那块基底钢板还留在浮冰上，已经整整过了一个有太阳的夜晚，黑色的钢板能吸收更多阳光中的热量，是不是已经融化了海冰，沉到海底了呢？会不会在这段时间里随着浮冰漂得不知去向了呢？那钢板要是不在冰面上了，此前的努力还是白费。

因此直升机修好后，韩国机组人员一分钟都没耽搁，立即出发去寻找那块钢板。这些机组人员虽然和我们语言不通，对答很少，但在关键时刻往往不用语言，他们就知道要干什么、怎么干。他们的敬业精神还是令人钦佩的。

直升机花费了5个多小时，终于在一望无际的海冰上找到了钢板，海冰居然没有融化，钢板还浮在冰面上，只是其上覆盖了厚厚的雪。直升机把基底钢板运到出发地后，大家发现除了一个角稍有上翘外，其他基本完好无损。

一切的一切太运气了，无法用道理和逻辑来解释，仿佛真有神灵保佑。想起来这一路上的曲折经历，虽有困难一件接一件地出现，但总是又被一一化解。希望接下来还有这样好运，让我们顺利建设完成昆仑站。

2008年12月15日 星期一

根据计划，今天应该再往冰盖68公里处送一批物资，以确保大部队出发时的顺利起程。上午到出发地后，我和另外几个队员将7个雪橇用主钢缆和大卸扣连接起来，再分别挂到雪地车后面。7个雪橇中，5个拉载的是昆仑站的钢架构，2个拉载的是装有燃油的油桶（一个满橇油，将放置在68公里处，一个半橇油，供我们自己路途中使用）。此外还有一个三足大鼎，是以国家海洋局名义做的，将放置在Dome A作为标志。因为分量均比较重，一直忙乎到下午4点才把准备工作完成，可以出发了。

这次出动了两辆PB300雪地车和两辆卡特车，避免出发后因装载量过大而频繁陷车。李院生队长开一辆PB300作头车，拉两雪橇油；两辆卡特车走中间，驾驶员分别是秦为稼副领队和机械师曹建西，各拉两个雪橇，载着钢架构和鼎；我开另一辆PB300断后，拉一个雪橇钢架构。

天气很好，路况比我们5天前出发时强多了，表面相对比较硬，再加上此次运载量合适，所以行车比较顺利。天气好时能看到以前留在路面上的车辙印，结合GPS定位仪，开起车来就比较省心。李队长嫌我开车快，从对讲机中说这次要练一练我的耐性，所以让我开最后一辆车，还不准超前。但是开了几公里后，整个车队的速度都加快了，因为路面条件好，大家就自然开到14公里的时速。一路上，大家在对讲机里有说有笑。

同第一次送油的痛苦经验不同，这次运送物资非常顺利。我觉得主要归功于雪地车和雪橇配比合理。大概5小时后，也就是晚上9点多时，已能远远看到停在68公里处的6个雪橇了。我们把这次拉过去的雪橇中的6个齐齐排在原有6个雪橇的旁边。这样，在68公里点上就有12个雪橇等候着大部队的到来。加好油以后，又抛下了10桶油，我们一分钟没停，掉头就朝回开。跟我在同一辆车的是队医——西藏兄弟次旦罗布，由他一路将车开回。

想起毛主席老人家曾经说过：政治路线确定之后，干部就是决定因素。多少年过去了，还常常能顺口地说出当年不知其含义、背诵下的毛主席语录。成长后每每仔细想，总是那么有道理。

2008年12月16日 星期二

由于极昼现象，我们几乎没有了白天和夜晚的概念，什么时候工作干完，什么时候休息。凌晨3点半，返回到了出发地，把两辆卡特车留在出发地，剩下的人坐PB300回到中山站。到站后吃了一碗面条，稍作洗漱，凌晨5点钟上床睡觉。

中午11点左右，门被推开，灯被打亮，李院生队长进来了，让

壮观的“地吹雪”场面，浮雪像烟雾一般在地表流动

我们赶紧起来吃饭，下午1点钟就去出发地。我努力挣扎了两次起不来，开着灯又睡了一会儿，但脑子里有事，总是睡不沉。起床准备出发吧。

机械师老崔进来找我。经过这段时间的磨合，我俩喜欢搭伴工作。老崔有经验、沉着，干活时心里有底，使跟他一起的人都觉得踏实、放心；而我还算勤快，也不笨。我曾用一片去痛片，在半小时内搞定他的头疼症状，这事儿让我在内陆队一举成为“名医”。为了保护知识产权和“名医”的权威性，我一直都不肯透露我用的是什么神药，要是他们知道那药几毛钱能买20颗，“牌子”就砸了。

老崔最近几天骶尾骨周围的肌肉有些损伤，活动起来很困难。他今天的主要任务是在中山站里，把最后一批必须带进内陆的物资准备好。老崔向李院生队长要求把我留在中山站和他一起做物资准备工作。我自然也很高兴，以为在中山站可以比较放松一点。但其实一天下来一点也不轻松。

下午整理了各种钢缆，把它们盘成圈，用细钢丝扎紧固定，再把它们放在直升机专用的网兜里，呼叫直升机过来，挂上钩后吊走。这些事听起来简单，但也把我累得够呛。之后又跟老崔去修PB240雪地车，那主要是老崔的事，我只能是在一旁做帮手。

下午5点钟左右，内陆队员们回到了中山站。虽然还不能明确内陆队到底哪天出发，但20日前是一定要走的，而且现在看来，出发的条件也慢慢在成熟。所以今天晚上整个中山站为内陆队送行，哪天走不知道，先送了再说。

杨惠根领队从雪龙船赶过来，加上在站上的秦副领队和糜处长等，主要领导们都到齐了。大家晚餐时情绪高涨，互相祝酒、各表决心，气氛异常热烈，让我有一种久违的感觉。不知道部队的誓师大会、誓师酒宴是不是也是类似的气氛？我都不知道自己是喜欢还是不喜欢、赞成还是反对这种带着粗犷成分的气氛状态，里面有很多豪迈但也不乏盲目，非常雄性、激愤还带一点简单、浅薄。

我脑袋有点发懵，洪亮的嗓音们在我耳边渐渐远去，成为画外音；频繁挪动的身影们在我眼前晃动，变为虚景。我好像成了一个旁观者，但是我知道我是一个深深的参与者。突然间，这么些天里的激奋、辛劳、疲惫、委屈、友情……各种感觉一齐涌上心头。我一口气喝掉了我面前的一整杯白酒。

晚宴后躺在床上，回忆这短短几天的南极经历。感觉对“吃苦”

这个词有了一层新的认识，觉得人可以分为三类。

第一类是“能吃苦”的人，其含义是在一定程度上能“承受”或“忍受”比较差或极差的生活和工作条件、承受繁重的工作，并能够维持一切正常运行。这种能“吃苦”是一种在一定时间内的忍受过程。

第二类是“不能吃苦”的人，他们同第一类人相反，不能忍受生活条件的下降和环境的艰苦，或者忍受能力很低、或者根本不适应“吃苦”状态。我觉得这应该是一种最正常的人。如果不是非常必要，为什么要忍受“吃苦”呢？

第三类是一种“另类”，我以前基本没见过的一类人，估计与生长背景或工作特殊性有关。我们所谓的“吃苦”，在他们却是一种正常的，甚至是很享受的生活方式。我们需要用“忍受”来度过的，他们不需要忍，用常态就能过，好像这种环境是与生俱来的现实。

我认为李院生队长就是第三种人。他对艰苦条件如果不能说是享受的话，至少也不需要忍受。李院生是不是就是为南极而生的？

2008年12月17日
星期三

昨晚，第25次队和内陆队领导基本决定了，正式出发时间是明天，也就是12月18日。今天应该是紧张的一天吧，因为所有出发前准备工作需要完成。

需要携带的物品有些已经装上雪橇，但还有相当一部分没有装上。堆放在出发地的那些物资，分别应该放在哪个雪橇上？哪些人员负责哪类物资的安放工作？没有人对此作出明确的指示，大家几乎是在自发的、努力的找活儿干，尽量快地把所有剩下的物品装到各个空的雪橇上。我还是负责装雪橇下面的主钢缆和前面的大卸扣，因为干这个工种已经多次，属于熟练工了，可以带两个人非常高效地完成这项工作。

下午4点钟，在没有特别明确安排的情况下，有些人开始无所事事了。但总体观察出发地，好像离可以出发的状态还差得比较远。比如：雪橇虽然都装好了钢缆，但都还没有被连接起来；应该挂在雪橇两边的横幅标语也没有挂上；更加令人惊异的是，将要出发的11台雪地车中，有两台目前还处于无法工作状态（一台PB240履带断了还没

作者在中山站前工作。出发日期已经推迟了几天，但是准备工作似乎还很漫长。

修，一台PB300在上午熄火后再也点不着了，要通过其他雪地车帮助它点火，目前还没有查到原因）。

启程仪式安排在明天上午10点钟，届时25次南极科考队领导和全体成员都要来出发地为我们送行，但现在的状态还有太多的工作没完成。我心里实在着急，但无能为力，不知道该怎么做。

下午老崔终于从中山站赶到出发地，他看到这种情况心里也很急，立即安排工作，首先要把那两辆雪地车修好。他指示机械师就是今晚不睡觉也要把两台车修理好，因为这是明天出发的根本保障。同时指示小魏和小曹这两位去过南极内陆的、年轻能干的机械师迅速开始将雪橇连在相应的雪地车后面，我被安排帮助连接。傍晚时分全体内陆队员撤回中山站，最后在站里吃顿晚饭、洗个热水澡，因为在冰盖内陆的日子里是不可能再有机会洗澡了。

晚上10点，我们在中山站短暂整修后，又回到了出发地。为了适应冰盖上的生活，今天晚上我们要提前一天睡在去冰盖的乘员舱里。乘员舱共有3个，每个舱内有4个上下铺（共8个床）。但由于已经被压缩了一个舱，有两个舱内将睡9个人，央视的两位记者睡在有一个上下铺的小生活舱内。

正像我所预料的那样，今天是漫长的一天，远远没有结束。到了出发地以后，大家立即投入工作。我帮着继续连接所有的雪橇，安排适当的雪地车去拉已经连接完毕的雪橇。两辆有故障的雪地车还在修理中。另外，还需要找到今年新运来的电缆，它连接发电舱和生活舱，有了这条电缆才能够使新生活舱用上电、取上暖，这是至关重要的。工作还有很多，大家心里都非常着急。眼看着就到了18日的凌晨了。

如果有什么好消息的话，那就是当大伙儿把剩下的所有物品装上雪橇后，发现目前一共只有22个雪橇。感谢前几天分批运走的雪橇，它们分别在248公里和68公里的两个点上，大大降低了出发时的压力。22个雪橇对11辆车来说，上陆坡、过软雪带都应该不是问题。

中国人常说：不以成败论英雄。说这话的人，不是城府太深，就是文人太酸。其实这个世上，从来都是以成败论英雄的。我们这支队伍来到南极，如果能把昆仑站矗立在冰盖最高点Dome A上，那就叫成功！领导肯定、人民喝彩，那时从外面看，将是一个完整无缺的过程。只要结果正确了，中间的过程一定是正确的。其中所有的瑕疵、疏忽、紊乱及不尽人意的地方将都被一笔勾销。

第四部

进入生命禁区

严重超载，硬着头皮上冰盖

狂奔在「吞人」的冰裂隙区

极昼里的新年联欢会

「魔鬼30公里」与「锅底」迷阵

南极冰盖最高点，冲顶！

走进茫茫冰盖

几乎有去无回的旅程

12 | 进入生命禁区

2008年12月18日 星期四

作者驾驶的PB300雪地车，因为它前面有个黄色的铲斗，被队员们昵称为“小黄斗”。

作者全程单人驾驶，一直开到Dome A。

作者在营地休息时，帮助电工接电线，干些杂活。

今天无论如何，都是值得我一辈子纪念的日子，内陆队终于要向茫茫冰盖1200公里处进发了。不管这种自断后路、无救援的冰盖奔袭后果将是什么；不管Dome A建站是成是败；

不管这一去是不是能有去有回……我们等待这一天已经太久了，只管前进！不想结果！

今天和昨天没有界限，因为我们一直在出发地不停顿地干活儿。大部分宝钢队员在装完货物、捆扎紧雪橇后睡觉去了，剩下机械师和我等四五个人一直在坚持工作。风很大，气温很低，白色的“沙尘暴”笼罩住阳光。连接雪橇时需要一个人指挥雪地车，将雪橇拉到一个恰到好处的位置，才可能连上。我站在外面指挥，一个接一个地连，然后一个接一个地拉，连滚带爬，全身冻僵，疲惫至极。

凌晨4点，所有雪橇被安置完毕；负责装履带的机械师也终于把那台PB240的履带重新装好了；那辆PB300雪地车也能顺利发动了。看来没有大的问题了，最后将所有雪地车依次停到连好的雪橇前，保证今天能够顺利出发。

4点半，我回到我住的乘员舱内，里面一片混乱，所有的用品包括床垫、电热毯、床单、被子、枕头都乱七八糟地堆在舱内。我用最简单、最快速的方式将它们都堆到床上，把行李包放入固定架子中。收拾完后已经是早上5点多了，一头倒在床上，闭上眼睛感到全身直

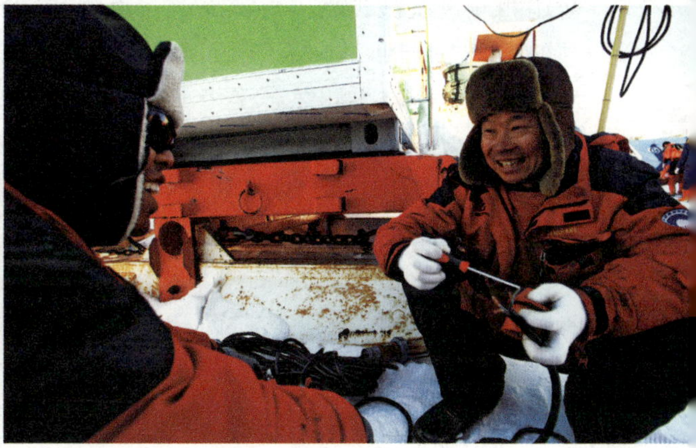

往下沉，似乎是在往无边无际的黑暗深渊里去，没法自我控制，我知道自己的体力已经耗竭殆尽。千万不能在这节骨眼上生病，千万不能倒下啊！心里闪过一丝死亡般的恐惧。

我的队友们凌乱地倒在舱内，队长李院生、机械师崔鹏惠、魏福海和曹建西、测绘师张胜凯、厨师张宏忠，还有两名宝钢队员小马和姚旭，其中姚旭在我的床下打地铺。从人员上来看，这个舱应该是一个重要的、中枢性的舱。队长在其中，机械师是灵魂人物，厨师和医生也都在（吃饭和救命都有了保障）。但缺点是，有李院生队长在身边，任何时候你都没法偷懒，什么活你都跑不掉了。

早上7点被李队长叫起，还有一些细节上的收尾工作要做，还要为欢送仪式做好准备工作。走出舱门，一迎到冷风，立刻感到彻骨的寒冷，从头冷到脚，忍不住全身哆嗦。我知道我不能再硬挺了，于是选择躲在一辆离工地稍远一点的PB240车驾驶室内，暂时逃避劳动。我必须让身体稍微恢复一下，不然真要出事，我可不希望“出师未捷身先死”。

这时，一架直升机顶风冒雪从雪龙船飞到了出发地，任务是接上机械师曹建西飞回雪龙船，把新生活舱连接发电舱的那根电缆给找出来。我终于被发现了，于是被指派去收拾一些要带到路上的小件物品，还要给所有雪地车加满油。

9点45分的时候，直升机再次陆续飞来了，中山站和雪龙船上的各级领导、各部门代表、各工种代表，都分次分批来到了出发地。但曹建西一直没被送回（事实是：一直到我们行进到30公里处时，小曹才被直升机送回，不但带回了新电缆，而且还给每人带来了一床厚一点的被子，出发时居然忘了带上这些厚被子）。

天气好像好了一点。大家开始忙着布置欢送场面，插彩旗、拉横幅、分别拍照留念。10点50分，欢送仪式正式开始。内陆队员整齐地排成一队，面对领导和其他欢送人员。先由杨领队宣读国家海洋局发来的电报，祝我们这次内陆冰盖行动成功。然后李院生队长迈出一步，向领队庄严报告：内陆队一切准备就绪！杨领队大声宣布：可以出发。送行人员一一同我们握手、拥抱。大家都激动异常，杨领队想多说几句祝福的话，但一时语塞，只说了句：“你们凯旋之时，我一定在这里接你们！给我一个不少地回来！”

11点整，内陆队正式出发了。11辆雪地车拉着25个雪橇（22个装满物资的雪橇，李队长临时又加了3个空雪橇，事后证明，那三个空雪橇还真是神来之笔，路上起到了意想不到的重要作用），浩浩荡荡排队而行，延绵数公里之长，记者们从直升机上航拍，非常壮观。

第一辆领头车是李院生队长的PB300，接着是其他PB300和卡特车，最后是3辆PB240车。PB240是十多年前的德国旧型号，动力小、开不快，故跟在后面。但这种车型曾为先期内陆队的冰盖考察立下过汗马功劳，其中一辆上次还到达过Dome A。

不管发生过什么、有没有抱怨、对这次行动是否抱有信心，出发时大家都很激动，齐心协力、同仇敌忾、视死如归、壮士一去兮……悲壮豪迈，种种滋味在心头！

出发后，开始一段路还是比较顺利的。我开的车排在第八位，是一辆新的PB300雪地车，动力十足。这辆车有个明显的标记——车前面装了一个鲜黄色铲斗，之后大家将它爱称为“小黄斗”。我拉了3个雪橇：其中两个装的是建筑材料，是组装昆仑站房屋的预制构件；另一个装的是煤气、杂物等，相对较轻。由于气温不高，雪面硬度还可以，过软雪带应该是没有问题。

每辆车都配备一个正驾驶和一个副驾驶，以正驾驶为主，副驾驶适当轮换开车。我的副驾驶是宝钢项目经理、本次内陆队的副队长李侍明，他对开这种雪地车不很熟悉，加上我又愿意开车，所以路上一直就是我一个人开车。

刚到13公里的大坡处，一辆PB240的发动机就出了故障，不得不停下来维修。由于整个队伍走得比较顺，其他车辆一律不停，继续行进。到达30公里处时，车队暂停，接应直升机给我们送来的厚被子等。那辆发生故障的PB240还没有修好，徐霞兴站长从中山站赶去帮忙，但也没有结果。

最终，这辆车只好被放弃在那里了。起步不久就先损将一员，不是什么好兆头。但好在PB240运力不大，只拉了一辆雪橇，车队很快将这个雪橇“消化”了。

晚上8点20分，车队到达了离出发地68公里处，这是我们的第一个宿营地。

停车后，大家先给车加油，然后吃晚饭。我请别人帮我加油，自己以最快的速度简单收拾一下，吃了两颗舒乐安定，灌下一大杯水，不吃晚饭就直接躺上了床，大概9点钟就睡了。以往的经验告诉我，此时睡觉比吃饭更重要，这是我恢复体能精力的最好方式。大家眼睁睁地看着一个精力特别旺盛的人居然乖乖地倒在床上了，可能是他们有点担心吧，在迷迷糊糊中，我感觉到有好几拨人过来看我。

2008年12月19日 星期五

一觉醒来，一看手表是10点钟。我有点迷糊，不知是晚上10点

雪地车拉着长串雪橇浩浩荡荡地向南极大冰盖进发，我们的车队是有史以来进入南极内陆规模最大的一支队伍。

还是第二天早上10点？因为现在南极一天24小时天都是亮的。出舱发现，早餐已准备好了，这才确认是早上10点。这一觉我睡了十多个小时，体力恢复不少。早饭和午饭合并为一餐了，饱饱地吃了一大顿，有牛奶、鸡蛋糕、绿豆粥、炸土豆块等。

队里计划今天修整一天，不赶路。一方面是让机械师打理车况，把车辆的细小问题都尽量找出来、处理掉，把潜在的问题先行解决；另一方面，整支队伍连续作战多日，需要进行修整，才能继续后面的战斗。我觉得这样非常合理。

在68公里点上，停放着我们之前运过来的12个雪橇，明天起程时都要带上。今天下午调试车辆后，这些雪橇要重新分配给每辆车。

这么重的负担，明天的起步将是一个真正的考验。希望在这个地段能够顺利行驶，不要让起步、陷车、挖车、再起步、再陷车的噩梦重演。下午挂车时队里没有主动叫我，可能是照顾我前几天太累的缘故吧。我在宿营地里帮助接接电线，找些杂活来干，显得悠闲。

下午内陆队主要成员开了一个小会，主要是总结前面的情况，讨论下一步工作要点。李院生队长说，这次会议原本早就要开，由于种种原因一直没有开，造成队员们思想上的一些迷惑和不稳定，操作过程中出现一些紊乱。晚饭后开了个全体大会，向大家通报了情况，介

绍了在内陆的几大注意点，包括安全、行车、扎营、个人行为准则、食品、医药、生活等方面，并进行了详细的讨论。

从两次进冰盖送油到这次行程，我能明显看出，整个队伍中最关键，也最累的人是机械师。因为在冰盖严酷的环境中，车辆的完好就是我们生命的保障，途中车辆损坏或发电机断电，都会直接威胁到生命。每到一个地方停留或睡觉前，机械师必须要检查、维护、加油等，以确保车辆的正常状态。对于这么大的一支车队来说，工作非常艰巨。

晚上开完会已经11点半了，机械师们又去忙碌整理车辆。而白天，机械师们也是主要驾驶人员。没有到过南极内陆冰盖的人绝想不到，保障内陆探险成功最关键的，是一支经验丰富、高效的机械师队伍！我们队里这几位南极实战经验丰富的机械师们，如果被国外考察队聘用，估计可以得到天价聘用费。

我们这次装载的物资是目前人类历史上在南极冰盖规模最大、运输货物最重的一次，除了科研设备以外，还有昆仑站一期工程的所有钢架构，所有物资都要运上1200公里处的冰盖最高点，运输总载重达560吨左右；11辆雪地车的车队也是迄今为止冰盖史上最为庞大的运输队，以前的大规模车队和载重量，都不到这回的一半。因此，指挥

这支“庞大”内陆队伍，是没有前人经验可以参照的。

同时，这次行动基本上是一个无后援行动。车队离开中山站350公里以外，直升机就不能到达了。冰盖里气候无常，多数时候大型飞机也难以进入。这支庞大的队伍将基本上同人类社会脱离，孤军深入生命禁区。

送别时，杨领队的最后一句话，是让我们一个不少地活着回来。能否一个不少地活着回来，既要靠我们的努力，也要看我们的运气了。开弓没有回头箭，不再考虑能否回来的问题！国家行动，有时是可以不惜代价的。

2008年12月20日
星期六

根据昨晚全体会议的决议，从今天开始大家依规定程序操作：早上6点半所有车辆的主驾驶员（俗称“车长”）与机械师一起起床，负责发动、预热各自的车辆、检查各个仪表是否正常（俗称“遛车”）；厨师提前准备好早饭，车长和机械师先用早餐，然后回到各自车辆连接雪橇，做好出发前的准备；20分钟后全体队员起床、吃早饭，分别登上各自的雪地车，全队出发。理论上这是一个很好的方案，但是就是不能遇到特殊情况，而此后，几乎天天都有不测发生。

宿营地正前方有一个很大很缓的坡，出发时首先得越过它。因为没有参照物，在南极冰盖上，这种坡并不容易辨认，第一眼看着像坡，第二眼又觉得不是坡，有时甚至自己走在坡上都不能明确，这叫“身在坡中不知坡”。

有一个相对保险的辨认办法：同地平线对比，如果地平线离你相对较近，视野较短，那就可能正在上坡；反之，当你突然发现视野变得开阔，能看到更远的地方了，那就是开始下坡了。另外，当拉载重物时，能感到后面分量有变化，这也是一个有用的间接提示。

昨天的行程比较顺利，得益于雪地车和雪橇的合理配比，但今天我们必须带上预留在这儿的12个雪橇，车少了一辆，货却更多，载重量加大后会出现什么状况？天知道！

一切按计划准备就绪。3辆卡特车各挂5个雪橇；1辆卡特车挂4个；PB300都挂4个；PB240挂2个。出发号令一下，车队一辆接一辆启动，鱼贯而出。出发后5分钟，发现PB300的表现相对较好，虽然有点吃力，但还是把4个雪橇都送上了坡；PB240开足马力，吭哧吭哧地慢慢往上爬，两个雪橇好歹也拉上坡了；卡特车的表现就一般了，只有那辆拉4个雪橇的卡特车拱上了坡顶，其余3辆都在万般无奈之下中途停车，脱下2个雪橇，拉着3个雪橇上到了坡顶。才起步，就给了我们一个下马威。

老崔指挥已上坡的几辆PB300，将自己所拉的雪橇脱钩后，下来拉卡特车丢下的雪橇。当所有雪橇都集中在坡上后，重新调配雪橇，再次起步。

接下来的下坡路行驶很顺利，再加上阳光灿烂、蓝天白云，能见度极好，风只有6～7级，这样的天气在南极算是风和日丽了。大家心情很好，一路上在对讲机里有说有笑，像集体“自驾游”似的，坐在我一旁的李侍明副队长更是乘兴喝上了啤酒。按此速度下去，今天说不定能开上90公里，甚至100公里。

开出30公里左右，我的车就没油了，另一辆PB300很快也没油了。在我们的要求下，整个车队在一个坡顶停下来加油。奇怪的是其他两辆PB300还有一半左右的油。是因为昨晚我们没把油加满？还是由于我们的载重更大？李院生队长坚持认为是前者，并责怪我油门踩得太猛、发动机转速太快等。但油门再猛，也没有超过头车啊？

对于我来说，随着年龄和资历的增长，对于批评的承受能力正在下降，特别是当批评有明显不合理之处，且批评者毫无批评策略的时候。有时强忍火气，有时真想甩手不干，撂挑子的话早就想好了，甚至在心里已经念了好几遍。但事后冷静下来，知道这样不对，也有点好笑。深深体会到，像我这样的“非南极专业人员”去冰盖内陆确实有不太合适的地方。也理解，为什么极地考察办公室其实并不愿意有高资历的医生加入内陆队伍的原因。

好在每一次加油都能给我们一点心理安慰，越往前走，消耗的油越多，背上的负担就越轻，赶路也就会越方便。如此反复，在行进中应该是一个良性循环，只要起步时能挺住就行。

和我的车一起没油的那辆PB300车，是由次旦罗布医生和通讯工程师李方明驾驶的。在队里，次旦是我唯一的同行，他的专业是治疗高原病，同时又是心内科大夫，这次因为是去Dome A高原，所以他的作用很重要，他也早都准备好了应付高原反应的各种措施。

次旦始终是一个热情快乐的人，也许同藏族基因有关？周围人

冰盖有些地方积雪很坚硬，表面布满波浪状花纹。

也常常被他的快乐情绪所感染。队员中可能有人不喜欢我，但没有人不喜欢他。他喝酒是一绝，无关酒量，而是酒胆。进内陆后，每逢喝酒场合，他总是从他那件不怎么干净的棉袄中掏出一个小白酒杯，那是他从中山站顺来的专用器皿，喝着特别讲究，成为内陆队一个标志性情景。

加完油重新起步后发生了一件事，使我们今天的行程不得不到此为止了。

开出不远，次旦和李方明的PB300车的水箱温度突然高起来。起步时80摄氏度，开了不到100米，水温就升到100多度，减速后水温也不见下降，这表明车子出问题了。不知道问题的严重性，抱着可能很快就能解决的侥幸心理；又由于卡特车起步困难，好不容易启动了不想让它停下来，所以队长让其他车慢慢朝前开，这辆车留下，机械师们下车检查。

后来得知，那辆PB300车发动机前排风扇的皮带断了，连接皮带的一个小的机械装置也有些损坏。翻遍了所有的舱，各种型号的皮带找出了好几条，但就是没有这种型号的。一条简单的排风扇皮带，难倒了4位机械师。抽了无数的烟，也没能想出办法来。

最后只能同雪龙船联系，让他们寻找这种型号的风扇皮带，再用直升机送过来。好在我们目前距离出发地仅100多公里，直升机还能飞得过来。如果已深入冰盖的话，这辆车就不得不扔下来了。

今天只走了30多公里就宿营了。躺在床上时我心里盘算：出发后第一天很顺利，开了70公里；第二天的休整效果也很好；第三天因为增加了12个雪橇，只行进了30多公里，也不算太坏。希望雪龙船和中山站能尽快找到合适的皮带，并且连夜送来，这样才能保证明天队伍顺利出发……从时间上计算，路上的行程还是很紧张。

2008年12月21日
星期日

早上起来后看到漫天的暴风雪，就知道我昨晚的希望很渺茫了。在南极内陆，暴风雪说来就来、说走就走，如同家常便饭，但这顿“便饭”将使直升机没法给我们送皮带啊！而且根据中山站的气象预报，这次暴风雪可能会持续一段时间。

队里决定派机械师小魏和GPS-man张胜凯驾驶一辆卡特车回中

山站取配件。单程100多公里的路程，空车跑得快的话24小时内应该可以打一个来回。中午时分小魏他们俩出发了，很快下午就收到小魏他们的消息，说已经到了离开中山站30公里的地方，跑得可真快！事后得知，他们俩居然开到20多公里每小时，对这种巨大的履带式的卡特车而言，这种速度就是飞奔，坐在其上颠簸程度可想而知，真是“断肠”人在天涯。

奇怪的是中山站附近的天气突然转晴，暴风雪很快消失了。直升机将所有能找到的皮带和其他一些可能会用到的小配件送到小魏他们停车的地方，让卡特车掉头带回队里。老崔和小曹一直等在那辆故障车边上，像接力赛中取接力棒似地接过皮带，立刻进行安装。凯凯下车后摇摇晃晃地走到我面前，温和地低声对我说：“我的肠子断了”，张胜凯好玩得不可思议。不幸的是，两位机械师发现带回来的皮带也不配套！

原来4辆PB300中有3辆皮带的型号是一样的，唯独这一辆不一样。老崔想了各种办法，努力折腾了几个小时，所有尝试都失败了。

PB300是这次运输的主力军，这辆车可丢不起。它“名下”的雪橇很难再分摊给其他车辆，更不用说在248公里点上还有4个满满的燃油雪橇。内陆队里气氛凝重，行动刚开始就一波三折、艰辛异常，情绪高涨、低落交替太快。大家不免产生了不可能完成这次任务的悲观想法。我偷偷在想：要不打道回府算了！

晚上11点，事情又有了转机。从中山站传来消息，经过同俄罗斯进步二站紧急协商，“老毛子”在他们的仓库里认真翻查，居然找到了一条同故障车同型号的排风扇皮带，立即给送到了中山站。

直九飞机立刻出发，45分后，飞机飞越100多公里，将排风扇皮带送到了我们营地。当时风速每秒10米，又是半夜气压低，直九精神实在可嘉。内陆队厨房准备了些点心食品以示答谢，直升机没有降落，把东西用网兜吊下，再吊上我们准备的食品直接飞回去了。大家一拥而上，懂行不懂行的都争相查看皮带的型号，之后簇拥着机械师奔向故障车……

凌晨4点，几位机械师终于修好了那辆PB300，回到宿舍，毫无顾忌地把我吵醒。实在太兴奋了，因为明早终于可以重新起程了。

好在这次故障发生在直升机的行程距离内。

13 | 严重超载，硬着头皮上冰盖

2008年12月22日
星期一

按计划今天7点半起床。凌晨4点才回来的那几位起床时很困难，但还是坚持爬起来了，照例做好发动车辆、检修仪表等工作。9点半大部队终于上路了。

一路上相当顺利，天气也比较好，风不大。一口气行驶了110公里，早上出发时距出发地103公里，现在已经到了213公里处了。本来还想试图赶到我们第一次送油的248公里点，但到213公里处时已是晚上9点半了，队伍稍显疲惫，于是停车扎营，埋锅造饭。

每日安营扎寨后，各车车长需要先做以下工作：给车辆加满油；检查车况；检查车辆和雪橇间的连接是否牢固；打开水箱盖，平衡内外压力；把履带周围所结的冰除去……厨师和指定的帮厨（大部分时间是两位央视的记者）开始准备饭菜，所谓的准备饭菜，主要是用微波炉加热一袋袋的航空食品。这种食品偶尔食用，味道还是可以的。帮厨者去离营地较远的上风口挖雪（避免下风口有排泄物污染），取来雪后加热化雪水。

扎营后，在营地旁会设两个加油点（被我们称为“加油站”），负责加油的同志冒着严寒，守着加油枪，还要反复搬运和开启油桶，非常累、非常辛苦。加油耗时很长，卡特车一次性加满需要加5~6桶，PB300也要加将近2桶，所有车辆加完油需要近两个小时。后来我们先后册封过两位“加油站站长”，以嘉奖他们对加油工作的特殊可能就散架了。雪地车是特种车辆，它的设计和建造都要好一些。我也深刻体会到：在南极，雪地车对内陆队行程的重要性。

人尚可强忍颠簸，但雪橇后面装载的大批物资会随着颠簸而变得松散。出发前已经检查并紧固捆扎带，但路上的振动会使它们重新松开，有些材料会倾斜，甚至掉下雪橇。宝钢队员们只是根据以往经验，进行常规的捆绑，这在城间道路已经足够牢固了，但对南极冰盖特殊的路况，这显然是不够的。

经常是每隔一两个小时，整个车队就得停下来重新捆绑扎带、抽紧固定钢丝、重新稳固物品等。油橇上的油桶也一样，叠加的状态常常经不起摇晃和摩擦，有好几个油桶因此而破损了，不及时用的话，里面的油就会漏掉。

出发后刚刚走了6公里，又出了意外，一辆PB240车突然出现故障，不能拐弯，拖载能力消失。几位机械师的车随即停下来，简单检查后认为毛病并不简单，可能要进行较长时间的修理。

整个车队等了两个小时后，决定人马分成两批。第一部分由李院生队长带领，奔赴248公里处等待（我们先前送油处）；另外3个机械师老崔、小魏和邹正定，以及我和李侍明副队长的车，留在原地修车。

原则上这种做法是有一定风险的，在内陆，队伍是不应该分开的。但此时不光是队长，我们自己心里也是有把握的。一方面我们几个送过油的队员对这条路有一定的熟悉；其次我们目前每车至少配了一个GPS导航仪；又有铱星电话保证预防万一的通讯方式。

我帮着机械师们修车。其实能帮上的仅仅是递一些工具或把车开到上风口给机械师们挡着狂风。有一次我横坐在右侧履带的中部，把身体弯成弓状，除了老崔，大家都没看出我这么做的用意，其实我这样坐着，只是为了帮小魏挡住阳光，他正仰躺在车下修车，而阳光正好斜照在他脸上。

检查后发现是一个泵彻底坏了，可能是发动机泵的一个螺丝被颠松后掉下来所致。费尽九牛二虎之力将螺丝拧紧，发电机却还是卡壳转不起来。折腾了近3个小时，午饭都免了，但车还是没能修复。3个机械师累得够呛，暂告一段落吧，于是回车厢每人沏了一杯茶，就在茶泡开的短短几分钟里，有两位机械师就地睡着了，可以想到其精力消耗的程度。

最后，我们不得不选择放弃这辆车。队长派了一辆车过来，送来帐篷和绳子。我们把这台PB240车用帐篷盖上，再用绳索捆好，避免

在冰盖内部，全天24小时太阳都挂在天空，正午时太阳在北方，午夜太阳在南边。

风雪的侵害和掩埋。又在车旁插上几根长长的竹竿作为标记，计划等我们回程时将这台车拉回去。

这辆PB240非同小可，它曾经两次参加冰盖内陆队行动，且是首次登顶Dome A的车辆之一，为我国的南极事业立下了赫赫战功。包裹完毕后，我们几个人在车前留影纪念。时至今日，内陆队仅存9辆雪地车了。

追上大部队时已经是晚上10点多了。他们已经在我们第一次送油的248公里处宿营。屈指算下来，今天是出发的第六天，总共行进了248公里，今天只走了30多公里。

做完车长的所有工作之后，吃完饭，回到生活舱后我开始搞个人卫生：用一块小湿毛巾（就是餐馆里用的小方巾）先擦脸、再擦手，然后脱下厚重的雪地靴，擦脚。全部擦完之后，那毛巾已是臭不可闻了。

每人每天可以领取两条这样的小方巾，分别在早晚用于擦手、擦脸、擦脚等（其实到后来，能坚持这样擦的人已很少了）。此外每人每天发热水一壶，早上吃饭后领取，放在统一发的保温暖壶里，供一天的喝和用。

水是在扎营时厨房用煤气化雪烧水做成的。来冰盖之前，我认为冰盖上满天地的冰雪，用水应该不会有问题。现在看来，淡水资源虽然丰富，但需要用宝贵的能量来交换，所有的取暖、用电等，都是靠我们累死累活扛着的燃油换来的。用水奢侈，代价太大。

我每天开车前装上一饭盒的雪，放在车头挡风玻璃前，利用发动机的余热化水；一路上不断往里面加雪，到晚上就能做出满满一盒温水，可以用于刷牙等，有时还能享受一下真正意义上的“洗手”的待遇。

虽然事先不能确定是否有机会和条件喝茶，我还是带了两包绿茶进冰盖。现在发现不但能喝茶，而且沏出来的茶比以往任何时候的都更加清香。因为南极的雪化出来的水，是世界公认的最干净、最纯净的水，没有一丝污染和杂质。我开车时在驾驶室里面放一个杯子，早上用厨房发的水沏茶，茶香浓郁，其味极佳。唯一不足就是水温下降得太快。

到了这个位置，从气压推算，相当于西藏2700~2800米海拔的气压（南极气压更低）。除了机械师邹正定，大部分队员都没有出现高原反应。次旦开始准备高原反应的药，按次序嘱咐大家渐渐服上。好在我们是慢慢爬坡，耗时较长，身体有一个慢慢适应的过程。

2008年12月24日
星期三

我们此前在248公里处放有4橇油，其中3橇70桶，1橇60桶。上午出发前重新分配了雪橇，除留下一些油供回程时使用外，其他的得悉数挂在仅剩的9辆雪地车上。卡特车在轻重搭配下要拉6个雪橇；PB雪地车也要拉更多的橇。我的这辆PB300“小黄斗”拉了5个雪橇，超过45吨，是PB车中分量最重的之一。

后来对照资料才知道，这种负荷远远超过了PB300车的设计挂载负荷，可能也是这种车有生以来被强行挂上的最重的雪橇负荷。我的心里压力很大，显然这并不是对我的考验，而更多的是对PB车的考验。

唯一欣慰的是，之后应该不再需要加拉雪橇了，而且一路上还会存放回程时的用油，雪橇的数量和分量都会越来越少，再加上一路上车队本身也会耗油，所以今天是整个行程中挂载的极致，今天的顺利启动尤为关键。

由于严重超载，上午第一次启动我就没成功。无论前面的雪地车如何挣扎往前，后面的雪橇都像长了根似的牢牢扎在雪地里不动。实在太重了！我的心凉了半截。最后先用卡特车把我的5个雪橇拉到一个相对比较平的雪面，我挂上雪橇后，猛一发力，才终于拉动了。

其他车也相继启动。如此的超负荷，开车时必须一直将油门踩到底，踩到不可能再踩时，用手把油门锁死，开足最大的马力。路上不敢有丝毫减速，甚至不敢转动方向盘做大弧度的拐弯，否则车和雪橇就会停下，再也拉不动了。此时，前面的雪地车如果还是一个劲儿地盲目发动的话，雪地车本身就会自刨雪坑被埋下去。

在驾驶室里听到巨大的马达轰鸣声，感受着车和人都在散架似的振动。这样的状态，“幸运”的话能持续一整天，说“幸运”是因为有机会开一整天，表明没有发生其他的意外事件。回想起以前在国内再怎么疯狂，也不会把车开成这样，也不可能如此糟蹋一辆还没出磨合期的新车。

虽然紧张地开着车，但毕竟车队启动了，心里还是有一种释然的感觉。这时已经是上午10点半了。路面还是高低不平，大家怕停车后再也起不了步，所以中途不停一口气开了52公里，到了不得不加油的时候才停车加油。加油总是一件好事，尽快地把背后雪橇上的油用掉，减轻负担。

队伍中还剩一辆PB240，该车功率小、油箱小，路上加油的频率也更高。全队不能一起停下来等它加油，所以把两个油桶直接绑在它的后车斗里，需要加油时，随时停车自己喂自己，尽量不影响全队的行进速度。

下午路况更好，车队稍稍加快速度，达到了12~13公里的时速，心里很爽。行进到80公里的时候，头车的李队长警示：前方的冰盖突然变得崎岖不平、地形复杂，地上满是沟坎，有些沟很深，万一车子不小心，有可能掉进沟里！

大家减慢了速度，但又不敢太慢；要尽量避免雪沟，又不能猛打方向盘。矛盾中小心驾驶，但即便这样，两辆卡特车还是陷车了。

他们只能自行把雪橇分开，分次、分批拉出陷下的雪橇，再把它们重新连上。我的车侥幸得以一次性通过，出了一头冷汗。所幸的是这样的路段大概只持续了3公里左右。最终大家有惊无险地过了此关，没有发生翻车之类的重大事故。

李院生队长带领大批人马尽量朝前跑，一直跑出了110公里，在离开出发地约360公里处宿营。这么大的负载，今天算是个巨大成功。

我的PB300载重较大，渐渐落在了后面。当发现油已经不多了，干脆停下来等那辆开得慢的PB240，还有一辆因陷入雪中而掉队的卡特车。这样我们3辆车组成一个小队，一起追赶大部队。在南极内陆，队伍太分散是很危险的。

晚上9点钟左右突然起了风暴，地吹雪非常之大，看前面的车如同在云雾里一般，能见度也变得很差。我的油很快用完了，估计坚持不到前方的宿营地，所以就拦下了PB240，2辆车一起加油。

在加油过程中，宝钢的小马开着最后那辆卡特车跟上来了。他说不愿意停下，沿着李队长他们的车辙印先走一步。这3辆车里面只有我的车有GPS导航仪。等到我们加完油时，从小马的对讲机里传来了他模模糊糊的声音，他又一次陷车了。

我们两车沿着车辙印朝前走，但一直没有发现小马。开始紧张起来，因为小马没有GPS导航仪，如果离开车辙远了就没有办法了，只好让他呆在原地不动。

好在离今天的宿营地已经不远，我们的对话被营地的人听到，就让小魏开了一辆卡特车过来营救。最后小魏找到了他，当我开到他们两车的会聚点时发现，其实小马已偏离位置很远了。

后来才知道，他居然跟上了去年24次内陆队行进时留下的车辙，尽管那些痕迹已经变得非常淡了。真是什么意外都有，想都想不到！

4辆车开回宿营地时已经是午夜12点钟。由于海拔增高，气温已骤降到零下20℃以下，PB车晚上一律要通上电，以保证晚上不被冻住，这样第二天才能顺利发动。因此停车后，除了常规事务外，车长又多了一件事。

今天宝钢小队员姚旭过21岁生日。临出发前，领队、副领队等领导已经预先写下了生日卡，由李队长送出贺卡，大家一起唱了生日歌。形式虽然非常简单，但意义却很重大。因为这是一个非常特殊的生日，在特殊的时间、特殊的地点、和肩负特殊任务的朋友们一起过生日，世界上有几个人能有这福气？

凌晨1点睡觉时，大伙儿居然推算出，原来今天是圣诞前夜。

越深入冰盖，气温越低。队员居住的乘员舱里温度为0度左右，室外则有零下二三十度。

2008年12月25日 星期四

今天是圣诞节，早上起来，发现暴风雪已经变得非常大了，雪橇和雪地车已经被大雪掩埋了一部分（仿佛很有圣诞节的气氛似的），能见度仅在7~8米，看来今天出发时的难度会很大。按计划内陆队须在1月5日左右到Dome A，这样宝钢队员才有足够的时间来搭起昆仑站的构架。所以我们只有10天的时间可以用在路上，前方还有1000公里左右的路程，时间非常紧张，一天都浪费不起。

常常私下抱怨南极行动缺少计划性，但是这几天的实际经历告诉我：虽然计划是应该有，但是在这种变幻无常的条件下，各种意想不到的事经常随时出现，计划永远赶不上变化快，计划被打乱是很正常、很经常的事。

机械师老崔是第三次进冰盖了，看了今天的天气，连他也说要劝一下队长，今天就地歇息算了。但李院生队长还是坚持要走。理由有两个：一是坏天气待在营地什么事也干不了，既维护不了车辆，人也没法放松；二是这种暴风雪或许是区域性的，如果我们朝前开，说不定就能走出这一个区域，而就地等，也许暴风雪明天也停不了。

大家开始行动，整理雪橇、铲去车前的雪以方便起步。但昨天的风雪把雪橇固定得很结实，难以移动。当我把雪橇挂到PB300后，用力朝前拉，发现根本拉不动，最后还把雪地车陷入了雪里，不得不请

作者弓背坐在履带上，为下面仰面躺着修车的机械师遮挡阳光。

小魏驾驶卡特车来援救。

队长一声令下，车队一辆一辆循序渐进。由于所有车是并排排列，你只能看你旁边的车，它启动了你就跟着它。各自的距离保持在10米左右，远了你就看不见前车，近了又怕前车减速时“追尾”。我很担心轮到我时能否正常起步，幸运的是，这次起步成功了。能见度很差，大家开得较慢，只能时速8公里。但是，只要能安全、顺利地朝前挪动，我们就很满足了。

最后那辆PB240车装有雷达，雷达不时地扫描，看前面的8辆车是不是都在。当有车快或有车慢影响了车距时，还能用对讲机及时纠正。大家都集中精力于自己的车上，艰难地朝前行进。

近中午的时候暴风雪小了些，能见度也好了一点。大家稍稍松了一口气，车速提高到每小时10公里左右。到下午2点半全体停车加油时，已行驶了50公里的路程。在这种天气下，也算是不小的成果了。加完油整理好一切，再起步时已是下午5点多了。

晚上11点停车扎营，算下来今天整整跑了81公里，目前离开出发地426公里。回想起来，今天上午如果照大部分队员（包括我）的想法，歇息一天的话，那今天什么路也走不了，甚至明天都有可能还被困在暴风雪里。李院生队长坚持要走还是很有道理的。

凌晨1点半时，终于把所有收尾工作做完，刚准备休息，CCTV的俩哥们儿找了过来，他们想做一些医疗上的报道。新闻记者许波和摄影记者徐进，两位一直随队报道行进中的新闻。他们的自觉性很高，已经发出来不少报道，应该是历次南极科考队中新闻量最多的一次。当然这次征程本身也是最艰难、最有意义的一次。

在信息社会里，民众对一个事件的了解主要是通过媒体报道而来的。如果没有报道，一个事件就好像不存在一样。江湖中的口口相传已不实际，巷子太深，酒香是飘不出来的。他俩的报道大大提高了本次行动的影响力，也增加了民众的关注度。这次要轮到做与内陆队医生相关的报道了。

我们现在已到了海拔2500多米，按气压相当于国内3000米的高原，次旦和我准备于今晚发放抗高原反应的药物。我提示许波这是一个可以报道的新闻，建议他们采访西藏来的高原病专家次旦罗布医生。次旦很高兴地接受了采访，因为这是他的专业，医院看到后对此可能会有正面反应，许波和徐进还到乘员舱拍摄了次旦分发药物的画面。

之后，这俩哥们儿要我也说上几句，给一组镜头。但对我来说，在CCTV里以这种方式出现不一定合适，对我的专业即便不减分的话，也不会加分。所以我笑着说算了。

我发现，我们的李队长对新闻报道并不感兴趣。他不只一次提到，他对随队新闻报道的意义存在怀疑。是不是因为他来南极次数多了，见怪不怪，还是对新闻工作另有看法？不过，这一路上，他上镜次数可不少。

俩记者携带了BeGang卫星天线，可以在南纬75度以北工作。我们目前在南纬72度22分，再朝南不远，他们的数据信号就传不出去了。我估计他们是想趁着现在信号还行，赶紧多传几个新闻素材回到国内。

许波和徐进风格完全不同。许波白白净净，出落得一介白面书生模样，因为要出镜主持，他一路小心保护自己的脸，现在是队里“硕果仅存”的没被晒黑的队员。他说话和气，努力地在CCTV打拼，属于新生代青年。

徐进因少言寡语，且常作思索状，经常被误认为反应慢。他是户外爱好者，在户外活动和摄影方面都相当专业，还教了我不少摄影的技巧。他喜欢高原，去西藏像回老家一样自然，还有一个藏名呼作“徐进次仁”，其实却是个地道的北京人儿。

14 | 狂奔在“吞人”的冰裂隙区

2008年12月26日
星期五

昨晚的觉是今天凌晨3点才睡的，一觉醒来快8点了。队长也还躺在床上，问刚刷完牙进舱的小马：天气好不好？小马答：还可以，有点风。大家赶紧起床，快速吃点饭后就开始做出发前的准备工作。

昨晚的风雪把雪橇又掩埋了一部分。我吸取昨天上午起步时的教训，先让卡特车把整列雪橇拉到一个相对比较平坦的雪面上，再将它们挂上我的PB300。9点一过，队伍就开始出发了，我的车依然排在第8位。当我启动时，发现还是拉不动，再一用力，我的PB300又埋进了雪里面，不得不请求最后面的卡特车帮忙，重演了昨天早上的遭遇。

几天行程下来，几辆卡特车或多或少都减轻了些油桶的负担，我的雪橇却丝毫没有减分量。虽然明明知道不是我在拉橇，而是雪地车在拉橇，但只要一提车队起步，我心里就会紧张，担心拉不动雪橇，既耽误时间又出洋相，算是落下了一个心理障碍。

出发后大概开了15公里，仅存的那辆PB240车又出问题了。这辆车由宝钢队员小高驾驶，行驶过程中仪表盘上的红灯闪烁发出警告，但他不识英文，不知道警告什么，紧急用对讲机求援。离他最近的小魏掉头回去帮他检查，发现是液压油用完了，再一细看，原来液压油漏光了。

正在我车的后车厢休息的机械师老崔让我送他过去察看情况，邹正定恰巧就在PB240里，三个机械师开始修车。把车头盖打开后，发现是液压油的阀门漏了。好在漏的是通向前操纵杆的阀门口，此车没

在同伴的保护下，作者趴在雪地上探看冰裂缝。

有附加前操纵杆（如雪铲或铲斗等），只要堵死不漏就行了。

最后老崔靠一自制条状金属丝堵住了阀门口，车子顺利启动开跑。老崔念叨，昨天他就预感到今天可能会有状况，并向队长建议，今天上午应该检修所有车辆，因为所有车辆都在长时间地超负荷运转，对机器损害会很大。果不其然，不幸言中。

我有一个被大家广为流传的比喻：我们护送物资去Dome A，就好像孙悟空护送唐僧去西天取经，一路上九九八十一道难关，道道不一样，回回差点过不去，但最终还是都过去了。

我们三辆车追上了大部队，他们正在距离出发地464公里的一个叫DT085的点上。此点非常著名。第一，这里是冰裂隙的标志性区域，再往前走，冰裂隙密布；第二，这里是去Dome A和格罗夫山的交叉口，朝右走大概150公里就到格罗夫山了。

格罗夫山是南极非常著名的一个山区，有很高的科考价值，据说风景也相当漂亮，中国人在南极洲找到的近万块陨石，绝大部分都是在格罗夫山附近捡的。

中国在格罗夫山还建造了很多简单建筑物，虽然没有建站，但那里是属于中国人的活动区域，是我国在南极的“势力范围”之一。其他国家想在格罗夫山捡陨石，还会主动和中国方打招呼。

在DT085点附近，还可以看到去年24次队留下的较明显的车辙印。队长介绍说有时还能看到15次内陆队留下的车辙印，可见这里的降雪量非常少。

从DT085点向前直走，大约800多公里就到Dome A了。我们能看到前几次科考队用空油桶和木板做成的路标。这路标挺有意思，三块板拼成三边形，一边指向中山站，一边指向格罗夫山，一边指向Dome A，各自标注公里数。旁边还有很多有科考意义的标志杆。我们在DT085抛下了一些空油桶后又出发了。

从内陆冰盖去Dome A路上的位点，是我们中国人根据GPS定位人为定下来的点，一般是每隔2公里左右设一个点。这些点的名称都以Dome A Traverse的缩写字母DT开始，后面加上一个数字，如DT426等。

当我们手拿GPS定位仪通过这些点时，机器就有反应，并发出一个小小的响声以提示。奇怪的是，有的点位间距离不到2公里，而有的距离都快到3公里了才提示过DT点。

对此，李院生队长发布的官方答案是：当他们第一次进军Dome A、沿途探路设点时，GPS专家张胜凯是定点人，路况难测、人员劳累，有时会错过该设的点，故点位间的距离不一致。这种说法尚未同张胜凯教授核对，但在队里广为流传。

经过这些天的磨练，我觉得对驾驶PB300有了一些体会，内心不免有点沾沾自喜。对于我长时间坚持开车，队友们从体力、精力、责任感等方面毫不吝啬地对我进行了赞美，我自己挤去其中的“水分”后，欣然接受了部分赞美之词。

下午6点差5分，我们停下宿营。今天跑了63公里，出发至今已整8天，行进了489公里。今天是这几天里最早停车、宿营的一天，因为机械师们需要对所有雪地车进行一次全面“体检”，尽量发现潜在的机械故障，减少潜在风险。顺便把冷却液、液压油、机油等该加的液体都加上。车辆养护是必需的，所谓磨刀不误砍柴工。而且，明天将是非常艰苦的一天，因为我们将进入南极冰盖上最危险的区域之一——冰裂隙带。

冰裂隙带是南极冰盖的一个特殊地理现象。当冰盖上的冰从上向下移动时，如果遇到一个宽阔、平坦区域，空间变大了，冰层会分散形成无数的裂缝，这些裂隙会编织成一条条宽窄不等的缝隙网络。

根据当地冰盖厚度不等而冰裂隙深度不一，有的冰裂隙深达好几千米。由于终年下雪，一般冰裂隙上盖着一层二三十厘米厚的雪，所以一眼看去无法发现。只有当车或人，划开了雪面或掉进去了才知道它们的存在。如果人掉进宽的冰裂隙的话，肯定就没命了；如果一只脚不小心踩进窄的冰裂隙，另一条腿还在外面的话，那就可能被吓个半死。

队伍里的老队员和队长反复地叮嘱我们，就像踩地雷一样，如果一只脚踩上了，另一只脚千万不要跟进！张胜凯同志曾有两次一条腿深深跌入冰裂缝的经历，多亏另一条腿还在外面才保住性命。当地表积雪被拉开时，可以露出宽度超过2米的裂缝，虽然雪地车或雪橇整个掉下去的可能性不大，但有可能斜着陷在里面。

因为时间充裕，今天的晚饭吃得也比较从容。据说上次内陆队队员天天吃八宝粥和饼干，身体上火，肠胃功能紊乱。这次的伙食有了很大改进，从航空食品公司定制的航空食品，有虾仁炒菜、深海鳕鱼、粽香米饭、包子、馒头、米饭、意大利面条等，种类繁多；还有从上海买的各种西点，味道不错；我们甚至还带了酒，有上海乙级大曲白酒、北京二锅头、葡萄酒、啤酒和少量黄酒。

除此之外，居然还有巧克力、果冻、山楂片、茶叶和香烟等，大家因此猜测这次负责食品规划的可能是位女性。到目前为止，我对食品很满意，甚至认为比中山站的伙食还要美味。

2008年12月27日 星期六

想不到今天是这么漫长而艰苦的一天。每天的记录像是一个个连续的故事，但总猜不出下一章节会发生什么，而每一关几乎都困难到让人觉得不可能解决。

昨天宿营较早，我舒舒服服地睡了6个半小时。全队人马一早准时起来，8点挂好全部车辆，8点半出发。今天我和次旦互换位置，我开第三辆车挂次旦的雪橇，次旦开第八辆挂我的雪橇。

从这里开始，前方120公里都是冰裂隙地段，李队长开头车在前面探路，老崔坐在次旦驾驶的第八辆车的副驾驶座上断后（后面跟着那辆速度较慢的PB240），他俩均数次进过南极内陆，对地形情况比较熟悉，也有应对突发事件的经验。万一有情况发生，头尾有照应，可快速反应和处理。

大家起步都比较顺利。上午阳光灿烂，风速每秒7～8米。队员们卯足了劲赶路，一是想把前几天的损失夺回来；二是希望今天能一口气开出冰裂隙区，到它边缘上的602公里点或者610公里点宿营，避免在冰裂隙区宿营，造成潜在的危险。到中午第一次加油时，已开了60公里路程。如果下午再来一个60公里的话，今天就能越过冰裂隙区了。

一路过来，坚硬的雪面波纹起伏，看起来像干涸的河床一般，大家虽然知道冰裂隙就在其下面，但还没机会真正看到过。好不容易进一次内陆冰盖，又听说过许多关于冰裂隙的传说，如果不能亲眼看到，岂不有点遗憾？下午4点多的时候，我跟副驾驶座上的李侍明副队长开玩笑说，如果我们没看到一个冰裂隙就穿过了冰裂隙区，多可惜啊！李副队长坚决地批评了我的“猎奇”思想，认为安全第一。

话音刚落，我忽然看到前车车辙里有个冰窟窿。它们明显是被雪橇和履带拉出来的，开始显示的仅仅是几个脑袋般大，前车履带快速压过后，窟窿徒然增大，直径超过1米！这些大窟窿，其实只是冰裂缝的一部分，它下面深不见底，并可向两侧无限延伸。

有些路段雪地起伏不平，雪地车非常颠簸，乘员舱里所有东西被颠得乱七八糟。

雪地车压过后，冰裂会进一步地扩大，所以前几辆车还好一点，后面车辆的风险就更大。我们这么庞大的车队一起驶过后，留在后面的是千疮百孔、沟坎满布的雪面，回首一看，真有毛骨悚然的感觉。还好，我们只朝前走。

冰裂缝宽的能有一两米，而深度可能达到数百甚至上千米，万一掉进去，有可能根本无法救援。

又开出了30公里路程，眼看胜利在望，却偏偏在这时从队尾传来了不好的消息：昨天刚修好的那辆PB240又坏了，抛锚在满地沟坎的半路上。排在第八位的次旦和老崔不得不停车，去检查和修理这辆240。队长要求其他车辆继续朝前走，以巩固胜利果实。行驶了约5公里后，我发现雪橇上的绑扎带松了，于是停车重新紧固绑扎带，后面的4辆卡特车超过我继续前进。

李院生队长指示我，紧固好绑扎带后暂时原地不动，负责前后两部分车队的对讲机联络，因为距离超过10公里后，对讲机通讯效果会不可靠，若地形不好就可能接听不到。队长带着其他车辆开到106公里处时，从对讲机中得知，老崔他们还在和那辆PB240车较劲，看来一时半会儿是修不好的。为了避免队伍落得太远，李队长他们就停车扎营了。扎营地在我前方约10公里，老崔他们在我后方约5公里。

这里是去往格罗夫山和Dome A的三岔口。中国科学家在格罗夫山进行过很多研究考察工作。

等到晚上8点左右，我同老崔的联系中断了，怎么呼叫都没有应答，而PB240车的驾驶室和后车厢里都应该有人的。我孤身一车，在冰裂隙密集区域内，不敢贸然回去查探。请示李队长后，他指示我回到宿营地，与大部队集合。因为我拉的这组雪橇中有一个是厨房，大部队需要做饭吃饭了。

到达宿营地后，大家用各种方式反复呼叫PB240，还有去支援他们的PB300车，但始终没有一点回应。气氛开始凝重，因为冰裂隙区域什么事都可能发生。李队长问小曹："救援绳索和长尼龙绳在哪里？"小曹回答在次旦拉的雪橇组合里。队长立刻决定小曹和他开一辆PB300，回到PB240出事点。路过我的车时，朝我喊："毛医生，一起去吧！"我猜到他会叫上我。

那辆PB240趴窝的地方离宿营地约15公里远，以最快的速度开也需要一个多小时。我们两辆PB300一路飞奔，顾不上颠簸，也没多想脚下业已盛开的冰裂隙。开了12公里，看到次旦他们留下的雪橇，他的PB300一定是回头救那辆PB240了。

上了高坡朝下一看，果然看到前面有两个车形小黑点，车还在，多少让人松了一口气。快马加鞭赶到后，看到所有人一个不少都在冰

BAOSTEEL
Dome A
冰穹A
836 km
中
464

面上，没有人掉到冰裂隙中！李院生长舒一口气后厉声责问：“为什么不回呼叫？”

原来出事点和宿营地之间隔了一个小山坡，信号传不过来，功力强大的车载电台也只能听到嗡嗡音。何况大部分情况下，所有成员都下车帮助修车去了。

经老崔他们诊断，这辆PB240病得不轻，修复很有困难。李队长要求机械师们继续修理，看有无最后的希望；并指示我连人带车留下，等修理工作完成后与机械师们一起回宿营地。

我突然发现，我车上的油已经不足以开回到宿营地了，出发营救时匆匆忙忙，没有注意油表。次旦想起3公里远处他的雪橇组合中有油桶，于是3辆PB300车一起回到次旦放下的油橇组合前加油。加完油后，李院生队长、次旦罗布各开一辆PB300，还带走了我的“副驾驶”李侍明副队长，一轰油门向宿营地方向狂奔而去，留下我一个人一辆车。

我细细观察地形，发现车队压过的雪面上密密麻麻全是冰裂缝，有的已延伸到我的脚下，我的PB300履带正前方就有一条很大的冰裂缝。说不害怕，那是胡说八道，我真的两腿发软，不寒而栗。

晚上10点半，我孤身一人一车在茫茫冰裂之中，车上还恰巧没带GPS导航。硬着头皮把车掉过头来，朝宿营地相反方向的冰裂隙区开去。我要回到PB240身边！因为身处险境或紧张氛围中，独自一人与有人做伴，感觉是完全不一样的。这时，对讲机中传来其他队员给我的鼓励和祝福，感觉稍稍好了一点。

一脚将油门踩到底，朝3公里外的方向扑去。我采取了两个措施，一是尽量避开已经被重橇压过的雪面，那些地方已经非常薄，随时会出现很大的冰裂缝；二是“高速”行驶，即使有坡度也决不减速。怀着“来不及掉下去，已经冲过去了”的想法，希望速度可以帮助我的车避免陷入较宽的冰裂中。

一路上多少带点悲壮的感觉，晚上11点半，终于到了PB240停车之处。此时，我已经连续紧张地驾驶了14个半小时雪地车，仅在中午时吃了些点心、喝了些水。但我没感到丝毫的饥饿，只觉得筋疲力尽，想睡觉。但我还是打开铱星电话，同李队长通报这边的进展情况。

机械师们仍在围着PB240忙碌，但看起来没什么进展也没什么希望。现在是极度寒冷的冰盖深夜（虽然天不黑），为什么老崔他们还在坚持不懈呢？这是一辆多次服役的老车，前天坏了能够修好已属万幸。今天又坏，可能表明阳寿已尽，即使勉强修好，它又能负重跑多久呢？

我同老崔打了个比方，就像一个80多岁、全身器官衰竭的病人，突然得了心肌梗塞，第一天侥幸被抢救过来；第二天又心功能衰竭了。这样的病人，就算你把他救过来，也不能还指望他背着100斤大米跟你跑路。

况且，现在我们已经到了600公里处，又可以卸下部分油桶供回程使用，全队的拉载负重又可以减轻一些，PB240拉载的雪橇，车队可以消化掉。这辆PB240帮我们挺到600公里处已属不易，算是完成使命了，可以光荣退出了。

老崔他们折腾到凌晨1点多钟，又听了我这番劝说，终于决定彻底放弃这辆车。后来，老崔他们经常同内陆队员们说起我把车比作病人的故事，我因此落下了“见死不救医生”的嫌疑。

放弃了PB240之后，我带着机械师们向宿营地进发。一路上开得很快，老崔在后车厢通过对讲机询问我车速。我本以为是车速太快把后面几位给震着了，原来是机械师曹建西身体状况不太好。

小曹出生于湖南一个农村家庭，个子不高、身体单薄，毕业于同济大学，为人低调工作踏实。他在冰盖路上还有心情学习英语，并常同我一起探讨，是我遇到的又一个工作积极、思路灵活的“80后”青年。

此时他躺在后车厢长凳上，脸色发白、浑身冒汗、手脚冰凉、手指尖麻木。看得出老崔非常着急也很心疼，在后面催我尽快赶到营地。我开着我的“小黄斗”一路狂奔，从来没有这么“纵情”地驾驶过PB300。

1小时后赶回营地。张宏忠厨师已从对讲机中听到消息，温了一锅粥等着我们。到营地后我赶紧检查小曹的血压、心律、脉搏等，判断是典型的低血糖现象。追问病史得知，由于不间断的工作，小曹已经有18个小时没有进食、进水了（后来才知道为什么他不喜欢吃东西），加上过度劳累，有点虚脱。宏忠赶紧在温热的粥里加了些糖，让小曹喝下，我嘱其平躺休息，过一阵后症状有了缓和。晚上睡了一觉后，第二天小曹又作为一个“全劳力”干活了。

因为营地还在冰裂隙区里，所以今天要采取特殊安全措施。营地周围用绳子圈出安全区，营区内部，也用竹竿和绳子拉出安全通道，人须沿绳子行走以免陷入裂隙中。一直忙到凌晨3点左右，终于可以把自己放平睡觉了，明天我还得作为主驾开车，现在开始拼体力了。

这真是一块神奇的天地。这段冰裂隙区不仅给我带来了从未有过的惊心动魄，同时给我带来了强烈的刺激、震撼、挑战和兴奋。我觉得这辈子可能再也不会有类似的经历了，即使单单只有这次冰裂隙体验，这次南极冰盖就没有白来。

15 | 极昼里的新年联欢会

2008年12月28日
星期日

由于昨天过度劳累，大家9点多起床，10点多才出发。今天天气非常好，全队只剩8辆车了，一路上走得比较顺利，下午1点半停车加油时已开了54公里。

自从进入冰盖行程后，每天早餐和晚餐停车做饭吃热乎的，而午饭在行车之中自己解决。可以是早上带到车上的点心，也可以是车上常备干粮，如饼干、巧克力、零食等，还有橙汁、牛奶、啤酒等饮品，由于天气寒冷它们不会变质。昨晚没吃什么东西，今天中午还是一点胃口也没有，只喝了一点茶水提精神，要不然下午开车会打瞌睡。

我的副驾驶李侍明副队长，是个性格开朗、随和的人，一路上有说有笑。他能开雪地车，但技术不熟练。因为一路上的重橇拖载，艰难险阻多，开车不是轻松的事，所以大部分时间都由我驾车。

其他车辆均是正副驾驶轮流开车，交替休息，但我有一个怪癖，坐在车里就希望自己开车，方向盘把在自己手里，心里才踏实。对于我来说，虽然累一点，但心里乐意，而这种安排，给了我一个独自一人从中山站驾车到Dome A的机会，并且最后真的做到了。

有史以来（当然“史”不长）独自驾车到Dome A的只有3个人：上次内陆队的徐霞兴、本次队的李院生队长、本次队随队医生毛一雷。李队长独自驾车，一方面是他的副驾驶是GPS-man张胜凯，只负责指挥方向、不开车；另一方面李队长是头车，肩负着带领整支队伍的重

由于冰盖深处高原氧气稀薄，发动机燃烧不完全，雪地车前进时冒着浓烟。

任，他不放心让其他人代替。他同我一样，是个有控制欲的开车狂。

李侍明副队长是宝钢一个分公司的经理，所以大家按照“国内惯例”，一律尊称他“李总”。开始不太熟悉时，这是一种客气，后来习惯了这个称呼，“李总”就成了他的名字。

李总很会享受生活。早上上车后，常在车里放他带的各种交响乐；天气好时和天气不好的时候，都能非常高兴地欣赏车窗外的风景，还不时加以评论；每每打开一听啤酒，总要用暖壶盖子倒上一些递给我，然后自己把剩下的大半喝完；路途没有风险时，还会很轻松地打上一个小瞌睡……他给车内营造了轻松的气氛，用他自己的话说“南极考察也很舒服”。

开始每次从食堂吃完早餐出来时，李总总是带上两份点心，他非常关心我，一份是帮我带的。在午饭时间，他会把点心分给我吃，但就是有一点，他选择的午饭我必须得吃，而且一定要全部吃完，这样他才高兴。其实我中午不一定愿意多吃，而且我离开这种“妈妈式”的照顾已经很长时间了，有点不适应。后来我俩达成友好协议，自己管自己的午餐，愿不愿吃、愿意吃多少都随自己。

每到下午，我都会边开车边打瞌睡，尤其是3～5点之间，一般能打四五个盹儿。其实大家都一样，每天这段时间里，原来活跃的对讲机节目也会安静下来。在南极冰盖开车，打盹是常事，而且是被默许的。李总一般情况下都不说什么，知道我自己能突然醒来，只在我开得实在太偏时才推醒我。

下午一路无事，到晚上8点宿营的时候，已经开了110公里，离开出发地706公里了。到了这个点我们又可以“抛掉”部分油了，我们带的油其实已经有很大的余额，又少了三辆喝油的PB240车，所以几位机械师提议，应该留下一整橇油。但李院生队长要保守得多，他宁可多带一些油以备不测，或留给明年的队伍用。最后决定，留下25桶油在706公里点上。

晚上10点半了，但我一点都没感到困，这种状态是不对的。我决定吃两颗安定，晚上需要好好睡一觉。

2008年12月29日
星期一

昨晚的两颗安眠药让我睡了7个半小时，今早醒来自我感觉还不错。

8点半出发时，李队长的头车没有一次性启动成功，全队9点才真正上路。过700公里以后雪面就不一样了，比以前软了一些，也更平整了，车内震荡比以前轻了很多。下午2点左右中途加油，6点钟时已经开到100公里了，也就是离开出发地800公里处。以前曾听说过800公里后，又会出现软雪带，并重新开始上陡坡。

快到800公里时，觉得雪面的硬度还是可以接受的，我暗中想，也许所谓软雪带可能是误传或者夸张的说法而已。但是刚过800公里区段，立刻感到下面的雪面突然不一样了。从表面上看不出变化，但车辆驶过时，明显感到抓地和拉力等都受到了限制。

中途停车时，两脚一落地，软软的雪面盖过半个靴子。雪面变软，使得雪地车的拖拉能力大打折扣。PB300拖着五六个雪橇变得非常困难，阻力很大，地面经常打滑，启动不好就会陷车。从800公里点到Dome A只有400多公里距离，但海拔从2800米升到4093米，是一个急剧上坡的地形。

刚过800公里点不久，5辆雪地车先后连车带雪橇都陷进雪里，动弹不了。我开着我的PB300“小黄斗”，一直坚持到了806公里处，一口气开到这里的还有另两辆PB300。此处是一个缓坡的顶部，队长决定今天就在这里宿营。我们卸下雪橇后，掉头回去援救那些陷进去的车。

在雪面比较硬的地段，卡特车能发挥出更大的功力和拖载能力，但在软雪带，卡特车就无能为力了，它的履带不如PB车宽，车身重心也高，这时就只能靠PB车帮助。晚上10点，终于把所有雪橇都拉到了宿营地。在这个点上我们留下76桶油供回程时使用，明天的负担可以减轻一点。

渐渐的，我对我的PB300“小黄斗”产生了非常深厚的感情，没经过我的同意，谁也别想碰它，我和它已经“人车不分”了，队员们看到这辆“小黄斗”过来，就知道是我来了。这种车是德国产的雪场清理车系列中的一种，特别为南极制作了能适应极地环境的款型，车身上有“Polar”符号。

在一些滑雪场里，我们也能看到它的近亲系列车。我想当回国以后，如果哪天看到PB300，一定要想办法去开上一把，演示一下360度原地掉头的技术。不过那时，一定没有现在这种在无穷无尽广袤冰原上奔驰的气魄了，就像战马离开了疆场。

准备休息时，队里通知大家集合，今天晚上要举行一个升国旗的仪式。因为临近元旦，央视记者想要一组内陆队队员对着国旗宣誓的镜头。等真到元旦之时，我们可能已经行进到南纬75度以南，那时信号传输有困难，所以升旗仪式得提前操办。

宝钢队员用两根竹竿自制了一根高高的旗杆，在顶端用铁丝圈成一个滑轮装置。大家横向排成一队，选出机械师老崔和小魏作为升旗手。没有背景音乐，两个升旗手慢慢将五星红旗升起，大家齐唱国歌，向远在万里以外的祖国人民表达我们的祝福和建站的决心。

一切都结束后已是凌晨2点，回到生活舱，用那小毛巾擦了擦脏兮兮、布满油渍的手，再擦完脚后，倒头便睡。

2008年12月30日 星期二

今天车队起步非常困难，几经努力，有的车几次反复，全队终于慢慢出发了。在这种软雪带中，车辆都很吃力，开足马力超负荷运行，稍不留神就会陷入雪里。

刚开出12公里时，两辆卡特车陷入雪里。只好把雪橇组合解体，拉上前半部分雪橇继续前行。下午3点时候，大部分车居然跑了50公里左右，但雪面变得更软了。在50公里处集结，卡特车回头去拉扔下的雪橇。我到得比较早，居然在等待的20分钟里打了10分钟瞌睡，并且效果不错。

雪地车马力足够，如果只拉载两三个雪橇，再软的雪面也不会有问题。但我们现在的运载量远远超过车的设计能力，这对车的机械损害是很大的，马达声轰鸣到了非常难听的地步。如果这是我自己的雪地车，我绝不允许这样“霸王硬上弓”地超负荷运行。

我说我们欺负雪地车不能开口说话，如果它能说话，一定会骂死我们，大家都笑了。但这次建设昆仑站是一个硬任务、一次国家行动，对于建站成功来说，即使是这一批车全“牺牲”了，也在所不惜。

下午更加艰难，大部分车辆都遭遇陷车，好不容易拉出来后，仍然起不了步。我们只能用新方案：摘下部分雪橇先往前走一段，然后再回来捡橇。这样来来回回倒运，到半夜12点半的时候，有部分车辆还处在倒运之中。但今天居然还是行进了85公里，实在是不错的成绩！目前离开出发地是891公里，距离1260多公里处的Dome A我们还要熬几天呢？还会有什么情况出现呢？

现在已经在南纬77度左右，海拔2900米，若根据气压来推算的话，相当于国内的3600米左右的气压。由于我们是循序渐进地上高原，所以还没有出现明显的高原反应，只是在强力活动时，会觉得有点气喘。

在内陆冰盖开车作业，体力上的消耗和劳累是不言而喻的。但这种劳累方式同我在国内医院里工作所体会的辛劳是很不一样的，性质完全不同。在南极内陆付出的更多是体力，几乎不用动脑子，也不需要担心每个具体操作所带来的风险和后果，即使睡眠不足，也照样能将就着干活。

而作为一个外科医生，工作中的紧张程度、天天面临生死攸关的风险，主要体现在脑力和心理上的压力，体力上的劳累还是次要的。有机会尝试一下完全不同的工作、不一样的生活环境与不一样的团队队员们提前举行“元旦”升旗仪式，向远在地球另一端的祖国和亲人送去衷心的祝福。

航空煤油是南极探险的“血液”，队员在给雪地车加油。

合作，让我有种经历了“来世”的感觉，对生活有了重新理解。

车队行进中，队员们如何“方便”成为一个问题。一般情况下，车队会每过一段时间就停一下，让大家集体“方便”。这在雪面较硬时没问题，但在软雪带，起步很困难，大家都不愿意随便停车，这时“内急”者就要想办法自行解决。

一般队员会准备个广口塑料瓶子，大多是饮料的空瓶子，万不得已时，就在车里用瓶子解决。更大的难题是，正在开车的驾驶员，在舍不得停车的情况下，如何用塑料瓶子解决“方便”问题呢？

经过我反复设计、尝试和努力，终于发明了一套在不停车状态下完成瓶内解手的方法，虽然驾驶座上空间拥挤，动作不方便，但是实际效果不错，并且在李侍明副队长的通力协助之下，完成效果会更好。后来李院生队长通过对讲机向全体驾驶员推广这一“驾驶员不停车解手”方法，也算是一项创新技术。只是由于操作有难度，需要身体柔软性好，李队长事后坦言，他尝试过两次，但都未能成功。

我后车厢内有一名宝钢队员，他在行进过程中不断出现尿意，但精神紧张，没法在瓶子里解决，必须停车下车才能办事。但他又顾忌起步困难，不愿意反复叫停车辆。这样一来更加剧了他的紧张焦虑情绪。我曾给他服用尿路感染的药，并进行心理诱导，但无济于事。

问题是我们没带导尿管进内陆，如果真因此出现急性尿潴留，我除了在耻骨上行膀胱穿刺外，就没有办法了。在这段时间里，他的情绪非常急躁，甚至有时出言不逊，差点儿与队友发生肢体冲撞。

我把他看做一名患者，加上环境恶劣，他本身已非常痛苦。我答应他如果需要，我可以为他随时停车，并继续给以药物和心理治疗。一段时间后，他的尿频尿急症状消失了，他后来也成为我的一个好朋友，并光荣地成为两名“加油站”站长之一。

2008年12月31日 星期三

今天是2008年的最后一天，我想不出还有什么比在茫茫冰盖向Dome A奔袭中度过这一天更有意义的了。

还是行进在软雪带区域，刚开了不久，我的爱车“小黄斗”就很不幸地陷入了雪里。只好先抛下2个雪橇，只拉着3个雪橇前进。今天队里在半路留下6个雪橇，其中2个就有我的。心里有点不是滋味，甚至对自己的驾驶技术产生了怀疑。一般情况下，我都是来来回回救援的人啊！

行进了十几公里后，忽然在我们的左侧1公里处发现一堆小小的建筑物，还能看到人头晃动！再仔细看，那里有一条平整的冰雪跑道，居然是一个小飞机场！大家停车查看，又兴奋又惊讶，在这片荒无人烟、毫无生物迹象的冰盖上已经足足行进了2个星期，别说是建筑物，就是任何参照物都没有，突然之间出现了一个小型飞机场，还有一群真人！如同做梦一般，实在是很奇妙。

原来这个机场是个多国合作项目的一部分，这个项目叫North A-GAPE计划（大名叫南极航空地球物理勘测计划，如果张胜凯没有骗我的话），是一个有关南极冰盖地质测量的多国联合研究项目。参与国家有澳大利亚、美国、德国、英国和中国5个国家。这个项目总共才持续1个多月，机场是临时修建的，主要是让执行探察任务的飞机有一个中转、加油的落脚地。

后来得知，其实在我们出发前，李院生队长就已经知道我们将在这里碰到他们——并且是必须碰到他们，因为我们也参与了该计划的一个部分。但他没有和我们提到这个情况，因为战士在上前线的路上，没有必要知道自己要去哪儿、和谁开打。

不过这样也好，多了一个惊喜。李队长派机械师小曹开一辆带雪铲的PB300车，去帮助他们重新平整机场跑道。因为他们除了雪地摩托没有其他的车辆。这也是早就计划好的事。听说接待小曹的是一个澳大利亚女队员，大家羡慕地目送小曹离开，为什么这种美差交给小曹呢？

接着双方互访营地，并各自派人做自我介绍。他们营地里共有16人，分别来自加拿大、澳大利亚和苏格兰（英国），但没有看到美国人，有好几名女队员，还有一位女厨师。大家见面很热情很亲切，不管是哪国人，不管是男人还是女人，是人就好。

他们的营地以帐篷为主，帐篷分睡觉的、进餐开会的、工作用的和厕所。收拾得干干净净，在大帐篷里甚至能煮些咖啡什么的。营地所有物资均是空运过来的，他们的人也是空运过来的，所以他们没有，也不知道经历冰盖的艰辛。再过2周他们就完成任务要撤离了。

中国在这个A-GAPE计划中承担的任务非常奇怪，就是在我们回程时把他们废弃的油桶和垃圾等物品带回中山站做处理，属于环保举措。我同两个苏格兰飞行员交谈甚欢，因为年前刚去过苏格兰，所以有话题。他们破例让我登上飞机驾驶室，那是一架小型固定翼飞机，从我外行人角度看，内部仪表也不算先进。但在南极内陆这已经算是大飞机了，是德国人出钱买的，据说这是德国人参加这项研究的唯一贡献。

他们对我们的营地也大为惊叹，反复拍照。我们一路上虽经损兵折将，现在的8辆雪地车依然是他们从未见过的最庞大队伍了。我们旗下的4辆卡特匹勒挑战者车、4辆PB300雪地车，确实是非常贵重的阵容，世界上独此一家呢。

他们还参观了我们的乘员舱、生活舱，觉得很不错。临走时还开玩笑说，能否用他们的两个大帐篷换我们一个乘员舱，觉得我们的舱

国际合作项目(North A-GAPE计划)的营地里设施齐全。我国也参与了这个项目，任务是把他们的垃圾运回去。

在冰盖深处突然遇到人，这让我们非常惊讶。原来这是一个国际合作的南极研究项目，机场营地是临时的。

会更舒服一点。他们送了我们一些英国巧克力，我们也随手回敬了他们一些航空餐，有速冻包子，炒米饭、冷冻蔬菜等。拿着食品，那女队员说：“哪儿有中国人哪儿就有好吃的。”

做完国际交流后已是下午6点钟，耽误了不少时间，但也是一个不错的调剂。那时两辆卡特车已经把留在半路的6个雪橇拉了回来，所有雪橇到齐后，我们又出发了。队长说今天是2008年的最后一天，我们要早点歇车，晚上要开一个联欢会。

路程相当艰难，好歹又撑了十几公里，在离出发地922公里处宿营。还有4个雪橇在离开营地十几公里的地方，开卡特车的小魏和宝钢的小马又赶回去把留下的雪橇拉回来。算起来今天总共前进了31公里。

在等待小魏他们拉橇的时候，内陆队主要成员开了一个“临时党支部扩大会议”——所谓“临时党支部”由副队长夏立民、老崔和我三人组成；所谓“扩大会议”是指将李院生队长和李侍明副队长也给扩大进来了。因为不把两位队长“扩大”进来，既无法讨论问题，也无法执行决议。

讨论的主要内容是“在困难的冰盖区域如何重新协调安排运输任务”。讨论结果认为：挂重橇、起步失败、又卸钩、重挂橇、起步还是失败，这个怪圈浪费了很多时间和精力，也消磨了体力和意志力。应该把雪橇组合作相应的拆分。大家基本上达成了一个新的方案，决定明天试一试。

开完会已到午夜12点，我以为新年晚会可能会被取消。但小魏和小马拉回雪橇后，晚会还是热热闹闹地开始了。所有队员挤在新生活舱内，热气腾腾。张大厨准备了好几个菜，味道相当不错。

打开了芝华士威士忌、茅台酒和其他一些酒，队长和副队长都分别发言致辞，对队员们的辛苦工作表示感谢，大家能活着行进到922公里，是共同努力的结果。几巡敬酒过去，气氛到了高潮，有的队员前些天有些怨言，或因工作辛苦、分配不均等有些不满，经过这番气氛浸泡消失了一大半。

我体会到，要维持一个团队的整体性，这种集体活动是非常必要的，虽然有时好像并不受欢迎。这种集体氛围提示大家，我们还是一个团队，我们的利益休戚相关。这对消除彼此间的顾虑、促进成员团结有积极正面的作用。

在冰盖中我正在看鲍威尔将军自传，他在当美国参谋长联席会议主席时，专门在每天上午安排一次会议，可以短至5分钟。他说开会的目的是互通消息，但是更加重要的是表明大家是在一个团队里面，而团队还存在着呢。

开完联欢会以后，大家的兴奋点一直持续到凌晨3点半。又是新的一年了。给国内的家人打了电话，我老妈说：从网络上看到我的照片，又老又黑又瘦，已经认不出来了。由于南极的臭氧漏洞使紫外线大量进入，那种晒黑的程度同农村劳动时的晒黑是没法比的。但外表变成什么样子，我并不关心，更不担心。

16 “魔鬼30公里”与“锅底”迷阵

2009年1月1日 星期四

今天是2009年的第一天，大家像往常的任何一天一样，开始准备这一天的工作。小时候听大人们说，一年的第一天忙则全年忙，第一天苦则全年苦。希望这不是真的。

昨天晚上的会议做出决定：不再勉强试图拉动所有雪橇一起前进，这样可能挫伤队员们宝贵的、越来越受到考验的自信心。今天要用“接力棒”的方式拉这么多雪橇。

我们先把8个雪橇留在原地，确保顺利启动。开到30公里后，再派两辆卡特车回头去拉剩下的8个雪橇，而PB车则拉上卡特车丢下的橇再朝前挪30公里。这样卡特车和PB车来回像传接力棒似的倒雪橇，以每60公里作为一个营地。

这个计划是夏立民副队长提出的，大家一起修改、讨论后通过。我很赞同这个计划，觉得比较合情合理。但老崔一脸的疑虑，几次欲言又止，最后只说了句：今天会异常艰难，随机应变吧。

今天的路程证实了夏队长提议的及时性，也证明了老崔的担忧并非多余。夏立民副队长是极地办的一个处级官员，毕业于北大地质系，当年分配到极地考察办公室算是对口，以他的话说，也是个人的喜好。因为这哥儿们平时好户外活动，常带娇妻去西部练练车什么的，不但照相机好，而且摄影技术特棒（我这次少数几张好的照片就是他拍的）。

这次夏立民在内陆队以临时党支部书记的身份兼任副队长，一路开着重载的卡特车，最重时，连车带橇号称“百吨卡特”，是队里的绝对主力，也是少数几个头脑中有“科学发展观”的兄弟，但不幸的是腰背上也有“筋膜炎”。

留下8个雪橇后，大家顺利地一次性起步成功。如路上没有特殊险阻的话，应该形势不错。大家增加了信心，信心很重要。可是，意外很快就来了。

经过930公里段的时候，地面突然变得非常不平整。行车至今，各种颠簸路面也算是见识过了，但今天的路面是邪到家了。此地雪质变硬，雪面上一眼看过去就像是一片“乱石堆”，只不过，这些“石头”是硬雪和冰组成的。

这里本来就没有路的概念，车子拉着雪橇只能直冲冲地顶向“乱石堆”，还不敢大程度减速，一会儿车头高高翘起、一会儿又掉入深谷，后面的雪橇也照样翻腾着。有时我从反光镜中发现雪橇已经侧斜了很多，很担心雪橇要翻，真是捏一把汗。而再举头前望，这种地面好像无边无际。走了10公里，两辆卡特车都出现了问题，捂进雪坎中出不来了。于是，又开始重新卸橇、重新挂橇、重新起步，苦不堪言。

计划只能随着变化而改变。PB车这时是自顾不暇，另外两辆还“活着”的卡特车不断地回去拉雪橇。整个队伍在艰难的、来回倒腾搬运雪橇的状态下前进。由于震荡太厉害，相当部分雪橇上的货物都散架了，不得不停下来重新绑扎。

我拉的4个雪橇还算比较顺利，紧跟着前面队长的车，快达30公里处时，发现雪橇装载的一个昆仑站的厕所组件全部散架了，厕所的楼梯都被震断了。不得不呼叫卡特车帮忙，用它后面的吊车把整个厕所吊下来，重新分配、装车、绑扎。

这时候对讲机里传来消息，夏立民副队长所拉的雪橇组又陷在雪里了，他负责拉的一个巨大篷顶，是放在昆仑站上面的，现在已经散架了。在队长的指令下，我和老崔两辆PB300紧急回去救援。

我们赶到时，宝钢队员们正把货物吊放在地上，重新整理后吊回雪橇上作绑扎。作业进行到一半时，来救援的卡特的吊车又坏了，大家又开始修理吊车。平时意气风发的夏队长在这节骨眼上，后背筋膜炎发作，痛苦地躺在卡特车窄小的驾驶室里，在对讲机里用奄奄一息的声音通着话，我知道他从体力和意志力上都接近崩溃了。

按计划大家在31公里处会合，之后再一起推进下一个31公里。李

冰盖上的瑰丽景色，冰原被大风雕刻得千沟万壑。

院生队长第一个到达31公里处（事后李队长坚称自己第一个到达目的地是因为自己的驾驶技术好，而我们更愿意认为是因为他拉的雪橇不是最重的）。李队长在31公里处举目眺望、焦急等待，一直等到晚上9点钟才陆续有人赶到。

大家一致认为应该在这里扎营，因为已经没有体力，也没有勇气再往前走了，何况还要等待回去取雪橇的队员，正好可以利用这段时间完成扎营工作。好在我拉的包括厨房的一组雪橇在晚上10点以前到达了31公里处，吃饭有了盼头。到今晚为止我们到达南纬77度41分的地方，距离中山站953公里，前面还有整整300公里在等着我们。

宝钢队伍中的老周和老陈是我的PB300后车厢的常客。昨天一天颠簸，老陈的头部反复撞到后车厢顶部，下车让我检查，发现他头顶部有一个6厘米直径的皮下血肿，压痛明显。老周下车时一脸苦相，抱怨我开车太猛、太颠，说他的脑袋一路磕碰，到下车时还是两眼冒金星。

今天上午他收拾了包裹，悄悄地转移到一辆卡特车里去了，可晚上扎营时，见他又默默地将包裹细软挪回到我的后车厢里。哈哈，原来卡特车更颠，不是眼冒金星，而是肠子都颠断了！

大家在宿营地吃完饭准备休息，这时意外又发生了（意外在这里经常发生，从来是坏的，没有好的意外），小魏驾卡特车回去取雪橇，回来路上有一个雪橇翻了。

这个消息让大家吃了一惊，首先想到的是小魏和另一个队员是不是受了伤？再三呼叫却没有任何回应。大家的神经一下子绷紧了。希望呼叫不到只是因为山坡阻碍信号，而不是队员出了问题。

马上组织两辆车去救援，小曹开着后面带吊车的卡特车，李队长和老崔驾驶一辆PB300车。营救车辆走到一半时候，终于听到小魏的回应了：由于路面不平，过一个高且陡的雪坎时，其中一个雪橇彻底翻了个。

幸好没有人员伤亡，前面的雪地车也没有受到损害。大家舒了半口气，还有半口气没有舒出来，因为这是中国南极科考史上第一次雪橇翻橇事件，如何抢救心里没底。最重要的是，雪橇上的每一件物品是否完好无损？建站物资如有任何损坏，前面的所有辛劳有可能都是白费。

在老崔的指挥下，几名队员冒险将钢丝绳从倒下的雪橇下面穿过，拉紧后挂在卡特车吊车的吊钩上，慢慢收紧将雪橇扶正。仔细检查雪橇，发现其下橇脚和橇板之间的固定处因为颠得太厉害已经脱开了，好在还能修复使用。此时，李院生队长带的备用空橇派上了大用场，真是不幸之中的万幸。

劳累了一天才前进了31公里，又遭受雪橇翻橇的打击，这对大家的心理是一个很大的考验。我一直认为自己是意志比较坚强的人，但是，在今天这种情况下，如果我是这支队伍的领导，老实说我的情绪会相当失落，会犹豫是不是要坚持，甚至可能会选择退却。

从这一点上看，李院生队长、老崔他们这些老南极队员有着更强悍的意志力，对突发事件，他们有更强的心理承受能力。这是南极队领导最关键的素质。

在国内没有办法想象，经过一天艰难跋涉往死里赶路，累得人仰车翻，却仅仅前进31公里。我曾开过滇藏线，经云南到拉萨，当时觉得苦得不行。现在回想，那实在是太小菜了。这段路就是传说中的南极冰盖深处的“魔鬼30公里”。

2009年1月2日
星期五

队长他们从翻橇现场回来，已经是早上8点了。喝了点稀饭，9点半上床躺了一会儿，11点钟起床准备，12点又上路了，人人都有点精神委靡。出发时留下4个雪橇，但计划不用卡特车回来拉，而是用PB300车回来拉。

今天总体来说天气挺好，阳光明媚，行程也相当顺利，虽然冰雪面上还是颠簸，但同昨天比算不了什么。第一拨走了24公里，我和小曹放下雪橇后回头去拉留下的4个雪橇，把它们拉到24公里地方，交给小魏的卡特车。我和小曹挂上原先的雪橇，一起再出发。早晨出发时得知今天改用PB300车回去拉雪橇，我就知道一定会叫上我，昨天晚上我没参加营救任务，相对休息得比较好。

今天走到42公里处就宿营了，总行程已经走了995公里。在接下去的200多公里路程中，海拔要从3100米飙升至4093米，可想而知坡度将会非常陡。一定还有更多的困难，而且据说前面还有一段显著的软雪带。

我们扎营在一个被称为“锅底”的山窝旁边，所谓“锅底”，是在一马平川的冰盖上，一个比较深、方圆几十公里的洼地，形似一个巨大的锅而得名。我们宿营在“锅”沿上，向“锅”下看景色相当壮观。宿营地的一侧有一个小高坡，南极冰盖是一个比较平整的冰原，一个稍稍的突起就算是峰了，中国南极队员把这高坡起名为“邓稼先峰”。

目前晚上气温大概在零下30℃，白天在零下20℃多，风越来越小，有几天没有遭遇暴风雪了。已经到了海拔3100米左右（相当于国内3700米），活动以后有点气喘，倒也不碍大事。

2009年1月3日 星期六

早上8点45分全队起动。天天过难关，关关不一样，今天要过“爬坡”关。

现在雪面偏硬，挂橇行走比较方便，但在剩下的200多公里距离内要向上爬坡近1000米，即在这段距离里我们要垂直向天上走1公里。前面的坡是一个接着一个，总是大大的长长的上坡。早上出发后，在第一道坡前，所有的卡特车都瘫痪了，没有一辆车能拉着自己的全部雪橇全身而过，全都脱钩重新来。

PB300车很有自知之明，分批次将雪橇运上坡。好不容易上了第一个8公里大坡，举头朝前一看，好家伙，前面接二连三的全是坡，每个坡的距离都很长，有8~10公里。我还从来没有看到过这么多连在一起的坡。一般情况下有上坡就有下坡，但在这里有上坡却没有明显的下坡，爬完坡后几乎是一片平地，紧接着又是一个上坡。

大家算计了一下，觉得还是来回倒雪橇比较有效。把各自的雪橇组合分成两半，先把一半拉到一个合适的地方放下，再回头拉另外一半雪橇。后来小魏和宝钢的姚旭开始尝试组成“互助协作小组”，他们驾的两台卡特车把两组雪橇混在一起，再有机组合成三组雪橇，来回倒运属于他们的雪橇。

开始大家并不在意，后来细细推算，发现无论从总行程还是从速度来看，这种方式都非常合理，代价收益比较高。在此基础上，哥儿几个发明了这次内陆队里最著名的“组合运输法”，明显提高了工作效率。遗憾的是这种方法出现、成熟是在冰盖运输的最后几天，而后人也不一定有机会用得上，因为可能再也不需要这样负重上Dome A了。

雪面突然变得沟壑纵横，车行驶起来左右摇晃，非常危险。这一段路被我们称为“魔鬼30公里”。

凌晨两点，“魔鬼30公里”冰面上发生了南极内陆探险史上的第一次雪橇翻倒事件，队员们紧急救援，用卡特车的吊臂把它吊起来。

中途停车期间，队员们互扔雪球，放松心情。

“组合运输法”创始人之一的宝钢队员姚旭，就是我们舱内在我床边打地铺的那位，过新年刚满22岁，却早早走南闯北见了不少世面，工作积极性在宝钢队员中排第一，其最大特色在于虽然受教育不多，但却全身上下透着灵气。

那辆卡特车在他手上简直开出花来——拉重橇的时候他发明的“两组重量分配起动法”，即使在物理力学上也说得过去，不服不行。他开始叫我毛哥，后来长期改称毛叔，但来劲儿时，可以掐着我的脖子逼我喊他“姚哥”。

队长和第一批人马于晚上8点半到达60公里处，就此宿营了。今天宿营点距离出发地1055公里，距Dome A还有整整200公里。此时还有一半以上的人还在冰盖上来来回回倒运自己的雪橇。我把自己的雪橇安置好后，就随其他人一起回去帮助运别人的橇。

再回到宿营地时已经是半夜12点半了，没有感到特别累，好像也不困，就去生活舱吃饭喝酒。进去一看还挺热闹，哥儿几个又凑到一起了。次旦照例从怀里掏出自备的小酒杯。大家说话、喝酒一直到凌晨两点半。

在我看来，这次内陆队的食品是不错的。以前两次内陆队都没带厨师，食品以八宝粥、方便面、饼干、午餐肉和其他干点心为主，再加一些饮料。连续3个月吃这样的食品，所以后期进食量普遍减少，很多人胃肠道功能紊乱，出现便秘、腹泻现象。又加上在高原、寒冷状态下的重体力劳动，大部分人都会瘦很多。李院生队长说上次他从冰盖上回去的时候，小肚子全没了，但是回到雪龙船上吃两周，所有该回来的又都回来了。

但这次情况大不一样了，我们内陆队第一次有了自己的厨师，人称“冰盖第一厨”，不但食品改进成航空餐，还带上了不少新鲜蔬菜（虽然路上烂掉了一半）。逢年过节厨师能时不时露一手。虽然有的宝钢队员提出饭的风格太趋向北方化，但总体味道还是非常不错。

我觉得我的食量不但没有减少，好像反而增多了，再次见证了我这个传统“吃货”的本性。尤其是这次旅途中带上了足量的酒，有澳洲的红酒，国内的白酒、黄酒，当然还有足够多的啤酒。累的时候，喝上一口酒不仅能解点乏，还能睡得更好，重要的是，不怕酒后驾驶。因此劳累一天后，总有几个“好酒之徒”要在新生活舱聚上一聚。喝得尽兴时还要唱上几句，从流行歌到革命红歌，应有尽有，不跑调不算是唱歌。其实这些人在国内的正常生活状态可能与之大相径庭。

回舱睡觉时已3点多了。老崔趟在床上，叹了一声长气，说相比上两次进冰盖，这次队伍最艰难，遇到的困难也最多。有路面情况和气候不佳的原因，但主要还是因为这次的运输量实在太大。从理论上看，这项任务从一开始就是不可能完成的，是一个有可能是有去无回的路。对我等第一次进冰盖的新人来说既是不幸，也是幸运，因为我有机会见证南极冰盖能展现出来的最严苛面目、见证无以复加的困难和无法忍受的艰辛。这辈子有此一次，值了。

目前海拔3400米，根据气压情况相当于国内4000多米了。我用便携式指氧仪测了一下手指的氧饱和度，读数是87，正常应在95以上，偏低了一点，但身体却一点也没感到不适。可能是在海拔慢慢升高过程中适应了的缘故。

2009年1月4日 星期日

今天的主要路段还是继续爬坡，但雪越来越软，拉橇时感觉橇底像被雪粘着一样，我们又进入了软雪带。

起步时李院生队长一如既往，鼓励大家先将橇全部挂上先试一试，不行的话再脱钩处理。他的车后厢里有足够的队员帮他脱钩和挂钩，而且他不用太顾忌发生陷车；再者一般人对于反复陷、脱、挂的心理承受能力没有他那样强，会很大程度上影响情绪。所以大家都不理会他，各自卸下部分雪橇起步。

路途艰难，我们没法像以前那样保持队形，大家基本上各自为政，有本事朝前开就行，但领头车的还是李队长。

起动后不久，大家就开始八仙过海，各显神通。小魏和姚旭的协作小组干得津津有味；有的卡特车艰难地尝试着带上全橇前进，但速度较慢；我和小曹属于“机会主义者”，遇大坡时拆雪橇分组，遇平坦地形就挂上全部雪橇能走多远走多远。

下午5点时，我的5个橇组合在一个大坡底作短暂的停留，经过龇牙咧嘴、青筋暴绽般的起动过程，终于顺利上路。坐在一边的李侍明副队长在起动时手握门把、使劲用力的样子不亚于我们的“小黄斗”。

这是我们这个雪橇组合在整个冰盖运输中最后一次挂全橇起动运行。过完这个坡底，眼看着前面有一个很大很陡的坡，我心里盘算着有没有可能或如何冲上这坡。这个念头差一点使我在这个地段丢了命。

地表积雪被风塑造成出各种形状，梦幻般美丽。

在这一段特殊的“多坡”地区（我不知道还有什么词来形容），我们所看到的“坡”同我们在国内见识的山坡完全不一样，基本上是由一个接一个的直径几十公里的大“坑洼”组成，就是我前面形容的一个接一个的“大锅底”。

当车在锅沿上向下行进时，看对面的方向是很明确的，但是当车下到锅底时，举头四望，则每个方向的上坡都是完全一样的。在没有参照物的时候，你看哪个方向都觉得对。我们好不容易起动后，以前车为参照物，朝其中一个方向的坡上开去。

我当时在思考，如果直接顶上去，可能最后拉不动，就自己设计了一个斜向角度，想走“之”字朝上开。很快前车在视野中消失，等我认为斜行方向已开得差不多，准备转回正道上来时，发现这时不知为什么，我们又在另一个锅底了！

朝哪个方向走都可能是对的或是错的。在不敢停车的情况下又开了一会儿，我觉得我们像进了一个迷魂阵，更加迷糊了。再抬头往坡上四周看，已看不见我们的车队了。突然一阵毛骨悚然的感觉掠过我的心里——我们已经在一个“锅底”里迷路了。

我的“小黄斗”里除了副驾驶座上的李总外，后车厢还有机械师邹正定和3位宝钢兄弟。大家只能下车，慌乱之间举目寻找车队中的其他兄弟车，心里知道随着时间的推移他们会走得越来越远。李总一边狠狠地抱怨我，一边迅速打开GPS导航仪，想确定正确方向。

可是在这紧要关头，GPS恰巧没电了！好在李总记得带了备用电池，在书包里一通乱翻，终于找出2块GPS电池。赶紧换上电池，却发现在这个锅底GPS卫星天线无信号。几乎绝望之中，老邹突然看到在一个方向的坡上掠过姚旭的卡特车，赶紧用对讲机呼叫，但由于山坡的屏障，声音非常模糊，无法对答。很快姚旭的车连同他的雪橇在视野中消失得无影无踪。我们几个人站在锅底，陷入了死一般的寂静。

我提议应该朝刚才看到过姚旭车的方向行进，但李总认为在相反方向，那边好像有其他车留下的车辙印。在他不断的严厉指责下，我们终于在车里大吵起来。但不管如何，我们必须马上行进，因为停留越久，就会离开大部队越远。

这时全橇组合是拉不动了，卸下3个橇，拉上两个起步，朝李总说的方向朝前摸索。但我总觉得我们是在锅沿上绕着锅转，再也转不出来了。心里想：难道要死在这里不成？

天无绝人之路，在我们转得越来越绝望时，李总突然在一边大叫：GPS信号来了！太及时了！李总指引的方向大致是对的。我们欣喜地朝着GPS指引的方向前进。

过了一会儿发现了车辙印，还有其他队员们暂时丢下的拉不动的雪橇。我稍松了一口气，才发现自己已经全身是汗。

这时，问题又出来了，虽然有了车辙印，但不知道朝哪个方向才算是对的。如果沿车辙印却走错了方向，会离开大队越来越远。我站在雪橇上用望远镜观察对面坡上的雪橇，看到雪橇前三角架的方向和橇上印的“宝钢轻房”四个字。这样才判断出雪橇的朝向，从而推断大部队前进的方向。找到方向后，心里就稳了。

接下来是比较机械的来回倒雪橇。经过一天的艰苦奋战，全队在60公里处安营扎寨，晚上11点40分，我终于将所有的雪橇拉回宿营地。由于倒雪橇，虽然只前进了60公里，算上来回倒腾雪橇的路程，今天至少开了150公里。现在我们距离中山站出发地1115公里，离Doma A还有140多公里的路程。

做完善后工作是凌晨1点半，不管是身体还是精神都疲劳到了极点。

我不知道这叫不叫经历生死，我庆幸今天捡回一条命，以后再怎么用都不算是浪费了。

17 | 南极冰盖最高点，冲顶！

2009年1月5日
星期一

按原定计划，今天应该是登顶Dome A的日期，但我们面前还有140多公里，根据路面情况推算，今天是不可能登顶了，但总体来讲是胜利在望。

今早9点起床，天气非常特殊，白茫茫的一片，既没有雪也没有风，就是单纯的白茫茫一片。好像下了雾，但又不是雾，天地一色，能见度非常低。内陆队称这种天气为“白化天”。

早就听说过冰盖内陆有“白化天”一说，今天算是遇到了。想起一路上什么情况都遇到了，现在行程进入尾声，如果不能见识白化天岂不有点可惜？至于“白化天”可能造成的困难和麻烦就再说了，反正我们天天遭遇困难和麻烦，已经很习惯了。

今天和曹建西商量，我们两辆PB300正式组成协作小组，实行“组合运输法”。先把我们两车的10个雪橇放在一起，根据轻重重新组合成3组：两组3个雪橇，一组4个雪橇，每组重量接近。

我们同时起步，各自拉上一组3个雪橇朝前开半小时，然后小曹留下他的雪橇，折回去拉留在原地的4个橇。而我在半小时点上不做停留，继续朝前开，直到第二个半小时点，我放下雪橇，回去拉小曹留下的3个橇。如果配合默契，衔接准时的话，刚好能遇到拉最后4个雪橇的小曹，两人碰面后一起再朝前跑。

这样每半小时一段，轮回朝前。不仅提高了运输效率，还能保持比较好的心理状态和精神状态，有利于消除挫折感。细细算来，昨天的倒法要用三倍路程，而“组合运输法”仅用两倍路程。之所以定在半个小时，是我们不想互相间离得太远，且半个小时的距离又是对讲机能够得着的距离。只是遗憾这个方法诞生得稍稍迟了一点。

下午队伍行进到了一个呈“V”字形的地段，一个陡下坡紧接一个陡上坡，地貌非常有特色。老崔和小曹均清楚地记得，这是到达Dome A前的最后一段坡了。我们各自拉着雪橇朝下坡走，下坡是崎岖、陡峭和坚实的。

到达坡底后，我们酝酿情绪，准备拼出最后一把劲，拼命向那个大上坡冲锋，却惊讶地发现，那个上坡的坡度并没有看上去那么陡，大家三下两下莫名其妙就上坡了。上到坡顶再回头看，确实是一个陡坡啊！

回去拉第二组雪橇的时候，还是一样的感觉。实在是太奇妙了！我们知道在这种旷野中有时会因为地形、光线、背景等因素出现感官上的错觉，这难道是一个离奇的错觉？我至今没有答案。

李院生队长同我住一个舱，平时有说有笑，私下关系还不错。但今天白天开始紧张运输时，我们就因为一两件不值一提的小事发生了语言冲突。我觉得他喜欢挑刺抬杠，他认为我自以为是。我们还把这种顶嘴式的对抗在对讲机中面向全队公开进行。我们之间的对抗已经不是第一次了。其他队员之间有时也会出现类似状况，所有争吵都是没有大理由的矛盾，有时还很激烈。

在这种极其严酷并与世隔绝的环境下，长时间从事严重超出体力的工作，还要经常面对失败和挫折，队员们的心理状态毫无疑问会发生一些改变。很容易因为不起眼的小事，作出超出寻常的反应，爆发很大的脾气。在整个冰盖穿越过程中，没有发生肢体碰撞动作和重大集体对抗，已属不易。

听说国外类似队伍中，就曾经发生过严重的对抗事件，影响了任务进程。作为一名随队医生，我不但要掌握这种心理变化的客观性和特点，而且要努力做好队员们的心理疏导，更要防止自己也加入到这种冲动中去。我有些担心，这种状态如果持续时间再长，在一群雄性十足的队伍里不知道会出现什么结果。

今天一共走了70公里，晚上宿营在离出发地1185公里处，根据GPS推算，目前距离Dome A中心点还有70公里左右。海拔已上升到3995米，气压590毫帕，相当于国内海拔5000米左右。风已经很小，但晚上气温降到了零下30℃。

我们现在所处的位置已经属于Dome A区域。Dome A即冰穹A，南极大陆被厚厚的冰层覆盖，冰层有几处比较高，分别被定名为Dome A、Dome B、Dome C……其中Dome A是所有冰穹中海拔最高的一个。当然，冰穹的高点并不像山峰，不是一个点，而是海拔4000米左右、一片近百平方公里的区域（其实这个区域对于整个南极大陆来说就是一个点）。

终于胜利到达Dome A，内陆队队员为标志物换上新国旗并合影留念。

现在我们已经到达Dome A最高处的平台，要去的是这个平台中的最高点，这个点就是昆仑站的位置，它是由我们温和、平静的凯凯找到并测定的。

宿营后大家都很兴奋，明天我们就要亲眼看到那个叫Dome A的地方，并且在它身边扎营了！我们艰苦的运输之旅就要结束了，我也就实现了单人驾车从中山站到Dome A的愿望。奇怪的是，这些天来我本应该是非常累了，人在高原，单人开车，睡眠很少，又遇到种种艰难险阻，但我感到精神特别好。也许是胜利在望前的兴奋吧！

2009年1月6日 星期二

昨天70公里的行程使今天的冲顶行动成为可能。也许今天要成为我生命中又一个有纪念意义的一天，因为在这世上登上过南极冰盖最高点的人数远远少于登上过珠峰的人数。

冲顶最后一段是极软的软雪带，李院生队长担心持续多日的辛苦奔波会影响冲顶行动，曾一度提出需要休整一天，养精蓄锐到明天再冲顶，但绝大部分队员希望今天一鼓作气登顶，登顶后再休整，这样休整的时候心里会更加放松踏实。

最后决定，取消早饭，让大家睡个足觉，12点钟开饭后出发，什么时候看到Dome A标志，什么时候停下来。

李院生队长收到了来自国内的消息，国家海洋局的领导通过25次队领队，转达了对我们今天冲顶情况的关心，他们想要一份内陆队行

程的详细报告。这一路上，李院生队长每晚上9点，都定时通过铱星电话与雪龙船和中山站联系，报告情况。但到今天领导层却要一份书面报告，据说是要上报到国务院审视。

出发前，李队长找到我，要求我来执笔写这一行程报告，交稿时间在下午3点钟之前。我觉得完成这一任务的可能性不大，谁知道那个时候我的车开到哪儿了呢？所以我说可以答应，但可能没有时间来完成。采取“拖”字诀，先拖着再说，说不定拖拖就黄了呢。果然，后来最终决定，还是用口头汇报的形式，以后再整理出书面东西。

中午1点准时出发，我和小曹继续应用“组合运输法”，还算顺利。由夏队长和小马驾驶的两辆卡特车也组成了协作组。可惜李队长带头车不能这么做，其实他也不愿意这么做，剩下次旦和老崔的车也只能单干了。

傍晚7点半，我拉着第一组雪橇到达52公里处后停了下来，因为这里的雪突然松软了许多，拉起来黏性十足非常困难。在回去取第二组雪橇的时候，同迎面上来的小曹商量了下一步的计划。

这里已经离Dome A不远了，不想在这软雪中再来回倒雪橇、重新起步。所以将计划改成：两辆车加满油后，一鼓作气把正拉着的2个乘员舱、1个生活舱、1个厨房直接运到Dome A，路过我放的第一组橇时不作停留。

根据以往的教训，我们说好，如果再陷车，就毫不犹豫卸下1个雪橇继续前进，到目的地后再回来取。我们之间只作自行减负，不再互救，一定要先有一批关键物资到达终点。

加完油后，我和小曹前后两辆PB300车在对讲机的互相鼓励声中轰然起步，这应该是到Dome A前的超软雪带中最后一次起步。前面似乎是一个稍稍朝上的斜坡，雪面越来越松软。我们一前一后路过我停的第一组雪橇时，不加理会继续朝前开。

又行进了20多公里，看到前方先到的车辆和雪橇已经在开始集合组成队列。在队友们的指挥下，我们也小心地拐了一个90度，排进了队列。环顾左右，发现经过最后这段软雪带的考验，大部分雪地车都丢盔卸甲，把相当部分的雪橇撒落在软雪地区了。像我和小曹的PB300这样，完整地带上3组雪橇的纯属极少数。

李院生队长一路还顺利，但却在那最后的90度拐弯停车前陷车，不得不丢下一个重橇，自嘲为“晚节不保”。软雪带是卡特车的克星，大部分卡特车仅挂一个雪橇上来，有一辆竟“光着屁股”上来，之后很长时间内成为我们的笑料。

此时为晚上11点半左右，队长一如既往地不向大家说明为什么要在这里停车，但大家心知肚明：要冲顶了，可不知道还有几公里能看到Dome A的标记。

李院生队长招呼李侍明和我一起去新生活舱开会，这次会议还增加了两位CCTV的哥儿们。进屋后，队长就让我们猜我们现在离Dome A标记还有多远。我随口说：5公里吧。李队长笑着说还有1公里，说着递过望远镜。从望远镜里看到，一根细细的竹竿就在前方，这才知道，实际上我们已到了Dome A。

暂时不让全体队员知道，是怕他们控制不住激动心情，纷纷冲过去，没法收拢。这次会议要确定登顶的确切时间，使媒体报道和海洋局领导接到的报告充分一致。我们商定，2009年1月6日晚上11点55分，在这个时间点是“中国第25次南极科考队内陆队成功登上南极冰盖最高点Dome A”的时刻。

记者需要拍所有车齐头并进、朝Dome A冲刺的镜头。李队长用对讲机向大家传达了车子起动、顺序、停止等的全部程序。

一声令下，所有车同时启动，向前方不远处的Dome A标志物进发！大家心情非常激动，这么多天的辛苦、劳累和挫折为的就是这一刻，我们的努力终于没有白费，我们大家都活着登到“顶峰”了！

在这短短一路上，对讲机里充满了兴奋的欢呼和歌唱。次旦还把他的PB车前面的雪铲摆出各种姿态，随着节拍舞动摆pose，在央视的摄像机前亮相。队员们的兴奋之情不可言表。

很快我们就到了标志物处。Dome A顶点的景色其实跟周围雪原没有多大区别，因为这片区域基本是一个平台，高度非常接近。前两次中国科考队已确定了顶点的准确位置，放置了一个GPS定位的点，此后，这个点就有了国际性的“A”点品牌效果。

在GPS点的后面，是2005年21次南极考察队竖立的国旗座架和一个标志牌，这个座架是用数个空油桶垒起并焊接成的一个梯形座，上面竖了一面中华人民共和国的国旗。国旗左侧放着一个铜司南，这是去年24次南极考察队留下的“礼物”，象征有着古老文明的中国现在正开出科技的新花，这司南很像一把大大的汤匙。离开这些标记物稍远，有前次队留下的自动气象站等科考仪器设施。

这一整块区域都是我们中国人的区域，因为其他任何国家的人都没有到过这里。

中国
南极 Dome-A 观测站
China Antarctic Dome-A Observation Station
南纬:80°22′00″ 东经:77°21′11″ 海拔:4093 m
中国第21次南极考察队建 2005年1月
Established by CHINA-RE-21 Jan.2005

中国南极GPS卫星大地测量控制点
Chinese Antarctic
GPS Control Point
2004/2005

Dome A地表雪如同水晶，在阳光下闪闪发光。

当我踏上这一点的时候，我自己都没有想到我会这么激动。当我和队长以及几位队员拥抱在一起的时候，眼泪不知不觉流了下来。那个时候我喘得厉害，而且一脸浮肿（后来看照片时才知道自己当时肿得那么厉害）。但无论如何，这是我生命中非常值得纪念的一刻，也是非常重要的一个时刻。毕竟世界上从陆地冰盖上到达Dome A的总人数一共才50多人，我是其中一个。大家争相在国旗下和标志物前拍照留念、拥抱、欢呼。

国内时间凌晨3点左右，国家海洋局的领导们都在电话机旁，等待第一时间听到登顶成功的消息。这是人类有史以来在南极冰盖上的最大的一次运输任务，也是我国内陆队最大的一次行动计划。现在，他们终于等到了喜报！

在顶点作短暂停留以后，我们的车队又重新出发了，目的地是今天的临时营地，那地方靠近我们将要建立的昆仑站的站址。宿营和建站都不能正好落在Dome A顶点，不然就有可能破坏这个点的科学价值和观赏效果。

终于到达Dome A！这是第21次队留下的标志物，也是人类第一次到达Dome A的纪念。

Dome A的GPS定位点，是我们的队友张胜凯测定的。

Dome A上的司南标志，是24次队留下的，非常具有中国特色。

我们朝前行进了大概7.5公里，这里有些科学标杆和几个铁皮房子，是去年内陆队留下的设备。去年内陆队的主要任务之一是确定昆仑站建站位置。天气好的话，从这里可以看到Dome A的标志物。

我们在去年的营地附近扎下了营。照例完成加油、充电等所有扎营工作，已经是早上5点钟了。这时我们开始了登顶后的欢庆“晚宴”，厨师准备了很多食物，打开了珍藏一路的少数几瓶茅台酒。

不知道是大家实在太累了，还是情绪已在登顶那一刻得到了宣泄，或者是终于放下了一颗悬了近两个月的心，现在精神都疲软下来。喜庆宴上，大家好像只是走一下过场，大部分队员埋头吃些食物，就回去休息了。此时已是早上6点多钟了，今天是这些天中，唯一的没有听到“明天几点起床、几点出发”指令的一天。

第五部

在南极冰原上「跑马圈地」

昆仑站在我们手中诞生

南极冰盖上的医德标准

世界尽头的两次新年钟声

营地里的悬案与神秘事件

望眼欲穿的等待

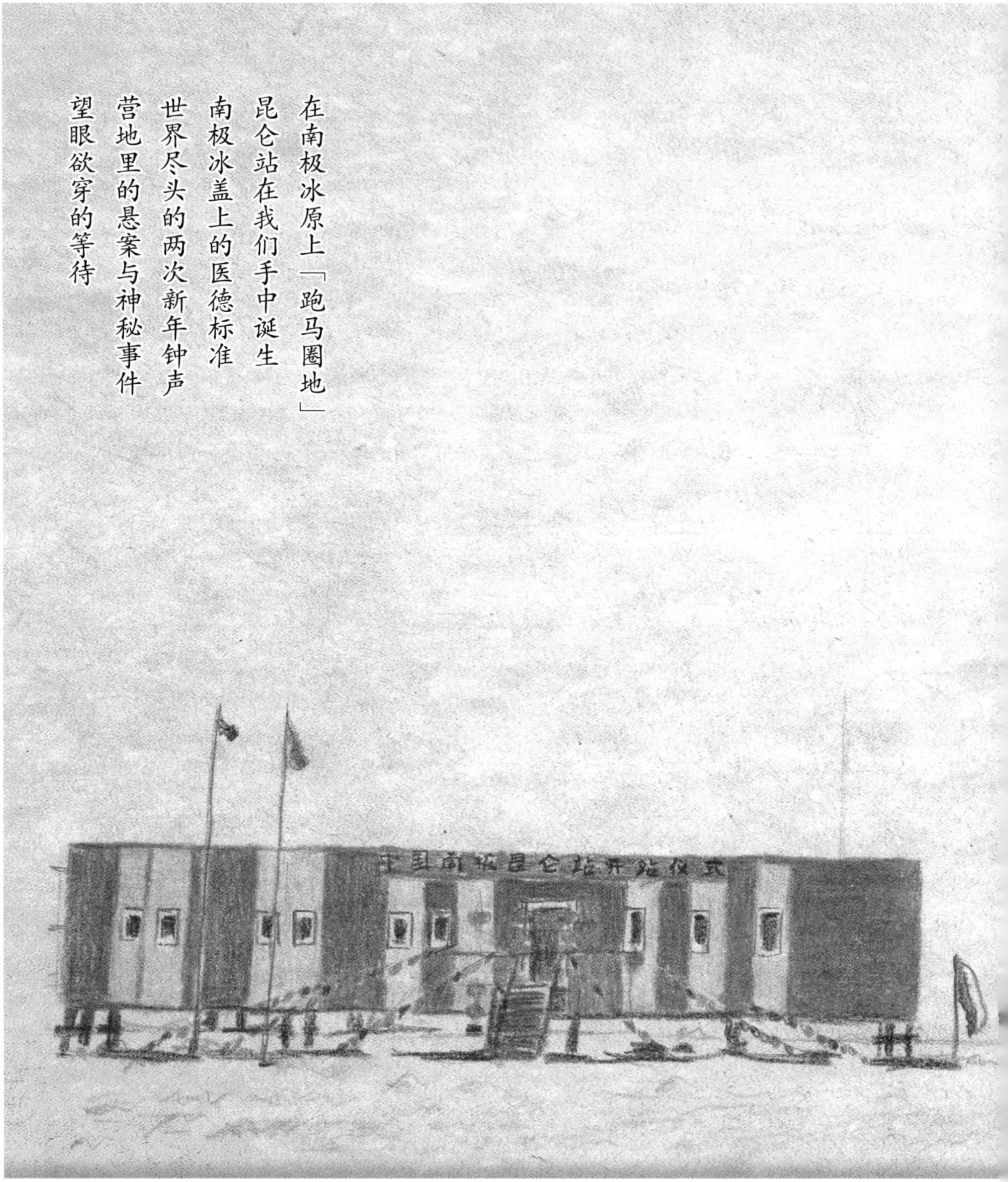

昆仑站，南极冰盖上的奇迹

18 | 在南极冰原上“跑马圈地”

2009年1月7日
星期三

今天是在Dome A的第一天。早上六点多开始睡觉，一觉睡到中午自然醒，好久没能享受这种自然醒的感觉了。

起床后在营地周围转了转，总体上看，Dome A的冰雪面同我们一路经历的冰盖没有太大差别，但靠近细看，发现这里的雪别具特色——雪质很松软，在雪面上能看到一些毛茸茸的雪花漂浮在上面。雪花在阳光下特别漂亮，大家纷纷拍照留念。这里的雪可能是全世界唯一没受过任何污染的雪，有很高的科研价值。队员纷纷想保留一些这里的雪水带回国作纪念。

营地周围能看到的人类痕迹是前面几次队留下的。老崔自豪地告诉我：在这里看到的任何人类活动的痕迹，一定都是我们中国人留下的！因为这块土地，除了Chinese还没有其他国家的人到过。

南极没有国界，这里的领土权理论上不能归任何国家所有。但实际上，一般是谁先占了一个地区，就是谁的“势力范围”了，其他国家即使能随意“入境”，来时也会同你先打个招呼。

我国最先开辟了在南极格罗夫山进行科考活动，从那里采集了大量陨石，并且修建了几个简易的集装箱式建筑物，那里就是中国“地盘”了。别的国家要去采陨石，也会先同我们联系、知会一声。Dome A最高点这块地方，现在我们中国人把它圈定了。这也是为什么要着急来此建站的原因。

雪地车在地上反复碾压，平整出一块雪面，昆仑站将在这里建起。

不知道古代军队挥师疆场时是如何安营扎寨、埋锅造饭的，我们的营地是把一串串雪橇规则列队排成的。头车定下营地位置和朝向后，最先安置好发电机橇和一个生活舱，这是营地的中枢和心脏位置。李队长一路上一直坚持拉发电机橇，因为没有发电机组，谁都别想过夜，所以他到哪里大家就得跟到哪里，他在前方安营你就不敢在半道停车。

3个乘员舱橇和一个新生活舱橇（就是“食堂”所在的雪橇）分别停靠在发电机橇两侧，组成一个紧凑的生活区。从发电舱接出电缆，分别连接到所有乘员舱、生活舱，以及食堂所在的新生活舱，而且所有电缆必须挂在一排竹竿上，用铁丝固定，以防在雪地上被冻受损。

宿营后第一件事是启动发电机，发电机舱中有两套英国制造的耐极低温的发电机组（一组备用）。发电后，大家要打开乘员舱内的电暖器。由于室内密封程度较好，加上人员密集，室外约零下30℃时，室内温度可达0℃左右。

安排好生活区后，放置食品和其他生活用品的雪橇会尽量靠近生活区停放，以方便取用。装建筑材料的雪橇排列在“上风口”位置，尽量为生活区挡风。通常建材橇会晚一点儿到营地，即使它们先行到达，也要等在营外，直到其他雪橇安置完毕后再进入。另外，它们在上风口以排间交错的方式排列，最大限度地保护生活区不受狂风肆虐的影响，因为大风是造成寒冷感觉的主要原因之一。

车长停车后，卸橇、加油、检查所有仪器设备，之后将雪地车开到营地另一侧的下风口，在尽量靠近发电机舱的位置停下，并用电缆连接发电机舱和雪地车车身。雪地车整晚需要供电加热，以保护车内各电路系统。

为了避免污染，解手均被要求在营地下风口完成，厨房用水从上风口挖取冰雪。除了卫生考虑，上下风口被严格分开还与科研有关。采集冰、雪标本是南极科考队重要内容之一，取样一定要在远离营地的上风口进行。

这些听起来很自然、很规律的扎营方法，都是我们一路上一点点摸索、领悟、完善而来的。因为这支队伍的车辆数、载重量及人员规模都是史无前例的，没有任何可以借鉴的经验。时至今日，只要一听到“扎营令”，大家都能非常熟练地安排自己的车辆和雪橇，全队井然有序。南极内陆严酷的环境已经将这支队伍训练成世界上最有素的冰盖科考队了，但回去之后却得立刻解散，真是可惜。

今天的主要任务是把昨天冲顶前留在软雪带的20多个雪橇捡回来。我们出动了4辆车，其他人员可以休整一下。两辆卡特车分别由小魏和姚旭驾驶，两辆PB300由我和小曹驾驶。饱餐午饭后，我们于下午2点出发了。老崔跟上了小曹的车，而我则叫上了通讯工程师李方明。

李方明很年轻，刚刚毕业不久，性格开朗、全身透着阳光和朝气。我很愿意同这样的年轻朋友共事干活，和他们在一起心里很顺畅。李方明进入冰盖后，除了担任驾驶员一职，还要负责队里所有同“电”字沾边的工作，比如同中山站和雪龙船的通讯联络、队里的车载雷达安装、队员的私人电脑处理等，作用相当关键，号称干过17个工种。

凯凯曾在途中为我的笔记本电脑考电影、装程序，不久发现电脑染毒了（凯凯一直拒不承认与他有关）。方明老弟在我的电脑上一通乱敲，很快搞定。但要说在冰盖上的知名度，方明还比不过他老妈。李妈妈网名老方，是徐进记者南极博客的忠实读者和主要“灌水者”，常在徐进博客上为我们征程的每一段经历作诗留言，在队内传为佳谈。

与前几天拉着雪橇拼命朝Dome A赶的心情完全不同，现在我们心里有底、没有压力，那些雪橇今天捡不回来明天再去捡也可，因此大家都很放松。一路上听音乐，与李方明海阔天空地神聊，从人生阅历到花边新闻，从旅游到电脑，想到哪儿侃到哪儿，很是愉快。

我们沿着原车辙朝回开，1个多小时后就看到了零落的雪橇。卡特车去拉距离最远的雪橇（卡特车油箱大，一次能跑的路程多），把它们运到10公里左右处，再交给PB300拉回宿营地。将部分雪橇送回营地后，我们掉头再回去拉第二拨。晚上8点左右，我和姚旭各自拉着最后一对钢架构雪橇回到了宿营地。装有大鼎的雪橇留在Dome A顶点，这是本次队带给Dome A的礼物。

经过一天休整，其他队员基本缓过劲儿来了，连夜开始了新的任务：确定并整理昆仑站的站址。经过上一次内陆队的考察和定位，昆仑站最佳位置的GPS定点已确定，并已上报国务院通过。今晚的任务是找到那个位置、平整周围区域的冰雪面，为建站做好准备。

晚上队长和两辆卡特车出发了，在站址上用卡特车来回碾压、平整雪面。我睡在乘员舱内，听到卡特车整晚上都在轰鸣。Dome A建设从今晚算是正式开始了。

2009年1月8日 星期四

6点多钟我就起床了。昨晚本可以睡个好觉，但一是情绪比较兴奋，二是卡特车平整雪地的轰鸣声整晚不绝于耳，再加上对讲机中不断传出对话（一路上养成的习惯，每个舱内至少有一个对讲机是全夜开着的），故一晚似睡非睡。

看到老崔还睡得正香，这些天他的压力巨大，也真是累着了。我推推他，他迷迷糊糊地回头看我。我说：“老崔，要出发了，我挂哪些雪橇？”他居然在半睡眠状态下回答：“还是原来这组橇，能不能再加一个？”可怜的老崔，在梦中还在忧虑运力不足的问题呢。

今天发生了一个小插曲。国内官方公布的建站定位与去年测定的位置稍有偏差，海洋局领导坚持要按已经向外界公开的经纬度建站。其实在茫茫冰盖上昆仑站的精确定位只是一个技术上的概念，因为用GPS“度”、“分”、“秒”经纬度定位，1秒是30米，这个点准确来讲是直径30米的一个圆。昆仑站不可能只建在这个圆圈儿里，而是以这个圆为核心的一片区域。

长城站和中山站分别以站前广场上的旗杆和主楼建筑作为标志物，站区覆盖了周围一片。随着科考站规模逐渐扩大，这个GPS经纬度定点的象征意义越来越大于实际意义。内陆队又开了一个“临时党支部扩大会议”后，决定向国内有关方面解释这里的特点，对外公布的位置不做改动，而我们将平整的地方向公布的GPS点靠近一些。

晚上10点传来国内消息：OK，没有问题了。但是昨晚连夜平整的这块地没用了，站区还要朝前挪一挪。重新开始平整新站区的雪面，区域需要能够容纳主建筑和前面竖旗杆的广场。我们用一辆PB300将雪面推平，再用卡特车压实，之后这块平地就交给宝钢队员，看他们发挥作用了。

工人们用水平仪测地平，有次序地卸下所带的建材，将这些建材进行适当的组装，开始了他们所熟悉的一系列程序化工作。我在一旁津津有味地看他们工作。

昆仑站一期工程的总体结构是一个长方形的货舱式建筑物，单层前后两排房间，总面积在300平方米左右，由清华大学建筑设计院设计，上海宝钢提供高强度耐寒的特殊钢材。据宝钢的李总说，这些钢材比修建鸟巢和中央电视台的钢材更好、更贵。

建筑施工并不像国内建房那么复杂。首先，这个建筑物在冰天雪地中不需要打地基（其实也没办法打地基），将许多块巨大的地基钢板在雪面上平铺就成了地基（其中一块曾从直升机上跌落到海冰上，至今一个角落还上翘着）。在地基钢板上垂直装上钢梁，这些钢梁在空中构架成一个框架。然后，再将现成的舱式房间安置在这个框架上，建筑就初具规模了，像是搭积木一样。房舱离开地面一米多高，悬浮在钢梁架构上，以避免雪面增厚将舱房埋没。每年下降的雪正好把“地基”盖上，使之越来越坚实。

宝钢队员们在搭建站体时非常娴熟、顺溜。后来才知道，原来钢架构在国内做好后，宝钢人员曾将全部组件运上西藏高原，在那里组装一遍，证明一切良好后拆卸、包装好，再原封不动地运到南极冰盖。而且现在的队员就是西藏“组装演习”的原班人马，所以他们格外熟练。在冰盖深处，即使缺少一枚螺丝，都可能因为找不到配件而使昆仑站建设功亏一篑。这种方法倒是符合科学发展观。

现在宝钢工人们是主力，我有一个短暂的休整阶段。计划整理一下路上的录音日记；做一下向往已久的个人卫生，打算私下烧一壶热水洗一下头——想象中洗完头后的感觉一定超好。而洗头前要留一张照片作纪念，这应该是我这辈子能够达到的最黑、最脏、最憔悴、

昆仑站的象征性路标，上面写着这里距离世界主要城市的距离。

昆仑站的小型天文台，这是前次内陆队留下的。这个仪器可以记录天文数据，并通过卫星传回国内。

昆仑站的厕所，这是李院生队长亲自规划的，他对此非常得意。

最颓废的时候。我还在考虑，在接下来的时间里，是否要实施增白工程？以免回到北京时吓坏同事和病人，以为是越狱犯。

2009年1月9日
星期五

今天主要完成两件事。一是挪动宿营地，使它同建筑工地更近一点，方便工地建设和回舱用餐休息；二是下午要举行一个正式的开工仪式。

在生活区的东北侧，安排了一个特殊的两层“小亭子”。我们一路上驮着这个“亭子”，现在才得以看到它的真容：原来是一个特殊设计的厕所。到了Dome A，我们就不能再在“下风口”解决方便问题了，这里的环境绝对不允许污染，而且这里已经是我们中国人的“专属地域”了，自然要更加保护好。

据说这个厕所是李院生队长专门请人设计制造的。他要在Dome A进行冰芯勘探工作，更加容不得任何污染。这个厕所分两层，下层不能进人，安放两个大油桶作为盛便器皿。之所以用油桶，是因为这里的空油桶多得取之不尽，而其他器皿却来源有限。上层是一个小木屋，前方有一段小楼梯。木屋分左右两个单元，每个单元有一个坐便器。坐便器的出口直通其下正对着的空油桶。坐便器的坐圈上用一次性塑料垃圾袋覆盖，垂挂到油桶上。

由于这里最高气温是零下30多摄氏度，排泄物很快就冻住，所以不会出现便水四溅现象，气味也不重。下面的油桶满后，可以用吊车牵引出来，重新换上一个空油桶。这个厕所是李院生队长的得意之作，由他亲自指挥安装。安置妥当后，他还退后两步满意地端详，谁要是敢说厕所有什么不好，他就跟谁急。

宿营地很快全部迁移完毕。原来营地的生活垃圾也全部集中在一起，等待处理。处理垃圾有两种办法，一个是千里迢迢运回中山站，用站里的专业焚烧炉焚毁；二是放入油桶就地焚烧，去年的内陆队就是这么处理的。李队长坚持第一种方法，我估计李队长担心在Dome A燃烧垃圾，空气中的尘埃混入冰雪，会影响科研数据。

下午昆仑站奠基仪式正式开始。这个仪式是宝钢队伍提议的，这也是他们建筑施工的一个惯例，在冰盖上建房，自然更加不能马虎行事。李侍明副队长一路上小心翼翼地护着一尊从九华山请来的地藏王菩萨，就是在最颠簸的路段也未曾让其受损。现在，终于把菩萨安全地请到昆仑站工地上了。

我们逐一按建筑工人们传统的方式上香，祈求工程顺利、祈求大家平安，李总还专门祈求我国南极科研事业蒸蒸日上。最后，每个成员在昆仑站奠基石的背后签上自己的名字，红绸带扎上后，队长、副队长领头，每个队员依次铲一铲雪到奠基石下，使其半埋于雪中。中央电视台的俩哥儿们对整个过程进行了录像。

徐进记者对此情此景深有感慨，当天在其博客上写了“最远的地藏王”一段，赞叹国家实力延伸，我佛佛力无边。但是领导对此不以为然，徐进次仁的博客上很快就不见了这段描述和照片。南极的科学考察和民众的宗教信仰如何调和，只能让各位看官见仁见智了。

看到施工进度，大家不再担心昆仑站是否能如期建成了。这种建筑，只要像搭积木一样拼装起来，大部分房舱已在国内安装完毕，室内部分基本是成品。如果在条件、气候、设备都合适的情况下，一周就能完成，南极冰盖虽冷，估计两周完成也应该没有问题。

晚上李院生队长吩咐厨师张宏忠多炒几个菜，以示庆祝。张大厨师是北方人，他自己做腊八蒜，喜欢用洋葱。晚上用葱蒜拌海蜇，好不容易做了两道凉菜助兴。但宝钢的队员大部分是安徽籍和江苏籍，对北方的这种凉菜方式不太习惯。喝了点酒后就有少数人开始发牢骚，抱怨一路上吃不饱、吃不好，结果三言两语冲突起来。虽然很快被劝和，但此事很影响大家的情绪。

在冰盖上跋涉和作业本是一件非常艰苦的事，绝不是享受的机会，大家应该有这样的心理准备。以前进入冰盖的内陆队员，根本就没有厨师，全靠自己煮方便面、吃干粮对付。这次队不但有专门的厨师，还有品种还算丰富的航空餐，饮食条件的改善应该是很明显的。

但我也能理解，在高原严寒的极度恶劣环境下，人的心理和情绪会受到很大影响，容易发怒，情绪容易失控。一般这种情况下，李总都能在一定程度上“镇”住宝钢队伍；而李院生队长的主要任务则是控制自己的情绪，使自己不生气、不跳起来。

我顺手端了一杯酒站起来敬张宏忠：你非常辛苦，饭菜很不错，我们代表兄弟们感谢你。张大厨师一下子眼泪盈眶。事后李队长作了一些批评处理，但以温和处置为主。我能理解这种处置方式，将、兵都在天涯，“君令”形同乌有，如果事情闹僵，坚持“顶牛”不干，昆仑站的建设就会受到影响。回国后再罚？笑话，早已于事无补了！

晚上我没有睡好觉，躺在那里就是睡不着。同时还出现了头疼、脸发胀、两眼通红等表现，我估计是有点高原反应了，这里的空气含氧量相当于国内5000米的高原。

19 | 昆仑站在我们手中诞生

2009年1月10日 星期六

昆仑站建站时，先搭建外形框架，再把舱式房屋放到框架上。

来自宝钢的队员在Dome A大显身手，昆仑站工地进展神速。

建筑工地在快速进展。宝钢队员们熟练地搭建，今天地面上的框架已经初具规模。为了记录昆仑站从无到有的过程，我每天去工地从同一角度拍一张照片，记录昆仑站拔地而起的整个过程。

宝钢队员们是目前的主角，其他的科考队员都转到后勤或配角位置。行进路途中，不管是早餐还是晚餐，我们车长和主要驾驶人员都有优先享用食物的权利。现在作了重新调整，宝钢队员们优先就餐。

在小小的新生活舱前，其他队员总是等他们吃完饭、聊完天后再进去。在这个与世隔绝的小社会里面，直面风险和刚性的任务，资源分配的顺序显得如此的实用主义和赤裸裸，是不是在没有所谓“文明”掩饰的社会里，本该就是如此？

其他队员们开始整理雪橇上的各类物资。 许多物品杂乱地堆放在“工程舱”内，需要一点点地挪出来，整理后重新安置。所谓“工程舱”，是在国内已经做好的昆仑站箱式房舱，内装修已经完成，运到Dome A后，只要吊装在昆仑站的钢架构上固定就行。

打开工程舱，里面食品的丰富程度令我们大开眼界，有各类冰冻食品，玉米、蔬菜、馒头、水饺、馄饨等，还有猪肉、羊肉、牛肉等半成品食物。因为路途艰难，很少有时间作充分停留，去翻出这些食物并弄熟了来吃，所以很多东西我们一路上都还没有看到过。张宏忠大厨说得赶紧把它们清理出来，抓紧吃。总不能吃不完再驮回中山站吧？

FASSI
F150C
FASSI

另一个任务是整理科考仪器和设备。有些仪器在Dome A就要使用，有些在回程路上使用。科学仪器包括天文学专家宫雪非带的天文仪器，以及配套的发电机组；李院生队长和他的研究生安春雷打冰芯用的全套设备，以及多台地震测试仪；小魏帮杨惠根领队带来的地磁仪；张胜凯同志带的GPS定位所用的工具；还有就是我和次旦医疗方面的仪器。

我们的医疗仪器分两部分。一部分同医学研究有关；另一部分是治疗缺氧的设备，包括氧气瓶和一个美国产的高压氧舱。次旦是高原病和心内科医生，对高压氧舱非常熟悉，把高压氧舱8大部件取出来后，用不着我帮忙，自己一人就把能容纳一个大人和一个孩子的氧舱组装了起来，还进行了测试。

但我和次旦翻遍了所有的工程舱，却怎么也找不到那些医学研究用的设备了。也许是出发那会儿混乱装橇时，被遗落了？我很是懊恼。次旦安慰我说，找不到正好可以不做，属天意，不赖我们懒惰。没想到傍晚时却找到了，原来它们不在工程舱内，而是在次旦的床底下安静地躺着，看来天意不让我们懒惰。

前两次内陆队在这里安置过一些科学仪器，其中最显眼的是一组天文设备，经过Dome A冬天零下80℃的严寒，居然部分还在作业。它们包括两个集装箱样的小房子，一黄一绿，一个是小型的自动天文台，一个是与它配套的发电机组，周围还有些太阳能电池板和发射、接收装置。这套装置相当于一个自动化的小型天文台，能通过卫星自动将数据传回国内。在任何地方，只要能上网进入该系统，就能收取数据并遥控天文台的运作。

据说它拍摄的照片，有些几乎可以同美国哈勃望远镜所拍的照片相媲美，有些数据非常珍贵。可惜由于2007年8月发电机组出故障，发电舱内冒出浓烟。为了避免进一步的损害，远在国内的控制部门通过卫星遥控，将这组发电机关掉了。而单独依靠太阳能电池供电是远远不够的，后半截数据因此缺失。

今年我们不仅带来了6个新的发电机组，而且携带了一些补充设备，要进一步扩大改进这个有特殊价值的小天文台。队友宫雪非说，这个小天文台今后将继续扩充，加装更先进、更重量级的仪器。

宫雪非兄弟来自于南京天文光学技术研究所，同著名的南京紫金山天文台是姐妹单位。一路上老宫是卡特车驾驶员，同小魏驾一辆车，我们几乎没把他当“科学家”看待。到了Dome A，他才有了在天文领域上显山露水的机会。小宫三十来岁，大家喜欢叫他“老宫”（取“老公”谐音），还得用嗲声嗲气的男声，这是冰盖内陆队几大变态行为之一。“老公”身材消瘦，出落得一表人才、道骨仙风，为人清雅淡定，甚是了得。

以前的内陆队还留下一个标准集装箱，里面有各种补给用品，有食物饮料、保暖物品、基本配件等。集装箱的门并不上锁，以供任何一支南极内陆队路过Dome A时救急用，不分国籍。这种国际公用的补给物品模式，真正体现了人类南极科考的精神。这次我们带的东西更多，离开时也会留下一些食品、装备给后来人。

2009年1月11日
星期日

登顶Dome A已经5天了。工程进展很快，基本能看出这是一个建筑物的雏形了。

早上8点，李侍明副队长通知大家，今天昆仑站上“大梁”，要举行一个上梁仪式。通常堂屋正中的横梁叫大梁（其实就是主梁），上梁是一个建筑工期的标志。

回忆起小时见过的“上梁”情景：需要选择良辰吉日，庆祝一番、祭拜一下，祈求房子牢固长久、主人家平平安安、万事兴隆。主人会在主梁上系上红绸带，鸣鞭放炮，从主梁上往下撒香烟糖果，下面的父老乡亲，特别是孩子们，会欢快地哄抢，来抢的人越多，说明主人家的人缘越好，今后会越来越人丁兴旺、家业发达。后来到了钢筋水泥的城市，“上梁”的说法就很少听到了。

昆仑站是框架状钢结构，没有“主梁”之说（每根梁都可以说是主梁），但是建筑队还是延续了这个习惯，找到一根相对重要的“主梁”，架上去时庆祝一下，无非讨个吉利。此前，宝钢队伍曾和李院生队长开玩笑，说他作为房子的“主人”，在这个喜庆的时候，应该让队员从梁上撒些红包、香烟什么的给弟兄们，以图个吉利。

但李队长一如既往地脸无表情、不置可否。宝钢队员只好自己从食品舱里找出些话梅糖和香烟，给主梁系上红绸，再从梁上撒了一些下来。由于香烟数量有限，撒烟的时候是一支、一支地朝下扔。按照习俗，烟糖撒下时应该伴随着鞭炮齐鸣。从上海出发时确实携带了鞭炮，但李队长严词拒绝了放鞭炮请求。为了保护Dome A这块圣地的

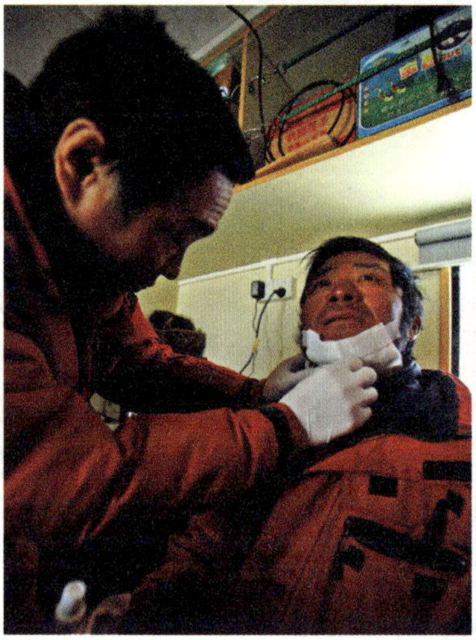

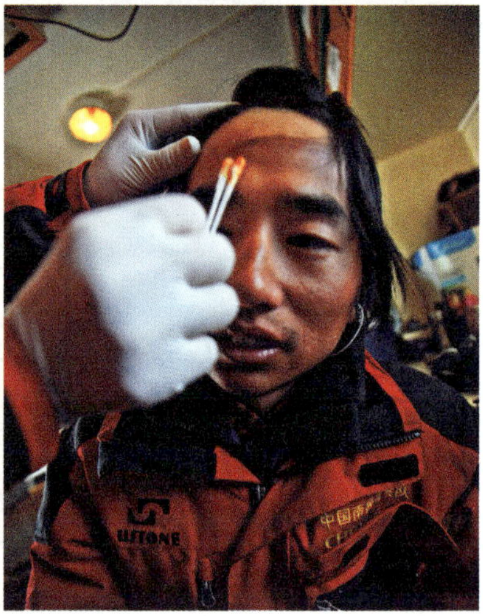

洁净，烟花爆竹是严禁燃放的。

各项科研工作有条不紊地展开了。“老公”拉上李方明和次旦，开始整理那个发电机组的铁皮小房子。打开舱门一看，里面全都是黑色，角落里堆满了炭灰，6个小发电机组已经完全损坏。

“老公”的计划是先将坏掉的发电机组拆下来，清理干净线路后装上新的，然后才是调试，最后重新启动整体天文系统。第一步的拆卸和清理工作花了哥儿几个不少时日，天文装置维修过程几乎贯穿了内陆队在Dome A的全部时间。

志愿者方明和次旦很快就变成两个“黑人”，全身上下都是黑墨粉，又没有洗澡和洗手条件，一眼看去，除了眼和牙齿是白的，其他部位从衣服到手指甲全是黑的，非常符合做牙膏广告的要求。

“老公”更是“黑人”师傅，茶余饭后居然还有心情小心翼翼地用牙签剔指甲盖里的炭灰，明知是徒劳。开饭时，总是这几个来得最迟，但饿得最凶。渐渐地队伍里把这几位爷呼作“矿工”，而“老公”则是“工头”。次旦挺卖力，一度传说“工头”私下答应完工回国后，资助哥俩来个“欧洲七日游”。可怜朴实的藏族兄弟次旦，浑然不知“汉族工头”的许诺是从不兑现的。

自动天文台有一个发电房，去年秋天就发生了故障，国内通过卫星指令它自动停机了，里面被熏得一片漆黑。

凯凯悄悄准备起他的GPS家什，准备做一些定点测试。据说在这里随便弄些数据，都可在国外发SCI（Science Citation Index）文章。我问他何年何月可以不用美国人的GPS，而用咱们自己开发的北斗系统（Compass），他苦笑道：还差得远。这是我听到过的对我们引以为傲的北斗卫星定位系统最令人扫兴的评价。

到达Dome A后，队员们开始带着这种面罩在户外工作，但呼出的水汽会在面罩上结冰。冰与皮肤冻结在一起，脱下面罩时会拉伤下巴皮肤。

小曹在修建机场时，蹭破了右前额，当时他还担心会在额头上留下疤痕。

Dome A的科研价值不可低估（但上面领导的意思是：本次队的首要任务是建立昆仑站，如果两者之间有冲突，一律以建站为重。此次只要昆仑站矗立起来，其他科考活动可以不做或少做）。这里冰层有4000米厚，不但是世界上最厚的冰层，还是世界上最干净的冰。若在此处打一个深深的冰芯，能分析出很多很多年地球物理和大气的变迁；兴许还能捕捉或证实远古时期地球的突发事件。

连我这个外行人一听也知道这种材料有多珍贵。有人戏说，这种冰芯如果在纽约市场出售，得以毫米为单位，那还不价值连城（当然这是国家财宝不得出售）！Dome A其他的尚未被开发或知晓的价值可能更多。

美国人还在那里说，中国人在南极冰盖最高点建立观察站有“军事目的”。到底有没有军事目的？我明里暗里问了几个可能知情的人，却总不得要领。他们要么摇摇头，要么笑而不答，时间公布答案吧。

这么一个有重大价值的南极点，之所以能留到21世纪，让中国人有机会去开发、去建站，主要是因为西方国家此前一致认为，Dome

A这个地方自然条件太差，人类不可能到达并建立科考站。

近年来中国人两次登到冰盖最高点，并且Dome A的价值逐渐显现。美国人开始着急了，一块肥肉在自己眼皮底下这么多年，让姗姗来迟的中国人给吃了，那还了得？年前老美出动雪地车，从他们已经占据的极点基地出发，也想探一探Dome A。但行进不久，路过冰裂隙时就出现陷车事故，哥儿几个费了九牛二虎之劲才把雪地车弄了出来，一合计：打道回府！老婆孩子还等着一起到夏威夷度假呢。

中国人为什么就能干成？不信邪还是不怕死？

2009年1月12日 星期一

昆仑站的工程称得上日新日异，这得益于“宝钢轻房”的工人们有长期在青藏高原工作的背景，他们对艰苦环境的适应性比较强。

在搭建好的钢架构上，已经吊装了7个工程舱，并进行了初步固定。昆仑站一期工程需要安装11个工程舱，所以还剩下4个，顺利的话明天就可以完成吊装任务了。主体建筑的粗框架告一个段落。接下去还有不少细活，包括螺丝拧紧加固、装外墙面板、中间的保暖板、内部的装饰板等。

昆仑站的总体色彩基调以大红色为主（被称为“中国红”），配上黄色条纹，同国旗色相近。红色屋顶上镶上了五个黄色五角星，组成一幅国旗的图案。从飞机上往下看，是一面巨大的五星红旗图案。工期进行到这里，李侍明副队长允许其他科考队员帮助拧拧螺丝。这是一个象征性的工作，意义是每个人都“亲身参与”了昆仑站的工程建设，以留作终身纪念。很多人去工地时，带的主要工具不是螺丝刀，而是各式照相机，心里计划着怎么摆pose拍照。

按照计划，昆仑站正式落成后，会有一个“政府代表团”的剪彩仪式，仪式要赶在2月份前完成。政府代表团当然不能坐雪地车千辛万苦赶过来，他们将乘坐从德国租来的一架固定翼飞机飞过来（我国目前还没有极地固定翼飞机，此飞机最多能容纳20个人，在南极内陆也算是最大型的飞机之一了）。

一个潜在的问题是：该飞机的最大航程是1200公里左右，相当于中山站到Dome A的距离。南极冰盖气候条件变幻莫测，若飞机飞过一半路程以后，遇到不允许飞行的气候，它是无法返回原地的。飞机到达Dome A必须降落，加满油后才能重新起飞，如果遇到意外情况不能降落，飞机将会遭遇油料耗竭但不能降落的困境。不知政府代表团成员是否真正了解这趟航程的风险？如果知道还敢坐上那驾飞机，他们的胆子真是够大的。

今天，中山站、雪龙船和昆仑站开始了频繁的电话沟通，讨论政府代表团的到来日期。目前看，他们最好是在 1 月23日、24日、25日这3天内来剪彩。剪完彩后，4小时内就必须离开这个“风险之地”。之后我们在Dome A的任务也就完成了，需要在降温前赶紧脚底抹油、打道回府。

在Dome A有了固定的营地，厨师有充足的时间准备饭菜，所以晚餐很丰富，大家也有时间和心情好好吃。我们带的酒种类多、储量足，晚上聚餐、喝酒成了隔三差五的常态。今天晚上又进行了一次聚餐。我自我感觉还可以，高原反应不重，所以对喝酒没有太大的忌讳和控制。

大家在一起吹牛，我一高兴喝了不少酒，有白酒、红葡萄酒，后来又喝了不少啤酒。据说我当时乱七八糟说了不少话，事后我能回忆起自己好像一直在滔滔不绝地讲，有些失态。后来老崔委婉但认真地批评了我，让我最好注意点形象。有损形象还不是最坏的，最坏的是这次喝酒成了我的身体状态在冰盖上的转折点：这次酒后很长时间都感到非常不舒服，头疼头晕，喘气加重，全身无力。

我知道在高原是不应该喝酒的。目前海拔是4093米，气压在570~585毫帕，是正常气压的一半多一点，相当于西藏海拔5000米左右。2005年我到过珠峰大本营的5200米高度，当时有些反应，但总体可以承受。所以这次到达Dome A心里并不害怕，觉得自己喝点酒应是没问题的。其后检测血压发现达到了180/116 mmHg（正常在140/90mmHg以下），高原上血压会有一定的升高，但高到如此是不正常的。尝试着吃“硝苯吡啶”等药来降血压，却是一点用都没有，干脆放弃吃药。

我觉得，这可能是自身的一种调节，要是硬性将血压调到正常也许反而不好。我现在只要稍一劳累，两个眼睛的球结膜就明显充血，两眼通红。后来发现，眼睛成为我劳动强度的“晴雨表”，一天下来，如果我的眼睛不红，就像没好好干活似的，成为全队独一无二的风景，后来有人干脆称我“兔子眼”。

李院生队长坚持认为这现象与我的血压高有关，在找不到其他

CAT

解释前，我认为他的说法可能是对的（回到国内半年后还常犯这种“兔子眼”毛病。内陆队员在网上留言：我昨天刚碰到兔子眼了，他又长成白白胖胖了，指的就是我）。心功能机器调试好后，我暗中先给自己测了一下，发现心脏负荷指数很高，这说明心脏在很累的状态下工作。

后来对比其他队员，只有夏立民副队长的心脏负荷指数和我有一拼，而我的血压是全体队员中最高的。我并不很担心，认为这种现象会是暂时的。同时还有一点庆幸，好在这个状态发生在作为随队医生的我本人身上，如果发生在其他队员身上，我不知道要做多少解释和安慰工作。在整理这段录音时，我能明显听到自己的声音断断续续、气喘吁吁，但当时自己并不觉得。

今天白天最高温度是零下30多摄氏度，到了傍晚已是零下40来度，半夜温度会更低。这个月是南极最热的“仲夏”，是人类有可能在Dome A活动的唯一时间段，过了二月份气温就会急剧下降。

去年留在这里的自动气象站曾测到零下82℃的气温，这种状态下任何保暖工具都将失效，雪地车管道会冻裂，任何生物都不可能生存。那时我们如果在这里，有可能变成一群速冻标本，如果后人能找到我们，说不定还有一定的“科考价值”。

2009年1月13日 星期二

建筑工地在顺利进展中。这种气温下露天作业，时间稍长人就会感到刺骨的冷，好像要把身上仅剩的一点热量全都抽走。

宝钢队员们确实非常辛苦。两位施工队长先后出现感冒症状，流鼻涕、嗓子疼，但是好在没有发烧。我取了些药分给他们，多少缓解了些症状。另有多个队员在工作中发生了不同程度的冻伤，大部分是手脚部位，而宝钢的王云龙老弟却冻伤了下巴。

原来，内陆队出发时，每人发了一个棉质面罩，黑色，套在头上后只露出两只眼睛和一个嘴巴，同电影上的银行抢劫犯一模一样，大家开玩笑说这面罩可能是从“恐怖组织代销店”里采购来的。一路上车外作业，尤其是加油时，戴上这种面罩确实有非常好的防风保暖作用。

在Dome A，王云龙还是照常戴着面罩作业。但这里气温更低，呼出的气息带有水分，水聚集到下巴位置结成冰，不知不觉中，冰把下巴的皮肤和面罩冻到了一起。等到下工时，这哥儿们把面罩一揭，部分皮肤被撕开，造成冻伤创面。后来我告诉全体宝钢队员，在这里野外作业时，尽量避免戴这种面罩。

昆仑站工地征用了部分雪地车，虽然它们一路超负荷劳作，到了Dome A还是要继续工作。两辆卡特车因后面带有吊车，当仁不让地成为工地上吊装工程舱的主力。另一辆在Dome A上被征用次数最多的就是我的PB300“小黄斗”。因为它的前面配置了一个非常醒目的黄色铲斗，被李侍明副队长认定是全队“最性感”的雪地车。

这个黄斗最主要的功能当然不是“性感”，而是前面翻斗可以装载很多物品，而且力大无比。建筑工地上需要运输零部件等物品时，需要用上它；厨房用雪要去较远的地方取雪，当仁不让也是它，将黄斗清洗干净后去远处深深铲来一满斗雪，放在厨房边上，能用上2天左右。

“小黄斗”是今年刚从德国买来的PB300系列中最新型号的一种。这辆车是冰海卸货时，由小曹冒着生命危险从雪龙船开到中山站的。它出厂后立刻被交到了我们手上，甚至连“磨合期”都没有过。

我刚接手它时，就感觉到它动力强劲；车上各种电子按钮和踏板的反应非常令人满意；驾驶室里的设施和内饰也胜过同类车型；后面还加装有一个倒车摄像头。但是一路上这辆车惨遭摧残，我们给它加上了远超过它设计指标的负荷，有一次甚至拉了5个雪橇。在起步和运行时它的油门总是被踩到底，发动机的声音相当难听。

最后“小黄斗”不负众望，拉着完整的雪橇组合胜利到达终点，它的功劳比我大。这一路上的忠实相伴，我对它产生了很深的感情。我知道这么超强度、超负荷运载对它是一大损害，就像一个青少年，还没完全发育成熟，就进行超负荷的工作，怕的是等不到成年就被毁了。果然从昨天起，我的“小黄斗”打不着火了，一时也查不出原因。

小曹是修理PB车的“大拿”之一，又懂英文。遇到在冰盖上不能判断或处理的故障时，他能通过卫星电话同德国厂商进行联系。对方知道我们这支队伍正在冰盖深处，所以厂商对电话有求必应。小曹通过电话同他们进行了交流，核对着检查了各种线路，终于发现车头内若干个保险丝盒中的一个坏了。幸亏我们带了这种保险丝盒的配件。

保险丝重新装上后，“小黄斗”顺利发动了，我非常高兴。但这次故障给“小黄斗”留下了后遗症：黄斗只能作上下、左右两组动作组合了，一些复杂的斗面翻转动作从此都不能做了。其他几辆雪地车也同样受到了很大的损耗，明年如果要再征用它们，得先做很好的保养和整修。

到了Dome A后，我使用车前铲斗的技术得到了很大提高，甚至开发出铲斗的一些额外功能。比如在连接雪橇时让铲斗低头，把雪橇的前三角推着到位；还能利用复杂的转动技巧，抬举一些原来很难抬起的东西。这些技术大大节省了人工劳力。为了保护“小黄斗”，老崔采纳了我的建议，他向全队宣布，只有我、机械师以及宝钢指定的一位负责人能开这辆车，其他人原则上都不能碰这辆车。

这位宝钢负责人叫陈兆融，公司的一个部门经理，这次来是作为李侍明副队长的助手。兆融年轻得几乎让人不敢相信，小伙子是上海人，长得清清秀秀。一有空就在电脑或相机上翻看新婚妻子的相片。只要大家说这女孩长得漂亮，兆融就心满意足地笑。他是科考队员和宝钢队员之间一个很好的桥梁。

机械师邹正定一直分管两台发电机组的工作，发电机是队里的重中之重，是我们全队人员的生命所系。在整个内陆队中我认识老邹最早，来南极之前在西藏高原集训时，我俩就住一个房间。用上次内陆队队长、极地研究中心孙波教授的话说，邹正定是他心目中最典型的机械师。

老邹干活有韧劲，初看速度不快，但一步步稳扎稳打，对手头上的活儿常能停顿、思考、工作、再停顿、再思考、再工作，直到完成。但讲话也像他的工作节奏，让人急着等下文。老邹生长在贵州，却同所有“上海裔”人士一样，念念不忘自己的父母是上海人，希望有朝一日能“回到”上海生活。

今天下午，老邹需要搬运4桶油到发电机雪橇旁，他让我用“小黄斗”来帮他搬油。我俩一直在研究怎么在不搬动油桶的情况下，单人驾车，将油桶直接“铲”入黄斗中，几经努力，终于尝试成功！李院生队长在一旁观察良久后，认真对我说：回国以后，你要认真考虑一下是否要转行，可以到建筑工地去开各种机械车辆。

由于血压还很高，李院生队长安排我从今天开始，多做些帮厨工作，这样会轻松些。晚饭前，我到新生活舱去帮助厨师张宏忠准备饭菜，饭后老老实实躺在床上，希望能使血压有所平稳。

20 | 南极冰盖上的医德标准

2008年1月14日
星期三

早上起床浑身无力，很疲劳。赶紧测血压，还是持续在高位，低压超过了110。来南极前我的血压是正常的，这么高的低压我以前从来没有过。咨询了一下次旦医生，他说下压110已经到了重度“高原性高血压”的底限，也就是说，单从血压看，我处于中度和重度“高原性高血压”之间。

但除了“兔子眼”、脑袋有点发胀外，其他感觉还可以，指氧测试也不算低。次旦也解释不清楚了，看上去我不像明显高原反应，但血压高、心脏负荷大。吃了西药降压不管用，我心里清楚这种血压持续下去，对身体各脏器是相当有害的，于是把次旦带来的、我原先根本不相信的“珍珠十七丸”也一起吃了。

今天开始进行我的第一项医学研究：检测极端状态下人体的心脏功能改变。我把机器安置在我们的舱内，把队员们分批请来检测。由于心功能全套检测是非侵入性的，像做心电图一样不疼不痒。而且能直接告诉队员结果，所以他们一般也愿意来测。

据说在南极长城站还出过一个有关测心功能的笑话。长城站有一个四川籍女队医，在发音上“心”和“性”不分。她招呼那些科考队员过来测“性”功能，着实把那帮老少爷们吓一大跳，有人瞪着两只大眼看了她半天。

我一开始根据医疗规则，将测出来的心脏指数、左心收缩率、单次

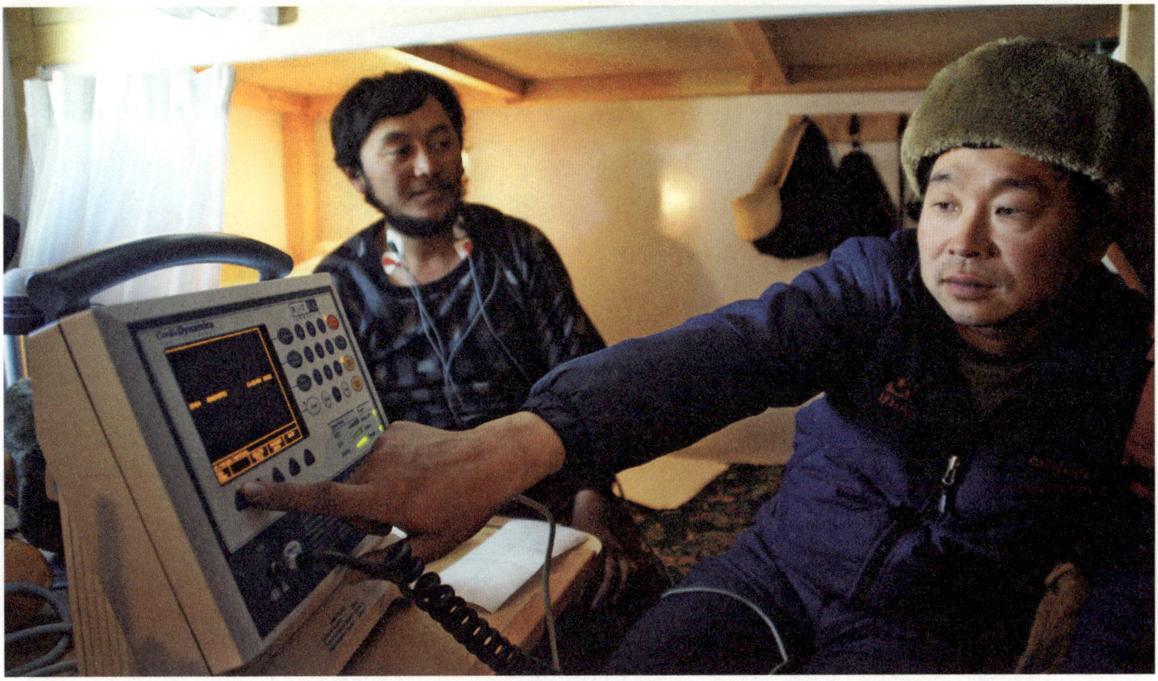

在Dome A上，作者才有机会从事自己的医学本职工作。

心脏搏出容量等指标向队员们一一作解释，并讲解异常指标的意义。这种环境下，很多队员或多或少有些异常表现，有的不免产生紧张情绪。

夏立民书记听说自己心脏负荷接近全队榜首时，几乎是扶着门框走出我的舱门，半开玩笑地留下一句："我要是能活着回去，就算是烧高香了"。但传到李院生队长那里，他就有点急了，很快来找我，让我最好不要再散布这些"病情"消息，以免"动摇军心"。

我觉得他提醒得非常对，因为这不是在国内，我可以甚至是必须要向病人解释清楚病情。目前环境特殊，每个人所做的工作几乎都没有其他人能替代，不允许任何一个人倒下，心理上"倒下"也不行。我认为测试还是必须要做，不仅仅是为了医学研究，还能让我了解队员们的身体情况，避免出现严重问题。但我同意改变方法，淡化、模糊化解释，以稳定人心。环境特殊，所谓"知情权"也就顾不上了。今天共测了17位队员，速度比较快，明天就能完成了。

还有一项医学科研，要赶在昆仑站工期完成以前开做，所谓赶前不赶后。但这项研究不仅过程复杂，而且实行有一定的难度——因为需要抽血。

宝钢队员大部分来自农村，对重体力劳动情况下抽血存在忌讳。有些老队员以前已经被抽过血，之后没有公布结果，不清楚这些所谓"基因普筛查"对自己有什么帮助。以前的宣传工作可能做得不够，大部分队员不了解这项研究的价值，让别人“做贡献”却没说清楚这贡献是什么。有时只是靠悄悄地塞一些补助金，反而加重了“卖血”之嫌。队员们有抵触情绪是可以理解的。

我思考再三后决定，这件事上，应该让队员们有充分的知情权和选择权，同时告诉大家，为科学探索做出贡献是无上光荣的事。做法上也该同国际接轨，不能仅靠暗地里塞些钱了事，要相信队员的觉悟。

中午我起草了一份“知情同意书”，逐条列举这次研究的性质、内容、方法、结果和保密条款，并着重阐明研究的意义和自愿性原则。在Dome A情况特殊，当我看到他们的身体状态和工作强度时，都有点不忍心再抽他们的血。但是最后，即使是有人坚持“一滴血三碗饭”观念，不带头为医学研究贡献15毫升血的情况下，大部分队员都同意了采血，很多队员甚至没有看一眼我写的“知情同意书”。理解的队员不多说也自然理解；不理解的全凭这一路上结下的生死交情，你要血就给了！非常中国式。我会一辈子对他们默默心存敬佩和感激。

下午老崔邀请我一起去昆仑站建筑物里面参观。进去后发现，里面布局合理、结构还真不错！目前仅是第一期，包括了厨房、餐厅、会议室、办公室，还有一些作为宿舍的房间。这些房间都是在国内就布局装修好了的，生活设施比较齐全，还有中央供暖体系。

别看这些在国内不稀奇，但在冰天雪地的南极内陆，供暖绝对是头等大事，而且也很困难，能这样供给实属不易，甚至比中山站住宿条件还要强得多。主楼的左侧有个宽敞的露台，利于队员活动，露台有一个楼梯通到地面。正门开在建筑物中间，出正门还有一个较小的露台，然后直楼梯朝下，是中国传统式的“直阶梯对正厅”格局。

因为身体状态不太好，我发现自己也出现犯懒的趋向。原来一些积极的念头和筹划着的工作都被自己悄悄取消了。我体会到一个人能积极工作，同他/她身体状态分不开，没有良好的身体状态，硬着头皮干是很辛苦、很困难的。我开始理解那些情绪和精神头都不太高的人，他们做事不太积极，也是有其客观原因的。

2009年1月15日 星期四

政府代表团来Dome A剪彩的日期还在不断的商讨和变化中。一开始变化来自于昆仑站的工程进展，主要是估计昆仑站可能的落成时间，一落成他们就赶过来，因为在气候上越早会越安全；现在昆仑站建设大局已定，变化的原因是中山站附近的天气状态了。

今年天气反常，中山站那边至今还在大雪纷飞，飞机无法起飞。据气象预报可能要等到1月25日左右，那边才会出现飞机可起飞的天气。但连“胆大包天”的李院生队长都认为，Dome A 在1月28日之后，气温会急剧下降，回程将会非常艰难。

据说那时在雪地车一直插电加热情况下，要把它发动起来也至少需要半个小时。如果时间再朝后拖，那就没有任何人类在Dome A逗留的经验了。理论上气温在零下50多度时，雪地车是不宜发动的，一旦发动也会半路出问题。

为了迎接他们的到来，我们需要修建一个简易“机场”，小曹领衔了这项工程。南极冰盖的机场，其实就是压出一段足以让飞机起降的跑道，旁边加些指示物就可以了。这儿是不可能设置灯光、无线电通讯、雷达等设备的。

在冰盖最高点，虽然冰雪面宏观来看是平的，但如果飞机轮子在上面滚动，还是会感到猛烈颠簸，可能影响起降。所以要用雪地车压出一条宽50米、长2公里的跑道来，对有些较高的雪面还要进行推平作业。

小曹接受该工作比较合适，他内心有年轻人的火（仅限于内心），但工作时却有着同年龄不相符的稳重和节奏。小曹很愿意带我一起去“建机场”，无奈我还处于队长的“保护期”中，不能一道成行。临时机场的位置在昆仑站主体建筑右前方2公里处，正好在Dome A顶点和昆仑站之间。

李院生队长认为我需要继续“受保护”，我也没办法。他虽然没有学过医，连起码的医学培训都没有接受过，但对各类医学问题都能讲得头头是道，对各种病症都有非常直接、明了的答案。他自称是中医学说的一部分，我敬畏祖国医学博大精深，也就没有什么好说的了。

有意思的是，只要我在医学上的解说同他的固有答案有任何出入，我的解说就立即失效。一次一名宝钢队员进入生活舱说：毛医生，我的左手指第二关节疼痛，能否帮我看一下？我正想问：是否有损伤现象？说时迟那时快，李队长已赶在我前面作出了明确诊断，并开出了处方意见：缺钙，需要补钙片。

简单明了，一个就诊病人搞定！当然，只要是四肢疼痛，永远被他诊为缺钙，那是后话了。一段时间后，李队长的医师级别有所提高，一般队员的病他已经不看了。他向全队宣布：毛医生负责看你们的病，我

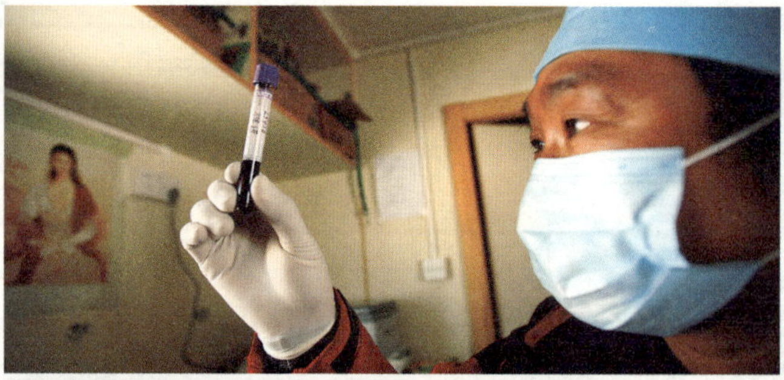

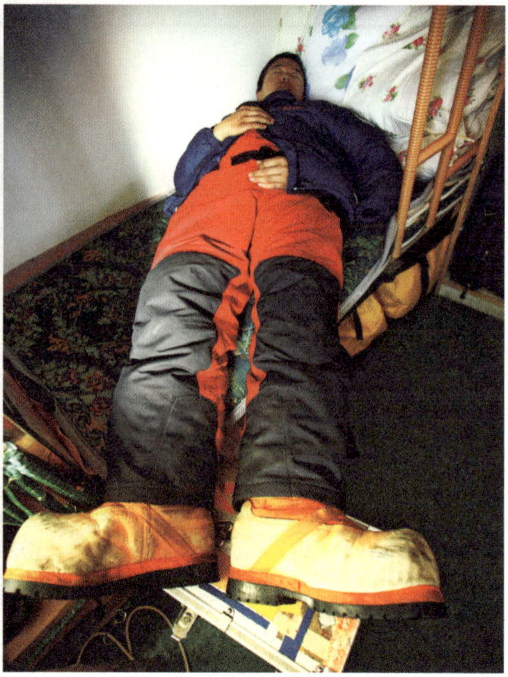

负责看毛医生的病。我觉得这好像已经同“医疗保健委员会”平级了。

下午，我们的第二个医学研究项目正式开始。我和次旦在CCTV记者住的小生活舱里摆开了架势。作为“实验室”，这里是简陋了一点，卫生条件也不够，但各种试管、试剂、离心机摆出来后，乍一看还真像点样子了。

我有些担心，这些医学仪器、设备经过这一路的颠簸，是否还能正常运作？我和次旦先各自互抽15毫升血，把整个分离、制备程序走一遍。发现仪器设备没有损坏，离心机运作得很好，按上钮后转得很欢，各RNA相关试剂也都能正常工作，也没有短缺任何实验物品和试剂。中国协和医科大学徐成丽老师物质准备工作做得非常充分，从室温计到记录纸笔，从各种管子的备份到封箱胶条等，一应俱全。明天将抽取队员们的血液样本。

自从那次酒后失态并且血压一直居高不下之后，我决定在Dome A上要暂时戒酒了。酒算是暂时戒了，又来了烟的问题。经过这段时间的磨合和相处，我和李院生队长、夏立民书记和老崔等的关系越来越密切、越来越放松随便。他们三人均是烟民，路上什么都可以忘了带，但烟是绝对不会忘的。大家在一起时总觉得我不抽烟特别别扭，就开始筹划怎样让我染上烟瘾。

在多次敬烟被婉拒后，今天采取了新的措施。吃完饭后令人惊讶的

作者在检查血样，这些血样将用于科学研究。

作者给机械师曹建西测量心功能，并给他讲解测得的医学参数的意义。

抽血后，晕针的队员小安越下休息，后来这张照片被说成“累极了的队员和衣倒床就睡。”

一幕发生了：李队长将烟双手捧起，人作下蹲状，将烟高高举过头顶恭恭敬敬递到我面前，夏书记也同时作同样姿态划上火柴等着点烟。

我稍有迟疑之际，两位大人居然一起单膝点地！这架势我没有任何办法再拒绝了，只能马上单膝跪地恭敬地接过烟并吸上。队员们哄堂大笑！此后要再让我抽烟就方便得多了，只要有人举着烟稍作下蹲状，为了防止下跪一幕再次发生，我就马上接过烟并抽上。这事在内陆队广泛流传，成为一个经典笑谈。

这些烟民们在登顶Dome A的路上带了充足的火柴，我开始还想：都有打火机为什么还带火柴？是环保的原因？到了顶点后谜底不揭自开：原来这里气压低，氧气稀薄，打火机根本打不着火。看来烟民们还是有经验、有办法。

2009年1月16日 星期五

今天正式开始为队员们采血。次旦暂时脱离“矿工”生活，短期解放出来和我一起做医学研究。下午顺利完成4份样品，有了一个好的开头。科考队员安春雷非常积极地进入抽血实验“工作坊”，勇敢地坐到台子前，挽起袖子却又显犹豫，因为他从小到大还没有真正被扎过像样的针。

刚抽完15毫升的血，就见他脸色发白、额冒虚汗、眼神恍惚。我正在观察，CCTV的徐进老兄已很有把握地作出诊断：晕针了，并立即把小安放倒在自己床上。过了好大一会儿小安才缓过劲来。徐进就此拍下了后来被广为流传的摄影作品：累极了的队员和衣倒床就睡。我笑他移花接木。

安春雷是李院生的硕士研究生，此次主要是帮助李大队长完成与冰雪有关的研究。春雷出生于河北衡水，个子不高但精神十足，一脸稚气未脱，带着全队最为自然、纯真的笑容。这次内陆之行要不是小安，李队长很难收获那么好的冰芯和雪样。小安因为看上去太童子军，所以至今这么个优秀青年尚无姑娘伴在身边。小安有意让各位兄长帮忙留心。

今天是邹正定的生日，按照习惯大家要庆祝一番。手擀面是一定的了，这是张宏忠大厨的拿手好戏，我也偷偷学了一小手。许波老弟（昵称波波）专门做了一个大蛋糕，不是用面粉和鸡蛋，而是用冰雪做成的，其实应该正名为“雪糕”才对。

他先铲雪放入一普通脸盆中，压实后将脸盆倒扣，倒出后稍作修整，放在室外冻实就成了。许波是个文化人，说回京后要申请此款蛋糕的专利。雪糕进屋后再用西红柿酱写上“老邹，生日快乐”几个字。把一次性筷子点上火，插在雪糕上。这个生日实在是意义非凡，地球人中有几人能在Dome A开生日派对？

南极的科考站分季节性的和常年的。前者仅在夏季有人，气候变冷就撤离；后者常年有人员驻守，科考价值当然要高一点，但硬件设施的要求也会高很多，尤其是在冬天供暖和生活用品供给方面。

昆仑站是按照常年科考站来设计的。明年的内陆队可能会进一步补充完善它的供暖体系。以后将会像蚂蚁筑巢一样，每年利用这一个月可活动时间，逐步为它添砖加瓦，直到最后具备越冬条件。

询问了多个老南极有关在冰盖顶点越冬的问题，大部分人认为可能来日方长。但有一点大家肯定的是：第一批在离开补给点1200多公里、零下80多摄氏度、气候变化无常的环境里越冬的人员，应该事先有丢命的心理准备。任何一个环节上的故障就可能导致全体送命。李院生队长挤眉弄眼地问我：如果第一批越冬队员报名，我们一起报上？我只是吐了一下舌头，学习他的一贯做法：不置可否。

Dome A生活相对比较“安定、清静”，我又开始捡起那本看了扔、扔了又看的原版《鲍威尔自传》。将这类书带到南极内陆还真带对了：疲倦是绝好的催眠剂，比安眠药还灵；闲散时也是好的阅读材料，主要是经看，要是一本中文书三下两下就读完了，一路上得带多少书啊？曹建西有时也有兴趣凑过来，同我一起分析几句英文语法什么的。

2009年1月17日 星期六

今天，我的疲倦、头晕、头胀等症状基本得到缓解，但血压还是高，我觉得已经适应这里的环境了。回想起以往三次进藏，都是很快适应高原环境，手指血氧含量也在可接受范围内。但前几次都没有检测血压情况，也许当时血压也有增高，只是每次滞留时间不长，没有造成重要器官的实质损害而已。

今天又陆陆续续抽了7个队员的血。我和次旦明确了操作分工，次旦主要负责血样采集，他抽血水平明显比我高，据说治疗高原病时有时要给病人放血，所以常在人身上练扎针，除了给我抽血时捅破了两根血管之外，基本上能做到“一针见血”。我主要负责后期的离心、分离、RNA固定等工作，这方面我相对熟练，俩人正好互补。已完成了11份血样，剩下的主要是宝钢的建筑工人，我想等房子造完后再为他们抽血较妥。

下午中央电视台的哥儿俩要做一个关于在Dome A做医学研究的节目，向国内观众介绍我们的科研项目。以往这种电视节目我一般婉拒，但这次一是觉得内容还可以，二是这段时间同老徐和波波相处太熟，已然不把他们当成记者。录就录吧，反正同平时一样随便聊。事后看回放才发现，我已经臃肿得连我自己都差点认不出来了。

茶余饭后，大家谈论的话题已经悄悄变成与打道回府有关的事了。有人开始设计回去的路途；有人畅想回去后如何尽情地搞个人卫生；有人想象回去后吃什么东西最过瘾……虽然任务尚未完成，回去时间还没定下来，但是大家讲起这些就兴趣十足，先过过嘴瘾也好。

这实际上是一种很好的心理治疗。我暗地里也是归心似箭，正不厌其烦地反复计算归途时间，估计到达中山站怎么也得到2月份了。到了中山站就可以看到雪龙船，看到雪龙船就看到回家的希望了。

但李院生队长不这么想。他对这种无边无际、气候恶劣的冰盖似乎情有独钟。虽然路途艰苦、历尽挫折，虽然全身臊臭几个月没换衣服，但他看起来好像丝毫没有回去的意愿。在大家兴奋地筹划归途时，他开始饶有兴趣地筹划在Dome A打一个简易冰芯的方案，并且拉上几个人开始在营地一侧清理雪面、挖雪坑，要试一下这次新带来的冰钻设备。

本次内陆之行是不可能也来不及在Dome A打一个深冰芯的，而打个浅的意义又不大，所以称之为“简易冰芯”。队长可能是想试一试设备吧，可怜的小安老老实实跟着队长开始准备打钻。李队长昨天还一拍脑门拍出一个主意：其他人可以在等待昆仑站落成期间组织小分队，一起开车到位于极地中心的美国站去拜访一下。

我在北京不时会遇到一些“户外爱好者”，他们对野外生活的爱好和放荡不羁、追求自由的情操，常常让我非常崇敬。但现在看来，他们和李队长绝对不在一个级别，他们是有度的，总有一天是想“回家”的，而李院生到了野外就是回到了“家”。

21 | 世界尽头的两次新年钟声

2008年1月18日
星期日

昨晚没睡好，可能是下午喝了太多绿茶吧，一点困意都没有。想看书，又怕影响别人睡眠，就用小手电看。手电筒光柱很小，一次只能照到3个英文单词，看完一页书，头晕得不行，才勉强睡了3个小时。

李侍明副队长说，今天是农历小年。真有他的，到南极还能记着农历。大厨张宏忠又要露一小手了，今天的“秘密武器”是自制沙琪玛。我去帮厨，他说这是他厨师考级的时候被抽着的点心题目。

我头一次看到沙琪玛的制作流程。先把面擀成面条，然后油炸，炸完以后用蜂蜜和糖水起锅，凉到一定温度后倒在一个方形盘子里，撒上芝麻和瓜子仁，用擀面杖反复碾压，就制作完成了。我主要做擀面和反复碾压的工作。晚上吃完饭后端上甜点，沙琪玛的味道还挺正。张大厨又利用多余的面粉做了些煎饼和烙饼，香气飘满餐厅。没想到冰盖上的小年夜能享受到这类食品。

过小年，我也换上“新衣”。出发时带了3套衣服，每套衣服包括内衣裤、棉毛衣裤和外套。计划是一套用在去的路上，一套用在Dome A期间，另一套用在回程路上。一路上强体力劳动，内外衣服都已经脏得不行了。尤其是外衣，满是机油，红色底子上沾满黑色的污渍（至今还保留着）。

虽然还是没有条件洗澡，但擦完身体、换上干净衣服后，感到

放在Dome A顶点上的铜鼎，鼎上镶有4个篆体大字：中华天鼎。

全身爽朗，鲜红色的外套更是令人耳目一新。不由暗自庆幸没听李院生队长的，他说在内陆三个来月的时间根本用不着换衣服，冰盖上不脏，气候又干燥，什么都不用换。我跟他的床是挨着的，发现他真的就穿着一套衣裤进冰盖，从来都没有换过。再臭、再脏都表情自然，丝毫没有难受的样子。敢问哪位“驴友”敢出来拼一下？

此次内陆队号称南极科考队的“特种部队”，其装备称得上国际一流。据说只要谁发现哪个国家内陆队有比我们更好的装备，告诉组织，组织立刻去买！好家伙，有钱了！大家里里外外的衣服一水儿是国产的，牌子叫“Ustone”（不过我从来没有听说过这个牌子），是专门为我国南极远征队设计和定做的。据说是一位原来参加过南极考察的福建籍队员，回到国内后改做冬装行业了。之后南极服装都由那前队员的厂家提供，质量相当不错。

衣服发得很全，从内衣裤、棉毛衣裤、抓绒、内胆，直到强力防寒的外衣，一应俱全。一开始还犯愁，不知如何搭配这些内外服装，后来穿熟了才发现，怎么搭配都没问题。其他生活用品也是发的，数量多、质量好，单单饭碗就发了4个，还不包括2个带分隔的饭盒。从在雪龙船上开始算，牙膏牙刷都发了两三套，每人还分得一把生活用刀，是正牌的大号瑞士军刀。

2009年1月19日 星期一

经过几天的相对休息，我感觉身体恢复不少，干脆再也不测血压，以免扫兴。今日被正式调离“二线”，重新回到“一线”岗位。

上午要将那个大铜鼎放置到Dome A顶点上，还要挂上红绸，等政府代表团来剪彩。拉载铜鼎的雪橇已经留在那里了，在夏立民书记和老崔的带领下，我和姚旭分别开PB300和卡特车，加上小魏，一行5人直奔顶点。

那大鼎足有两人多高，基座就到我的腰部以上。鼎上镶有4个篆体大字：中华天鼎。非常中国化，就像在纽约唐人街，一看到中式牌楼就知道进入了华人社区一样。这鼎看上去是一个结结实实的铜制品，但其实里面是一个铁框、外面贴上铜皮而已。

先要将大鼎从雪橇上吊下来，我提议将绳索吊在大鼎的两只耳朵上。但夏书记清楚地记得，厂家明确说过两个耳朵最薄弱，千万不能吊，只有一个地方可以吊，但夏书记却记不起来是哪个地方了。

我们只好把基座上的铁盖打开，探进去半个身子，用绳索套住基座两个角落的铁柱子，引出绳索绕过两边耳朵，再连接在吊车上。终于顺利将大鼎吊到雪面上。没想到后来却出了问题，要把鼎吊放在基底钢板上时，那根粗大的绳索在当中断裂了！还好没有砸坏大鼎。

重新系绳索时有了困难，因为绳索太短了，打完结再吊，结就散了，试了两次都不成功。最后我提议，由我来打一个“外科结”试一试，大家一脸迷茫状。我打了一个正规的“外科结”，结果一吊成功！这是我在整个南极经历中唯一一次动用我的外科技术，想不到是用在吊运重物上。

下午4点半胜利完成任务，回到车里才发现，手指冻得僵硬，碰到东西没有感觉，好一阵子才缓过来。今天天气非常晴朗，头顶上是一片透彻的蓝天。这就是Dome A的天气特点，这里的冷是“干冷”。自从登顶以后，只阴过两天，其他都是阳光灿烂的日子。这里降雪量非常少，风也比较小。当然，人类至今只有两次短暂到过Dome A，对这里的气象情况也知之甚少。Dome A的风小并不奇特，奇怪的是风向不定。在几分钟之内，一会儿东南风，一会儿东北风。起床时还是明确的西风，到了下午却成了东风。

回来路上，远远看到有一辆PB300在缓缓开动。通过对讲机得知，那是小曹正在修建他的机场。根据南极建机场规律，跑道最好同风向平行，也就是跑道的朝向以顺风或逆风为好，因为飞机顶着风飞升力最大。可是由于风向飘忽不定，曹建西无法决定跑道方向。刚刚看好是顺着风向的，一会儿却变成侧风了。好在这里的风力不大，应该没有太大影响。

之前确定修建2公里的跑道（相当于国内中型机场），但前几天突然收到中山站消息，送政府代表团的加拿大飞机机组提出：需要将跑道延长至4公里。这听起来似乎挺好笑，因为世界上大型的A级机场跑道也只是3.5～4公里长，能起降大型波音747-400客机（美国空军1号）。而这次来Dome A的只是一个小型的固定翼飞机，需要4公里跑道吗?

后来询问原因才知道，机组人员从来没有在海拔4000米的冰原上起降过，更从来没有来过Dome A。换句话说，他们要在一个地理和气候条件都完全陌生的地方、在一个从来没有飞行经验的海拔高度起降飞机，加上南极高原气候寒冷、空气稀薄，不利于发动机运转，所以只能要求尽量延长跑道了。不得不说，政府代表团过来也冒着风险，而加拿大机组可算是胆大妄为的了。

2009年1月20日
星期二

昆仑站建筑今天封顶了！天气照例晴好，风小得连旗子都吹不起，整个昆仑站的主体工程基本完成。有的队员爬上屋顶去看那面巨大的国旗，拍照留念。夏立民书记还兼极地考察办公室特派摄像师，在路途上、在Dome A一直忙碌着拍摄工作，这次当然不会放过。他很专业，把自己绑在起重机的吊臂上，随起重机吊臂慢慢升上屋顶。只是拍完照片落下时，冻得像一根冰棍似的。

外部建筑完成后，接下去就是内部细小的装修了，大家都松了一口气。内部装修无关工期，有些部分需下次内陆队完成，所以装修到政府代表团到达时就告一个段落，装到哪儿算哪儿。而且这些室内工作，远没有在室外作业时那么寒冷了。

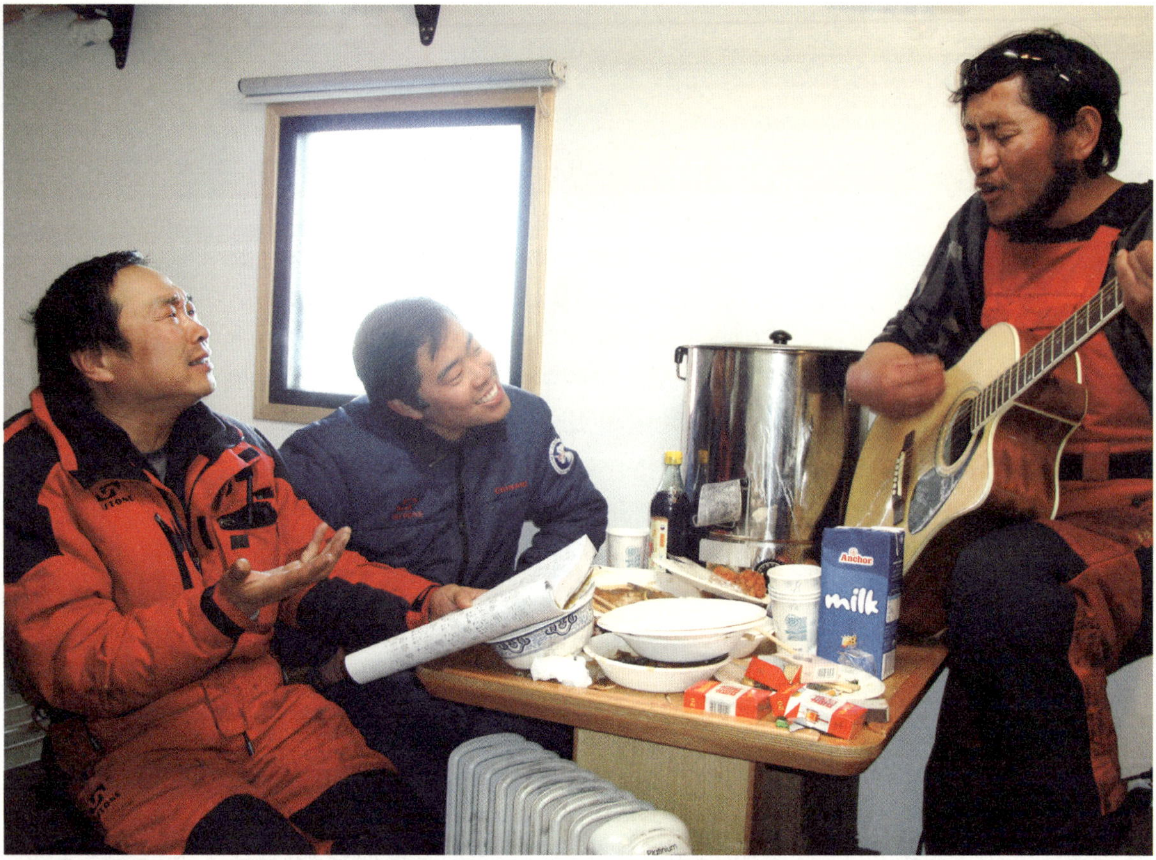
Anchor
milk

至今已有超过20名队员有冻伤情况，比较严重的是老邹的鼻子和老崔的右侧屁股，其他队员伤情较轻。要保持住本次队无重大伤亡事故的纪录，坚决不让一根手指头或脚趾头冻下来！老邹自己动手用纱布和创可贴做了一个小“口罩”，但不是罩在口上，而是罩在鼻子上。

我重新“出山”后，有了新任务：帮助曹建西去修建机场。小曹已将跑道延长至4公里了（后面2公里的质量显然不如前面2公里，但起降应该没问题）。今天主要任务是在跑道两侧竖上标志，以便驾驶员在空中辨认。

我们让王云龙（就是下巴冻伤那位）将黑色大木板锯开，做成半米见长的木板块，钉上一个木棍做“腿”。将这些标记物放到我的“小黄斗”中，带上凯凯一起出发了。张胜凯用水平仪在跑道两边分别勘查出直线来，再将那些黑木板块沿着那直线，以两百米为间距一个个钉在跑道两侧。

次旦（右一）弹起吉他，大家一起唱歌。Dome A的气压只是平原的一半，藏族队医次旦却非常适应高原低氧环境。

我与小曹开着车沿途钉木板，每到一个地点，小曹扶着木板，我挥八磅铁锤砸。还是有点喘，但总体看来体力恢复了不少。全部钉好木牌后一看，跑道两侧一溜直的小黑点，尽头还另设了标准的横向木板标志，像点样子了。两三个人就建了这么座大机场，很有成就感。

回到营地，悄悄测了一下血压，发现舒张压已降到95 mmHg，一大胜利。不知是前几天休息的结果还是这两天劳动的功劳。

临近春节，中央领导人对我们非常关心，专门通过国土资源部、海洋局的领导通知我们，要同我们的队长通话以表关心和慰问。李院生队长昨天晚上收到雪龙号船上传来的消息，今天中午中央政治局常委、国务院副总理李克强要来电话询问建站进展、慰问科考队员。

作者在Dome A血压升高，身体不适，承担起相对较轻的工作——帮厨。

辛苦工作之余，队员们苦中作乐，聚会小酌。

李队长一晚上没睡踏实，不知道是不是过于激动的原因。25次队专门为他准备了一些对答词，以免他紧张激动之下对不上话来。我看队长拿着小纸条，不断睁眼闭眼地背诵着。内容大凡是对领导的慰问表示感谢、保证一定完成任务之类的话。

根据目前安排，政府代表团在25日到达。还有5天时间，剪完彩后至多26日我们就可以告别Dome A了。但南极变化无常，谁也说不准会有什么意外情况。

2009年1月21日
星期三

今天开始收拾营地周围的雪橇和物资，为撤离做准备工作。

首先是油桶，算好回程用油量，其他的可以留给以后的队伍。航空煤油冰点低（零下60℃左右），在Dome A近夏季的几个月里不会被冻住，储藏时间比较长。油在冰盖上的重要性非同小可，等到昆仑站开始越冬计划时，会需要更多的煤油，所以在Dome A囤油肯定是必要的。

李院生队长在昆仑站附近设计了三个储物点，分别用不同颜色的彩旗作标记，它们各自相距300米左右。由近至远分别放置空油桶、满油桶和废弃物，后者主要来源于那个厕所里的排泄物。满油桶正放，空油桶倒放。这样即使不做标记，下次一看就知道哪个是空桶。而装着排泄物的桶要用帆布盖住，并用密封带封紧，其实排泄物已经随时在桶内被冻成冰块，不密封也不会外溅。但这种处理方式非常合理，看得出是经验之作。这种分类储放法至少可以帮助下一次队科考队员避免以下情况发生——拿装排泄物的油桶去给雪地车加油。

收拢油桶，清点后发现，至少可以留下100桶油，它们被放置到第二个储物点。空油桶也聚集起来，堆放到第一个储物点。我们一数，发现在Dome A这些天虽然没怎么赶路，但也用了不少油。老崔的解释是：这里空气稀薄，发动机燃烧不完全，比较费油。

内部装修总体上也快完成了，宝钢队员们也松了一口气，今天晚上小聚了一次，喝了一点酒，大家都很高兴且放松。明天开始清理场地上的垃圾，做一些补漏工作。快要万事俱备了，就等政府代表团来剪彩。

2009年1月22日
星期四

昨晚又没睡好，不知道是什么原因。李院生队长陪着我一起失眠，他在冰盖上严重失眠，常常“陪着”其他任何失眠的人失眠，这几天一直威逼、利诱，向CCTV的波波要安眠药。开始时我俩都不吱声，翻来覆去，渐渐知道对方也没睡着，那就说说话吧。我的最后一粒舒乐安定已让他给吃了，还在指责我给他的是假药，说是越吃越兴奋了。

好不容易睡着一会儿，早上6点钟就被队长同中山站的通话声吵醒，迷迷糊糊听着好像是讲政府代表团的事。起来后感到明显疲乏，劳动热情下降很多。眼看着老崔和小魏他们去整理空雪橇了，我挪了几次屁股，都没能说服自己起来和他们一起去干活，实在找不到那种热情洋溢的劲头了，对自己身体的自信程度受到打击。看来我以后真的要多理解、同情、体谅身边那些贵体欠佳而工作热情不高的人士了。上午还是拣起旧活儿，去厨房帮厨吧，切菜、洗东西、打下手。

老崔和小魏在工地上干的才是正活儿。他们挨个清理雪橇，根据受损程度将雪橇分类：质量好的，回程时拉货用；损伤较重的，摞在好的雪橇上拉回中山站；质量最差的留在Dome A堆放杂物。从窗户里，我看到他们忙着用吊车在雪橇上摞雪橇我却没有参加，心里不是滋味。

下午睡了一觉，感觉精神多了。李院生队长终于公开了同中山站的通话内容，原来政府代表团25日又不能成行——那架德国飞机停在俄罗斯的“诺娃站”，但这段时间不是诺娃站天气不好，就是中山站天气不好，始终无法起飞。这个俄罗斯南极站的正名叫“新拉扎列夫站”，有些中国队员习惯上称它为“诺娃站”，可能是根据他的名字Novolazarevskaya最前面的Novo发音而来，其实Novo在拉丁词根里是“新”的意思。

天气预报说，至少要等到1月28日才有可能起飞，但我们越来越觉得，飞行计划在南极这块变幻莫测的土地上，没有可靠性可言。

队员们都感到有些揪心，这意味着还要多等4天，最快29日才能撤离。即便不谈急剧降温的风险，心理上多少都有些失落。这支队伍一路上克服了不可想象的困难，称得上是一支英雄队伍，怎么会因为要在Dome A“安逸”地多等几天而出现情绪波动呢？我认为包括我在内，正常人的心理负荷都是有极限的，当你已经有预期，结果却没有实现，不管损失大小，都会失望。

2009年1月23日
星期五

气温开始下降了，白天也在零下40℃左右。据老队员非常有限的前两次经验回忆，往年这个时候，这里的气温会更低一点，据说是曾经嘴冻僵、手冻麻，在室外说话都说不清楚，雪地车也难发动。这就是为什么李院生队长有“28日前一定要下山”的印象。今年的天气温度高一点吗？谁也不知道，人类对这里的经验实在太少。

队里至少有两个人完全不着急，因为他们的科研工作刚刚开展。李院生队长在Dome A的冰钻计划前天才开始，今天正式启钻打冰芯了，到下午据说已经打到二十来米深。但是，如果政府代表团如期到达，明后天就该收钻了。

我猜想李队长只是想检测一下新冰钻设备，为计划中的在800公里处打冰芯做准备。因为以前曾在Dome A打过100米冰芯，这次如果再打个几十米深的，似乎意义不大。

张胜凯到Dome A不久就开始做GPS定位研究的准备了，但无奈同李队长有一些观念分歧，李队长认为GPS定位点可以少测，甚至不测都没关系，故研究计划一直没能实施。“大男子主义”的张胜凯脾气倒是不错，工作拖到昨天才正式开始，拉了3袋不同的旗帜，让人开着车帮他在Dome A四周布点，开始测量GPS定位数据。

我的那个需抽血的医学研究已经接近尾声。宝钢队员们终于完成了建筑任务，他们也加入了抽血行列。今天抽了一批，明天基本上可以全部完成。

我今天又有一个“新职业”——理发师。到达Dome A后，李方明觉得头发长得难受，其实大家的头发都像疯子似的，但都没有像方明那样感到不可忍受。他催着我给他剪头发已经不是一天两天了。

其实我哪会理发？只是闲聊时提过，当年毕业不久，曾在科里给小护士瞎剪过头发。让我理我就理，反正也不怕理坏，剪短就行了。李方明不知从哪儿找到一把厨房用剪和一把掉了一半齿的梳子，用旧报纸之类的围住脖子。一通狠剪，10分钟不到搞定。只要不看细节，总体外形看着还可以，他挺满意。从此方明一直欠着我7元钱的理发费，至今未还。

2009年1月24日 星期六

昆仑站的建筑工程已经完工，队员们将昆仑站内部打扮一新，喜

机械师曹建西用雪地车碾压出一条4公里长的机场跑道，这临时机场被定名为“昆仑机场”。

气洋洋，准备迎接政府代表团。

站内张灯结彩，门口竖起“昆仑站”的牌匾，盖上红布等待揭幕。站前已经清理出一个“广场”，雪面压得平平整整，四周还用各色彩旗插了一圈。站前中线位置处竖起了一个高高的旗杆，旗杆底座用雪埋上、再浇上水，雪面会越来越高，底座会越埋越深，也就越来越牢固。在南极也有比国内办起来更方便的事情。

这样一布置，总体上看还真有点气氛了。

只有宫雪非还在着急地赶活儿。天文装置的发电机组至今未弄好，调试工作无法完成。“老公”刚到Dome A就开始着手这项工作了，而且还有两三个人在帮他，居然还是感到时间紧张，看来工作量真是不小。全体队员中，可能仅“老公”一人会为推迟回程而感到庆幸。

曹建西的临时机场已经修建完毕。跑道全长4000米，宽50米，准确方向是120度，跑道两侧、前端的标志板清晰，机场可以投入使用，只差一个名字了。大家群策群力地想，但最后还是没有什么特别好的主意，就叫“昆仑机场”吧。这里是昆仑站，所属机场叫做昆仑机场，合情合理，只是没什么创意。

曹建西找了一块木板，用印刷体隶书写上“昆仑机场”4个大字，下面还用英文标注：Kunlun Airport, China。在我的提议下，下面写了经纬度、海拔高度、跑道长宽、跑道朝向等信息。最后落款是：“中国第25次南极内陆冰盖考察队”。

我们俩一起开车到机场，我挥锤一下一下地将这块大木板钉在跑道终点上。当飞机降落滑翔到跑道终点时，正好能看见这块牌子。这也算是我在Dome A昆仑机场留下的一个永久纪念。

全队上下洋溢着节日的气氛，到底是中国年快到了。宏忠厨师取出了深藏多时、烂了大半的各式新鲜蔬菜，做了不少菜。宏忠主动向队长要求我去帮厨，不放我到其他地方去干活了。

2009年1月25日 星期日

今天是大年三十。

通讯专家李方明和央视的徐进一路上带着短波收音机。这种收音机在国内都不常见了，在中山站就收不到任何声音，我还为此嘲笑过他们。今天这哥儿俩又开始摆弄收音机天线，认真细致地调台。

令人惊讶的是，居然调出了中国国际广播电台的声音！实在太令人惊讶了！这可是南极大陆最深处，简直不可能！短波怎么能够传得进来？但是我们真真切切地听到了国内的声音，正在播报温家宝总理的活动。听到这遥远而熟悉的声音，感到既激动又亲切。

虽然信号不强，也不稳定，声音时有时无，有时天线必须摆在通风口才成，但不管怎样这已经是一大奇谈了，至今我想不出其中的原因。

李院生队长打冰芯的工作还在不紧不慢地进行着。虽然浅层冰芯意义可能不如深层的大，但据说前一次带回去的冰芯样本保存上出了点问题，故这次无论如何要带一些回去，研究生们就能够就此做一些课题了。

计划中我还有另一个可选的研究课题，就是对队员们进行心理测试，看大家在这种环境条件下心理上的变化情况。心理测试的题目表格已随身带了，但一是之前没有进行很好的宣传工作，二是在目前这种情况下，我不愿意再激惹队员们，引起他们强烈反感，因此我决定悄悄放弃这项研究。

老崔和机械师们已经把雪橇整理完毕，计算下来我们一共要带34个雪橇回去。大部分雪橇会放上一些较轻的物品，还有一些是摞在一起的空雪橇。空雪橇在路途中有多种用途，特别是那两辆被抛弃在中途的PB240雪地车（最靠近中山站的那一辆已经被站里的人拉了回去），要把它们拉回中山站，也许修理后还能用呢？

晚上大家要一起吃年夜饭。厨师张宏忠动了不少脑筋，利用有限的资源做出了尽可能丰盛的饭菜。最后拼出了4个凉菜、3个热菜，加上一些航空餐，算得上丰盛了。我还是做他的下手帮厨，切这个、剁那个，忙得不亦乐乎。

晚上7点队长一声令下准时开饭。大家欢聚一堂，庆祝春节，甚是热闹。在这特殊的时间和地点里相聚，真是难得的缘分。在小小的新生活舱内，互相敬酒，此起彼伏，还真有节日的气氛。直到年夜饭结束时，大家才发现一件奇怪的事，就是一直没看见央视的老徐。他发生什么事了？是郁闷、思乡，还是生病了？

我赶紧跑到他所在的生活舱，一推门，发现他正稳稳地坐在那里，全神贯注地对着小收音机收听节目。他转头，对我露出招牌式的憨笑，说道："我全程听了春节联欢晚会的实况转播，在国内我并不喜欢看那台晚会，但今天听着感觉特别好。"

酒足饭饱后，大部分队员散去，一些余兴未消的队员还坐在那里热聊，要等新年的钟声。我们的"新年钟声"有两个：一个是时差3小时的国内钟声，现在已经过去了；还有一个是Dome A的实地新年钟声，还在等待之中。

次旦带了一把吉他来冰盖，高兴和郁闷的时候都要弹上几曲，这两种情况交替发生，所以大家经常能听到他的琴声。一般琴声都不长，因为次旦能完整弹出的曲子没几个。大家边弹边唱，把所有能想得起来的歌都唱了一遍。各年代的人唱着属于自己年代的歌曲，整个一个歌曲大杂烩。音调有高有低，但不跑调的没有，"老公"算得上队里的一流歌手。歌声响彻南极上空，我们用这种特殊的方式抒发激情，迎接2009年新春的到来。

22 | 营地里的悬案与神秘事件

2008年1月26日 星期一

今天是大年初一，大家都起得比较晚。并不是因为过节，而是大部分队员已没有什么实质性的工作可做。宏忠也可以睡睡懒觉，不用早起做早饭了，因为大部分队员都睡到近中午才起床。按照北方人的习惯，宏忠厨师为午餐准备了水饺。我们带的速冻食品里有大量各色水饺，但由于这里气压低，普通锅煮水饺只能煮个半生不熟，要煮熟东西只能用高压锅。

我共抽了24份血样，大大超过我的预计值。行前我曾同徐成丽老师保证，至少完成2份血样——那就是我和次旦的血（一汉一藏）。现在看来，我低估了队员的觉悟。中午开始收拾“摊子”，把仪器设备和标本等都整理好，打包装箱。

到了Dome A后，次旦兄弟有着与其他队员截然不同的对环境的适应能力。他全身脏器对高原和气压很习惯，所以显得特别活跃。整天上蹿下跳，劳动积极性也尤其高涨。劳动时主动帮忙，还能弹琴唱歌，逗大家乐。由于没有头疼、头晕的高原反应，每当晚上气压下降时，他同病快快的室友们形成鲜明对照。他精力旺盛、两眼发光地用电脑看电影，一部接一部地看，有时候看到凌晨四五点，然后一觉睡到中午醒。

当其他人高原性失眠时，次旦的高质量睡眠引来相当一部分人的强烈妒忌。我私下建议，以后来Dome A高原，应该多派几位西藏队员，至少身体不是问题。

昆仑站屋顶是一面巨大的五星红旗，这面冰盖之巅上的国旗，具有重要的象征意义。

昆仑站内部设施不错，以后这里还会被扩建成可以越冬的考察站。图为大厅的一侧。

一天晚上10点，天空中突然出现不明飞行物，队里的科学家们也说不清是什么东西，但一致肯定这是一个实体而非光学现象。此事至今还是一个迷。

白天大家参观了昆仑站。近些年来我在国内、国外跑，已很少有在景点拍照留念的愿望了。但这次不一样，感情上不同。看一眼是一眼，我离开昆仑站后，这辈子就再也没有机会回来看它了。

我要把昆仑站、Dome A顶点、机场，以及这里所有的一切都尽可能地留在相机里，也留在脑海中。在昆仑站大厅的一面墙上，挂着我们这批队员出发前在上海的合影，开站典礼后我们将正式成为昆仑站第一批营员，李院生将自动成为昆仑站第一任站长，而我和次旦则是第一批站医。

这几天有机会同几个机械师进行了比较深入的交谈。老崔是目前世界上到过Dome A次数最多的人之一，他已经是第三次到达Dome A了；年轻的小魏和小曹（不到30岁）也已经来了两次；邹正定同样有着丰富的南极经验。他们在南极内陆冰盖穿行中起着至关重要的作用，是全队的灵魂。

这支机械师队伍，处理极地车辆的经验应该是世界上绝无仅有的，他们是南极冰盖事业的无价之宝。我分别询问了他们以后再来冰盖的愿望，几位机械师一致表示：明年无论如何也不再来南极了。

我听后觉得很黯然，也非常可惜。要培养新的合格的南极机械师，没有冰盖经验几乎是不可能的。如果没有他们的带领，一群新人就要从头开始经历那么多困难和挫折，需要重新积累解决问题的经验和方法。这不仅是巨大的浪费，更会隐藏很大的风险。

在同他们的接触中，我能明确体会到他们对南极事业的献身精神和热爱祖国的情怀。但是，单凭献身精神，能支撑他们走多久走多远？我们应该让他们单凭这种献身精神来支撑吗？

老崔三次历险南极冰盖，拿到的补贴总共不到10万元。我深深理解我国早年的南极探险，像“两弹一星”的前辈一样，靠的是艰苦奋斗的精神，这在当年的客观条件下是非常必要的，更是值得敬重的。但现在国情、国力大不一样了，这次国家不惜耗费巨资建设昆仑站，为什么关键的专业队员的待遇还是得不到充分改进呢？难道还要求专业队员们自我奉献、自我牺牲吗？

其他国家的南极考察队就全然不同了。以韩国队为例，韩国对重要队员的经济补偿力度非常大。除正常报酬外，队长还提着装满美元现金的箱子，他有权力将现金发放给他认为应得的队员。南极考察完毕，所有韩国队员都能享受免费夏威夷度假。目前中国政府在南极的投入肯定超过韩国，而中国队员的待遇却很难与韩国队员相比。但就这样，老崔还是为了南极事业三次深入冰盖，因为没有他，内陆队就会有困难！老崔是一个老共产党员。

我衷心希望我国的南极事业蓬勃发展、蒸蒸日上；我衷心希望社会对于那些为了国家付出了巨大牺牲的人给予一个相对公平、公正的待遇。这就算我的一个新年祝愿吧。

2009年1月27日
星期二

本以为今天是在Dome A的最后一天，因为按计划明天政府代表团到来，剪完彩他们很快乘飞机离开，我们就立刻起营拔寨，离开Dome A。但情况又变了，李院生队长接到中山站电话，因天气问题政府代表团明天还是来不了，至少要再推迟一天，具体时间再通知。

政府代表团很急，起飞时间拖到现在，已经错过春节慰问的机会了，给队员们带了春节礼品却没送到。如果再拖延，南极短暂的“人类可活动期”很快就要过去了，夏天过后，沿海考察站附近，就会出现越来越多的坏天气、越来越频繁的气旋和暴风雪。如果在1月底以前不能起飞，剪彩计划就要泡汤。

飞行机组也着急，因为他们是一个商业性机组，鉴于风险问题，规矩是2月份之后基本上不向南极内陆飞行。

而身处冰盖深处Dome A的内陆队员当然是最着急的。道理很简单，过了2月份这里的气温可能急剧下降，大家不愿意用（也不应该用）生命的代价来等待一个剪彩仪式。

下午气温降到零下40度以下了，扫尾工作已经完成。大家的心理状态都有点不稳定，焦虑和烦躁混在一起。不过倒是没有恐惧的感觉，可能是因为毕竟是28人的队伍在一起的缘故吧。

某个宝钢队员再次同厨师发生矛盾，因为饭菜不合口、水没烧热而出言不逊。几位队长及时赶到，将各自属下的队员拉开。张大厨本来就有些高原反应，一气之下只能躺在床上吸氧气了，饭暂时做不了了，李侍明副队长挺身而出，亲自下厨。

高原、严寒、挫折三合一的情况下，人的情绪和脾气像火药桶似的一触即发，如同我以前处理的被反复折腾的实验小白鼠一样，激惹反应强烈。而且本次队又是将两组不同性质的人员放在一起，他们在生活习惯、为人处事方式上本来就有很大差异，在恶劣的冰盖环境中奔波、劳作了40天后，很容易闹矛盾。

这几天的等待更加剧了大家的急躁情绪。回程路上依然充满风险，队员们这种情绪和压力紧绷的状态，容易造成不可想象的严重后果。作为队医，我实在想不出办法来帮助队员们进行适度宣泄。我无能为力，只能希望明天会有好天气，让剪彩仪式尽快结束，大家尽快踏上回家的路，也许情绪会慢慢平复下来。

张灯结彩的昆仑站。

在高原严寒环境中，除了心态和情绪变化，还存在反应迟钝现象。在即将到达Dome A的路上和在Dome A顶上期间，我就出现过几次事故苗头。有一次我的PB300正和其他车一起在加油，我的车负责给油泵供电，明明是我自己把油泵的电源线插到我的车上的，但当我加完油后，完全忘了还有电线这回事，启动车就朝前开。

夏立民书记正好在我车的正前方，只见他一脸紧张伸出拳头向空中一举，大家都知道这是“停止”的意思。我下意识地停了一下车，但还是想不出有什么问题，居然又重新启动朝前开。

还有两次我开着雪地车，没能准确估计车道间距，将侧履带直接碾上了旁边的雪橇，使履带受伤。正常情况下这个间距是很容易估计出来的。这几次意外正好老崔和夏书记都在场，事后免不了受到严厉批评。在我频频出错的这段时间里，我自己也很自责，老崔甚至一度把我归到“开车比较危险”的一类人中。

2009年1月28日
星期三

队长接到电话，通知今晚央视新闻联播要宣读胡锦涛主席给昆仑站的贺信，让我们在昆仑站前拍集体照，照片会寄回国内做新闻的背景材料。大家一个个被叫起来，穿上鲜红的队服，被赶到昆仑站主体建筑前，排好队形拍照。

CCTV两记者已经琢磨出用铱星电话联网传送图片的方法，虽然传送速度非常慢，几张图片有时可传整整一晚上，但到底是克服了BeGan卫星系统的角度限制了。因为有3小时的时差，我们的图片最迟要在中午前传到北京，才有可能赶上新闻联播使用。胡主席今晚向全世界一宣布昆仑站落成，它就正式落成了。因为天气原因，政府代表团没来成，新闻缺少了“新年慰问”和“剪彩”两个内容。现在只剩个昆仑站正式“开站仪式”了。

下午5点多，李队长紧急召集内陆队主要成员开会，政府代表团的行程又有新消息了。那架德国飞机已起飞，正向中山站方向飞行。飞机起飞时，诺娃站方面的气候条件并不好，当地气象站给加拿大机组人员明确提醒：天气条件不宜起飞！！！其后还加了3个感叹号。但就在这种情况下，加拿大人居然还是强行起飞了。是不是全世界的南极探险队员都带着一点疯劲儿？

这样一来，这架飞机明天凌晨能到达中山站附近的机场，如果一切正常，傍晚时可到达Dome A。李队长通知大家，我们期盼已久的政府代表团明天终于要来了，要做好迎接准备，为他们短短的两三个小时的滞留做尽可能细致的安排。

我和次旦被安排去机场接机，主要是负责医疗保障任务。次旦已经在昆仑站内的一个房间里搭起了高压氧舱，这是一个保险措施，万一政府代表团中有人出现严重高原反应，可以紧急启用。今天这里的天气不错，气温甚至还有所回升。看来天气也为代表团的飞机做好了准备。

次旦今天还做了一件他向往已久的事，把他万里迢迢从西藏带来的五彩经幡挂到Dome A顶点。藏族人民有在制高点挂经幡的传统，有祝福和祈求平安的意思，南极最高点当然是挂经幡的极好地点。次旦和宏忠开车去顶点挂上了经幡，并将队员的名字都写在经幡上了，愿上苍的恩惠能普照到每个人头上。

他们回来后发现发动机出气口的盖子不见了，那盖子是一个黑色的铁皮制品，像一个大“蘑菇头”。次旦在路上来来回回找了好几遍，始终未能找到，很是奇怪。冰盖面上找东西是非常容易的，不但因为路上没有其他物品，而且颜色也形成鲜明对照，一般老远就能看见，更何况这“蘑菇头”平时是想拔都拔不下来的。次旦丢失“蘑菇头”一事我们至今无法解释，成为冰盖上的一桩悬案。

晚上10点半左右，舱外出现一片躁动。有人惊叫：看到不明飞行物了！大家赶紧出舱观看。在太阳同一方向有一个淡色的圆形物体，远看像衬衫纽扣般大小，通体发亮，正朝东慢慢移动。类似一小型月亮，但又肯定不是月亮。

队里的那些与天文、地理有关的科学家们谁也不知道那是什么东西，但他们一致肯定这是一个实体而非光学现象。大家都感到非常奇怪，我们身处南极冰盖深处，很难有实体物品能进来的。队员们开始胡乱猜测，从美国人的探测器，到气象气球，到天外来客等，莫衷一是。

23 | 望眼欲穿的等待

2008年1月29日
星期四

今天是迎接政府代表团的日子，一早大家都自觉地起床了。厨师张宏忠早早给大家准备好了丰盛的早餐。宝钢队员和他之间的矛盾基本已经化解，关系有了明显缓和。吃完早餐后大家根据分工各自忙活自己的一摊工作。

我和次旦今天有两件事。一是清理各辆PB300雪地车的后车厢，一路上跋涉，没有人理会后车厢的卫生状态，有的车厢里像垃圾堆一样。队员们自己乘坐没问题的，但是要让代表团坐，总得讲一点卫生。我们俩清理出几编织袋的废物，想不到这么小的车厢能“藏”有这么多的垃圾。

第二件任务是将所有氧气瓶从雪橇里取出来，把它们放在代表团可能“出没”的地方，如雪地车、餐厅、昆仑站主楼等处，以备随时取用。接机的车上也会放一罐，他们坐飞机突然降落在高原，发生高原反应的机率会相对大一些。

为了尽量缩短代表团在Dome A的滞留时间，他们一行10人加上机组人员3人到达后直接去昆仑站，稍事参观后就剪彩、升国旗、宣布昆仑站建成、合影留念，之后开车直奔Dome A顶点，为“中华天鼎”剪彩。之后如情况允许，可能在新生活舱坐下来同大家作简单交谈、吃点东西。如情况紧急，就在剪彩后直接赶赴机场离开。

天气晴朗的时候，云为南极的天空绘出壮丽的风景。

但从上午开始，大家就感到有点不对劲。早上突然刮起了风，根据以往经验这里是很少刮风的。工地上的旗帜被风刮得使劲地飘，我们没带专业的气象测量仪器，队长估计大概有5～6级风，能见度在1公里左右。如果天气不恶化，飞机还是有可能降落的，所以准备工作还在继续。相信到中午后天气情况应该会有所改善，因为Dome A留给队员们的印象一直是阳光灿烂的。

下午1点左右从中山站传来消息：飞机起飞了。因为飞机燃料只能提供单航程飞行，所以要求我们每小时同机组人员联系一次。李院生队长拿着铱星电话手机一直守在车里。那架南极“大”飞机其实是一架小型飞机，飞行时速在300公里左右，飞行高度也不过5000米。Dome A冰盖本身高度就在海拔4000多米，因此飞机正常高度飞行到达Dome A时距离地面高度只有1000多米。加上寒冷和气压低等因素，降落确实不是一件容易事。现在回忆起来，他们要求机场跑道延长到4公里是有道理的。

不幸的是，中午以后风越刮越大，能见度进一步下降到只有几百米距离。几位老南极面面相觑，一脸茫然，无法解释这里的天气变化。人在关键时刻突然发现对一个现象变得彻底无知或不能掌控时，心里会有恐惧感。

下午2点半，天气情况实在不适合飞机降落。要赶紧采取行动，如果那架飞机飞过一半路程，连回去的油都不够了。李队长同飞机联系了一会儿，可能是不能明确地反映情况，飞机还在朝Dome A方向飞行。李院生队长紧急呼叫我到他的车里，让我跟加拿大飞行员喊话，必须明确告诉他们这边的天气情况。

电波在风雪中很微弱，断断续续、带着很多噪音。我终于同机长通上话，告诉他我们是谁，在哪里，要向他们通报Dome A天气情况。通报了天气情况后，他说他们离半程还有大概30分钟距离。考虑到天气也许能好转，我们约定在下午3点整再通一次话，到时再决定飞机走向。说实话，这些加拿大人胆量真不小，这种情况下还是没有最后放弃。

下午3点，天气丝毫没有好转迹象，反而更糟糕了，风越刮越大，能见度在400米左右。李院生队长痛下决心：让他们回去吧。我在铱星电话中报告了天气，并不排除进一步转坏的可能性。最后我问：“Do you copy?” 机长简单回答“copy”。

我放下电话刚回到生活舱，很快中山站来电话询问我们：为什么政府代表团的飞机朝回折返了？看来机长在copy了信息后，立即调转方向朝回飞了。我相信这个机组人员是技术娴熟、勇敢胆大的专业飞行员，不到最后关头不放弃，一旦作出决断就立刻执行。

现在只能看明天的天气情况了，晚上中山站来电，着急地询问天气情况。从今天开始我们是世界上唯一一支在Dome A滞留时间超过1月29日的队伍了。人类对此没有任何经验，而在南极意外太多，明天之后将会如何，谁也说不准。

2009年1月30日
星期五

从凌晨4点开始，李院生队长一直在应答各种电话，有雪龙号船上打来的，有中山站打来的，还有俄罗斯机场打来的，因为飞机回去后停留在这个机场上。都在询问Dome A的气象状况，看今天一早飞机有没有再次起飞的可能性。但是，天气一直非常不好，能见度比昨天下午更差。

上午诺娃站气象预报卫星云图显示，一个气旋盘踞在Dome A上空，按它的移动方向和速度，估计要到2月1日才能彻底过去。看来这几天是没戏了。尽管如此，着急的人们还是在上午7点、中午12点、下午6点分别通过电话，证实天气情况。

这几天是最后的机会了，再迟的话气温还会下降，飞行将更加危险。而加拿大机组人员也不能再等待了，他们还要执行另一个飞行计划。南极夏天慢慢过去，飞机也要向海边条件相对比较好的地方撤离。

今天Dome A已变得非常寒冷，虽然气温还在零下40度，但在外面时的感觉完全不一样了。室外滞留10分钟以上，嘴巴基本冻僵，说不出话来，非得说话时就咧着嘴，舌头在嘴里滚动，嘴皮子动不了，只能听懂一个大概。好几个队员重新出现了嘴巴、鼻子和脖子等处冻伤。我和次旦告诉队员们，身体任何部位冻到没有知觉的时候，应该尽快进屋，暖和过来以后才能再出去。

2009年1月31日
星期六

昆仑站工程结束已经将近一周，其实站体建设完成、胡锦涛主席

队员居住的乘员舱，在冰盖的日子里，我们都住在这样的舱里。

闲暇时，建筑队员们在乘员舱里用笔记本电脑看电影。

机械师小曹非常好学，在冰盖途中还跟我讨论英语句子的语法。

生活舱门口堆放着队员们的雪地靴。

宣布昆仑站落成后，我们的任务就已经完成，政府代表团来剪彩只是一个象征性的活动，但我们却正冒着生命危险在等待。

今天的天气稍好一点，能见度在1公里左右。中山站给我们的消息是，那架飞机要在2月3日离开中山站、执行其他任务，所以还有两天的机会。据说气旋1日会过去，但谁也不敢对这里的气候下定论。

早上去吃早餐的人一定很少，因为听到宏忠厨师在对讲机里反复呼叫大家去吃早饭。大家都躲在舱里，但各种各样的消息却满天飞。一会儿传出飞机已经在中山站起飞了；一会儿又有消息说代表团决定不来了。到了下午更奇的是，有人说在舱门口看到飞机快到了，害得几个人赶紧跑出去看个究竟。这些现象同队员们烦闷、孤独、无着落和沮丧的心理有关。这个小集体像个小社会，我突然领悟到，一个社会里，什么情况下最容易产生“谣言”了。

2009年2月1日 星期日

云图显示，Dome A上的云层已经明显变薄，气旋快过去了。但上午营地周围还是狂风肆虐，在舱内都能听到咆哮的声音，能见度也降到了200多米左右，再次证实了南极天气的不确定性。

我们通过插在卡特车上的那面“第25次中国南极内陆考察队”队旗来推断风力，那旗帜本来是为了迎接政府代表团而插上去的，经过两天的狂风吹打，已经完全被吹烂了，只剩一条窄窄的白边箍在竹竿上，勉强看到队徽和“25”等字样，很像电影里硝烟中的战旗。

这两天飞机过来的可能性不大了。雪龙船上已开了一次会议，代表团成员基本倾向于不来了。虽然有点惋惜，但我觉得这个决定很明智。仅仅为了剪彩，万一出现人员伤亡事故，绝对得不偿失。

反复电话商讨后，最终改为“遥控”开站仪式。中山站那边通过铱星电话宣读贺词、贺信，通过扩音器让全体队员听到；这边齐唱国歌，CCTV记者录下升国旗场景，完全可以做成一套节目。双方决定明天最后确定方案，不管是“遥控”仪式，还是明天代表团直接来，仪式一结束内陆队就必须撤离了。

第六部

归途，与严寒和恶劣天气赛跑

24 | 归心似箭，冰盖狂奔

2009年2月2日
星期一

Dome A的天气像是在同我们开玩笑，当大家彻底放弃了代表团来访的想法和准备时，今天上午天气完全转晴，阳光明媚，风也消失了，好像昨天那个肆虐的气旋从来没出现过一样。气温居然也有回升，上升到零下30多度了。

但远在中山站的政府代表团退意已决，他们会飞到俄罗斯青年站，继续下一站旅行。回想起俄罗斯诺娃站有关Dome A气旋的预报，其实还是挺准的。他们当时报告说，气旋会持续到“until Feb. 1”，这句话在语感上是包括2月1日本身的，意味着2月2日天气会好转。内陆队里极地系统的人员多少有些失落，因为代表团里有他们的顶头上司，如果能在Dome A见到领导，当面介绍情况、展示成果，将是一个好机会。

现在只能着手“遥控”开站仪式了。李院生队长答应大家，“遥控”开站仪式一结束，立刻就拔寨撤离，大家心里有了着落。

负责通讯的李方明早早把各种卫星通讯设备调试完毕。9点半多，各领导在中山站集中，海洋局的常务副局长和极地办的各层领导在中山站宣读了贺信并表示了慰问。极地办领导又宣布了第一任昆仑站站长、副站长名单。虽然只有象征意义，但这也是莫大的荣耀。

领导们请“新任”的李站长、夏、李副站长为昆仑站揭幕。然后升国旗、所有队员齐唱国歌。中央电视台的两位记者现场拍摄。

我们的PB300型雪地车，冰盖之旅让我们对这些车有了深厚感情。

开始大家还保持整齐的队形，后来发现实际上没有人在看我们，只有镜头扫过来时才有可能被看到。于是大家很放松，还能自由走动。仪式持续了1个小时左右，通讯还算畅通，只是偶尔出现断续现象。

仪式一完，我们立即准备撤离。所有东西打包放上雪橇。李院生队长突然表现出了他并不着急想走的意愿，好像对Dome A还有无限留恋。午饭时候，李队长私下里同老崔商量，是否今天不撤离，到明天“再说”？

老崔提醒队长上午已经答应队员们开站仪式后就撤离，要照顾大家的情绪，再说多留一天也没什么特殊工作可做啊？队长最后终于同意准时撤走。好在大部分队员并不知道还有这么一个“不想走”的插曲。

下午3点，我坐在驾驶室里等待出发指令。但各方面情况似乎离真正出发还有一定距离，总是有很多东西还在匆忙准备中；总是有东西突然找不到或者没想到，雪橇上的物品也还需要再加固一下，到处找网兜来盖上散装食品……李院生队长用他一如既往的镇定目光看着前方。这一切让我回忆起从出发地向冰盖内陆进发的那一天，不同的是，李队长现在开始戒烟了。

从这以后我还真没看到他抽过一支烟。

下午5点，李队长一声令下，全队人马浩浩荡荡踏上归途。这次回程老崔有了不一样的安排：小曹开着我的“小黄斗”打头车，凯凯跟着头车作GPS导航；我开着小曹的PB300车随后，老崔坐在我的车上；李队长因为在路途中要测量竹竿的漂移程度并取雪样，所以和他的学生小安在队伍后面。

其实下午5点已近开饭时间，但队员们谁都没有吃了饭再走的想法。走吧，赶紧走！只要朝下走、朝回走，心情总是好的。昆仑站落成时，我曾想当离开这个站、看它最后一眼时，我一定会很激动。但事到如今，我却实实在在找不到这种感觉了。没想到离开昆仑站和Dome A的过程是这么匆忙又这么简单，甚至没有激情。

今天的路应该不太难，但Dome A的雪太松软，出发后不久就有一辆卡特车陷入雪中。好在负载轻了很多，所以没费多大劲就把雪橇拉了出来，重新起步。没走多远，又分别有两辆卡特车陷入雪中。这样来回折腾，到下午6点车队才到达Dome A顶点。

全体队员在Dome A顶点作了短暂停留，把曾经飘扬在Dome A顶点的五星红旗取了下来，带回国内作为留念，换上一面新的国旗。队伍重新出发，一路凯旋高歌，谈笑风生，大家心情很好。用老崔的话说是我们朝前走1公里就离中山站近1公里，走10公里就离中山站近10公里。

没想到才走出5公里，曹建西开着的“小黄斗”突然开不动了。几位机械师紧急赶到现场，发现“小黄斗”的液压油严重渗漏。开始还期望是哪个接头松了，或者皮管裂了，补一补加一点液压油就可以继续前进。但15分钟后，我看到机械师们无奈的表情，预感到问题可能并不那么简单。

果然，一会儿老崔向李院生队长汇报，车辆问题严重，液压油直接漏到主泵，无法再开，不换一个阀膜就有可能彻底报废。全队无法继续前进，老崔请求就地宿营。这时我们离开昆仑站12公里。

我私下里检讨了一下我的责任，可能有二。一是来的路上超负荷运载，“小黄斗”遭受了巨大折磨，为最后牺牲埋下了伏笔；二是到达Dome A后有一个晚上，我忘了给它插电加热，它在没有加热的状态下过了一晚上。第二天上午发现它的车内温度是零下30多度。有可能那个隔离阀膜经不起这一冷一热的折腾，最后导致其破裂。

对于“小黄斗”的损失，我非常难过，也非常自责。老崔以一句“出门在外，车辆出现机械故障在所难免”总结了这次事故。队员们将“小黄斗”吊上雪橇，明天将它一同带走。

“小黄斗”本是队里的一个主力，现在却变成了一个负担，队伍不得不重新进行调配。小曹还是开他原来的PB300打头车，我本来应该坐在某个车的后车厢里同“小黄斗”一起“报废”的，但曹建西坚持要求我和他一起开头车，老崔同意了，因为这样我可以和小曹交替驾驶。

2009年2月3日
星期二

今天天气很好，气温在零下40℃左右。车队重新编组后出发，但小曹和我拉的4个雪橇起步就不成功，不得不重新调配雪橇。夏书记的卡特车帮我们分担了一个空雪橇后才顺利出发。

坐在领头车的副驾驶座上，有种夹杂着失落、得意、轻松的复杂感觉。失落是因为，一路上坐在驾驶座上掌握方向盘，猛地换到副驾驶坐，还真有点不习惯；而坐在头车上，虽然还得听队长和老崔指挥，但毕竟是我们的车引领全队，有点儿掌握大局的感觉，因而有点得意；小曹有丰富的内陆经验，驾驶技术又好，所以我的责任和工作强度都大大降低，因而感到轻松。沿途看风景、聊天，上午居然还眯了一会儿，在之前哪能有这种享受？

由于全队负载量大大减少，一路上很顺利，一口气开到中午停车加油。李队长、小安、李方明他们每隔2公里左右停一次车，用GPS定位测量那些竹竿的移动距离，计算当地冰盖的漂移程度，同时还要测温度、取雪样等。工作很辛苦但做得很细致，他们的精神值得钦佩。

加完油、吃完饭后轮到我驾车。我们一路朝前赶，到了晚上9点左右老崔在后面呼叫：不要再走了，要等一下李队长，要不然落下太远！大家停车宿营。今天前进了93公里，成绩很令人满意。等不及食堂微波炉加热做饭，我快速吃完一包方便面和一个鸡蛋，立刻回舱睡觉，以补充体力。

CAT

小安和姚旭挖坑取雪样。本次内陆队除了完成昆仑站建站之外，还完成了一系列科研工作。

作者在给雪地车加油。

2009年2月4日
星期三

今天天气不太好，有风有雪，但对我们来说这种天气已经是“小菜一碟”了。据说2月份后将会有更多的下降风、暴风雪、白化天、地吹雪等，这意味着回程路上将会遭遇更多的恶劣天气。

小曹开上午段，中午加完油后我开下午段。下午6点就宿营，主要是因为需要等李队长他们赶上来。今天前进了90公里，现在距离中山站1060公里，海拔已从昨天的3900米下降到3500米左右，气压上升到了630～640毫帕，气温居然上升到了零下27度，太“温暖”了！队员们都感到舒服了很多，活动后的喘气现象也明显减轻。

2009年2月5日
星期四

作者一直驾驶的雪地车“小黄斗”损坏严重，只能放到雪橇上运回中山站。

起床后，我自然而然地准备去做出发前的例行工作，但发现队长他们并没有动静。原来今天上午并没有出发赶路的计划。

李院生队长要在这个点上安装地震仪和磁力计，并挖一个将近2米深的雪坑，取各个层面的雪样作标本，这是回程路上科考计划的一部分。在建站任务没有完成之前，科考让位于建站，现在昆仑站大功告成，科研就是重点了。来南极当然不只是为了造房子，科考还是根本。

本来预计是一项三四小时工作量的工作，可中饭时仍未做完，看样子今天是没法赶路了。小魏和小曹负责埋置、安装和调试那两台仪器；小安和姚旭负责挖掘雪坑和采集雪样，其他人都被“征用”去帮助挖雪和做些辅助工作。直到晚上10点多才完成收工。

我们这时都归心似箭，今天因科考而耽误一天行程，心里不免有些遗憾，但并没有什么过激反应，现在大家的情绪已经安稳多了。首先，在海拔3500米左右的高度上，大部分队员基本上没有什么高原反应了，身体上的不适感大大降低；其次，现在的气候条件下，被严寒困住的风险比在Dome A时小多了，大家基本上不再忧虑“能否活着回去”这个问题，心里踏实多了。

2009年2月6日 星期五

虽然没有阳光，但今天的能见度却非常好，应该是一个便于赶路的天气。雪面硬了很多，拉着雪橇感到用得上劲儿，但比昨天更颠簸了。虽有坡度起伏，但总体海拔在下降。

中午又有一辆卡特车前面的管子漏了，车内的液压油、防冻液全部漏光，全队人马停下来等待。小曹说没有携带这种管子的配件，大家都有点紧张，因为卡特车自重太大，如果损坏的话，很难放上雪橇进行拖运。

曹建西要求大家利用等待的时间就地加油，再出发后就不用再特意停车加油了，很有点统筹学的思想。1个半小时后，小魏和老邹兴奋地向大家宣布那个漏损的管子被修好了，修复方法很原始，将一块厚胶皮死死地绑在漏口处，居然挺管用。

全队高兴地继续前进。经过了当初的3个宿营点，每路过一处，就会有一阵小小的欢呼，队员们在对讲机中互相回忆当时在这里宿营的情景，那好像已经是很久以前的“往事”了。

晚上在DT335点上宿营，行进98公里，成绩不错。

在冰盖上行走，是根据两个GPS点之间的直线距离来计算每天行程的，实际行进距离会超过这个直线距离。因为在行走时难免要走些弯路，绕过一些沟坎，避开一些雪堆等。我粗略计算了一下，大概每前进三四十公里的直线距离，实际上要多走一两公里。

按照行程，明天我们将要进入那段“魔鬼30公里”特别颠簸的路段，当时半夜翻橇的景象还历历在目，大家觉得明天可能会是一个挑战。

25 | 冰盖上的“谎言”

2008年2月7日
星期六

今天天气晴朗，其实自“下山”以来，还没有碰到过传说中的极度恶劣天气。

出发后前10公里相当顺利，到了10公里处看到一个原来的宿营地。虽然经过1个多月的雪盖，还能看出当时留下的车辙印和人为的高出地面的雪堆。过了这儿，就要进入所谓“魔鬼30公里”路段了。

果不其然，朝前行进不久雪面上就出现了高低不平的雪堆。回程路上有心情细细观看，这些雪堆经过多年的风雪鬼斧神工般的雕琢，已经大小不等，形状各异，在阳光下晶莹剔透，极其美丽壮观，实在难以同“魔鬼”两字关联上。如果不是因为“交通不便”，此地说不定会是一个绝佳的旅游胜地。

车开始颠簸得厉害，但相比来时，心情已经大不同。现在我们的负载重量要轻得多，遇到大雪坎可以轻巧地转动方向盘避让。来时的重橇，打方向盘怕车陷进雪里，只能硬着头皮朝前闯。更关键的是，我们已经知道这段路的地形和长度，当初是一头扎进这“魔鬼30公里”的，措手不及、昏天黑地，不知道何时是出头之日。

最最重要的是：我们是在归途上，过了这段路以后，说不定这辈子都再也碰不到这么颠的路了，算是一个体验吧。所以大家求稳不求快，稳扎稳打，到中午12点左右又看到了一个原来的宿营点，全队安全开出“魔鬼30公里”！

在GPS的帮助下，我和小曹很快就看到左侧不远处有一排小小的黑影，那应该是那个机场的“遗址”了。我们非常高兴，因为开始还有点担心在这茫茫冰原上可能会同这个机场擦肩而过，因为对于冰盖来说，我们的车队和那个机场的大小都是可以忽略不计的。在回程的后期，我应用GPS在冰盖上认方位的水平渐渐熟练，以致于在我俩配合下，居然能用GPS定位系统在茫茫冰盖上找出一个我们要找的油桶来，这是后话。

汇报了机场的方位，经队长同意，我们向那方向开去。机场原先的布局已经没有了，帐篷和简易建筑物已拆除，除了少量物品被带走，所有其他东西都已作为“垃圾”废弃物，经分类纵向排成几排，用黑色塑料布遮盖。

空油桶已被专门的机器压扁并堆放在一起（像我们压可乐罐一样），还有一大堆隔热的硬纸板、装有降落伞和布料的大口袋等废品，估计总共有30多吨物品。大家用人力和吊车将大部分东西装上空雪橇，装了满满4个雪橇。

根据协议，我们得把这些东西运回中山站处理。其实这些废弃物中的大部分都是有用的东西，非常新而且质量不错。如果不是空运撤离的话，也许会将其中的一大部分带回继续使用。老牌发达国家在物质资源的消耗上还是比我们大手大脚、奢侈浪费得多。有人忽然意识到，小曹帮澳大利亚姑娘平整过的那条跑道不见了。原来它已经完全被雪盖上了，不留一点痕迹。才隔了1个多月时间而已，大自然对自身创伤的修复能力是我们难以想象的。

晚上我们到DT299位点宿营地，找到了预留的一个雪橇，上面有冷冻食品和几个大煤气罐，还有几台回程中使用的磁力计和地震仪等。海拔已降到2900多米，气温零下28℃左右，对我们来说已是“温暖的平原”了。

2009年2月8日 星期日

今天上午在宿营点再安置一个磁力计和一个地震仪，这样一站一

用雪地车上的起重机吊装国际合作项目中临时机场上的废弃物，并运回中山站。

安装磁力计，这个装置可以记录地球磁场变化的数据，获取地球物理学的重要数据。

安装地震仪，地震仪能记录传到冰盖上的每一次微小震动。

站地沿途安装下去，就能收集从Dome A到中山站一路上全套的极地磁场和地震方面的数据。小魏和小曹利用上午半天时间把两台仪器熟练地安装完毕，但李院生队长决定在这里加挖一个雪坑，取雪样留标本。因此今天又没法赶路了。

这一整天里我没有被分配什么任务，自己内心里也没有加入这些工作的愿望，因为我知道加快这些工作的进度并不能改变整个归途的进程。下一站的落脚点是800公里左右的地方，李队长早就言明将在那个点上打一个较深的冰芯，我们要在那里停留一周左右。人只有在有具体目标，并且愿意为之争取和努力时，才能有较强、较持久的动力。至少对于我来说是这样的。

今天正好是星期天，自从到了南极冰盖，这是第一次过一个像周末的星期天吧！从早上开始一直躺在床上，不是在电脑上看电影，就是看一些书。因为没有劳动，肚子也不饿，连早饭和午饭都没有吃，一直躺到下午3点半。

下午起床后逛悠着去了新生活舱，坐在那里像老头子坐茶馆似的，倒了一小杯红酒慢慢喝，有一搭没一搭地吃一些并非下酒菜的食品。晚上吃饭时又和次旦、张宏忠他们聚了一下餐，喝了一些二锅头。难得的轻松！

2009年2月9日
星期一

又是软雪带。来时路上，我们深受软雪带之苦，但现在雪橇比较轻，不会陷车，又不怎么颠簸，所以一路上开得相当顺利，速度也快。

中午时分全队停车加油，很快就要到达计划中的806公里点（DT256）了，但李院生队长要换新址，因为前两次内陆队来来回回都是在此地宿营，宿营地周边地区可能会有些生活垃圾和粪便等的污染。这次李队长要打一个100米左右深的冰芯，他当然不愿意在可能会有污染的地点钻冰芯。我们最终在DT257点停车扎营。

目前海拔2800米，气压已到800多毫帕，气温在零下28℃左右。不知是谁计算出今天是国内的元宵节，大家借机吃了顿饺子。

2009年2月10日
星期二

今天的任务是为打冰芯做准备。

李队长选了夏书记、三位机械师、小安和我一起来到打钻地点，钻点选在营地上风口约200米远处。先在周围搭起帐篷挡风，对于长时间的野外作业来说，这非常有用。

李院生队长很绝，他并没有从中山站携带足够的篷布，也没带捆扎篷布和竹竿的绳子。现在用的帐篷布和绳子，都是从那个临时机场的垃圾堆上捡的。

我们几个在雪地上钻洞，将竹竿插入洞中，用绳子和铁丝把帐篷布绑扎在竹竿上，把钻点三面围了起来，另外一面围了一半，留下个“门”供人员进出。然后将打钻机的主要配件安置起来，并测好水平面，使钻头保持垂直向下的方向。

做好了开钻前的所有准备工作，明天可以开钻了。其他队员今天以休息为主。

2009年2月11日 星期三

在Dome A顶上我没有参加打冰芯工作，是一个生手，开始仅能帮忙打下手。但很快我就发现，单从操作层面上看，打冰芯的工作技术性并不强，按照操作流程进行就可以了。

队长把冰芯队伍分作三班：第一班在上午工作，到吃午饭时结束；第二班在下午工作，到吃晚饭时结束；第三班从晚饭后开始，结束时间看具体情况而定。但后来发现，晚班打冰芯非常困难，时间比较短，气温还明显降低，队员很累却干不出活来，就取消了晚班，改成上、下午两班轮流工作。队长和小安因为是冰芯的“主人”，所以常常是上、下午都会参加。

今天我和小魏、姚旭一起在上午班工作。由于这套钻机在Dome A已经使用过一次，所操作还算顺利，从10点半到中午收工，已经打了7米深。今天气温还是在零下28℃左右，风却很大，人在野外作业感到冷得不行。虽然钻台已经用帐篷布三面围了起来，但风还是从每一条缝隙里钻进来，我们的眉毛、帽沿和衣领上都结上了冰花。

到傍晚时共打出了25米长的冰芯。小安如待家珍似的一段段标记好冰芯样本，储藏在专门的冰芯盒子里。

除了打冰钻的队员和厨房人员外，其他队员处于休整状态，主要是看看电脑、打打扑克。队员们所带的电影片子交叉流传，其中传得

USTONE

在归途中，李院生队长带领队员在冰盖上取得90米的冰芯样本，这些冰芯是研究全球气候变化的重要资料。

最广的要数次旦的移动硬盘。由于大家都朝里面拷片子，次旦的盘很快成为队里最全的“影片库”，不但数量多、品种齐，而且各种电影分类明晰，从国家地理的科教片到各式香港武打片，一应俱全。

但很快次旦的硬盘也就成为了最“毒”的硬盘，各种病毒也一应俱全，叫得出或叫不出名字的、以前看到过和没看到过的，在他那盘里都有。很多电脑因贪看次旦的电影而中毒，也就是在这段时间里，我看完了我在过去几年里都没有看过的电影的数量。

姚旭总是喜欢同我一起看片，但我不得不给他立下一个规矩——拖下鞋后，他必须穿着厚厚的保暖袜套才能和我一起看电影，因为他的脚实在太臭了。舱里的同志们规定他脱下厚袜套，必须立即把脚放入被窝里，以免污染空气，影响队员们第二天的工作状态。

小时候我听奶奶讲，脚臭的人身体好。从医这么多年，至今尚未找到相应的科学依据。但姚旭的身体确实不赖。他来自安徽农村，20才出头，这可爱的小伙子虽然有些固有的习气，但聪明又勤奋。他还有一对龙凤双胞胎妹妹和弟弟，他说回去后会给他们各买一台电脑，但不会给他们钱，免得他们乱花，是一个像模像样的大哥。

同姚旭的臭脚有一拼的是李队长的裤子。室外严寒条件下解手很不方便，队长又经常匆匆了事，所以常会有部分尿液留在各层裤子上。日积月累，裤子便散发出极重的骚味。晚上躺下的时候，李队长将裤子习惯性地往床档上一挂，正冲着我的脑袋。

虽然气味儿难闻，但我也不好意思说，只能忍着。队长倒很体贴，有一天他凑过来轻声说：你实在受不了就告诉我，我可以考虑换条裤子。队员们都在从事体力劳动，又都很长时间没有洗澡，谁都会有臭味，其实一般性的“浓度”大家已经习以为常，不把它当回事，但是个别“浓度”太高的，确实让人受不了。

只有一个人对舱内的臭味完全没有反应，那就是小曹。开始还以为他修行好或忍受能力强，这几天和小曹一起开头车聊天才知道，原来他得过鼻窦炎，嗅觉神经受损，没有嗅觉，用他自己的说法是“姑娘们都没有香味儿”。恰恰是这个，使他免受舱内臭味的折磨。但同时也因为吃饭不香，故食欲不佳，有时可以“忘了”吃饭。

表面看来，大家在营地上悠闲地等着，但心里都希望早点打完冰芯，早点返回中山站。

2009年2月12日 星期四

今天冰芯成果喜人。上午班的同志们打出了12.5米的冰芯。冰芯是越往下打越困难，因为冰越来越硬，进钻的速度会越来越慢，每次能采集的冰芯的长度也越来越短。从下午开始，每钻只能采到30～50厘米的冰芯，而在上午，一钻还能取到1米左右的。到晚上收工时，下午班也打出了10.5米的冰芯。两天下来，取得的冰芯总长度已经到了48米，成绩不错。

晚上张宏忠叫上我，在CCTV记者住的生活舱里开了一个小灶。他居然准备了一个电磁灶的小火锅。找出剩下的羊肉片、粉丝、好不容易留下的半棵白菜，还有原装东来顺的火锅酱，照北京人的说法：齐活儿！几个人涮上火锅后，开了瓶珍藏的二锅头。这应该算是一顿很昂贵的火锅吧，想想这些材料是花了什么样的成本才一步步从国内运到这冰盖上的。真是验证了跟着厨师有东西吃的说法。

大家聊得热闹的时候，队里的领导们在窗外探头探脑，我们被发现了！只能推说今天又是次旦的生日，反正次旦有阴历、阳历、藏历等等诸多生日，谁也搞不清楚。碍于民族政策，领导也不好说话。

目前大家住在这810公里点上似乎很悠闲，好像已经没有人去想"2月份里人类从来没有在这里停留过"的事实。其实我们也不知道接下来的气候会怎样、会面临什么样的风险，但经过在Dome A的超时滞留，大家有了更强的心理承受能力，反正现在是谁也不怕，有点无知者无畏的感觉。

2009年2月13日 星期五

今天打冰芯速度明显减慢，一整天上下午两班打出的冰芯不足20米。完成100米的目标估计还需要两三天时间。

从中山站方面传来消息：要求内陆队要在2月24日前回到中山站，算起来好像时间有点紧。生活慢慢变得有些单调和无聊。

2009年2月14日
星期六

冰芯越打越深，不仅冰层越来越坚硬，而且收、放钢绳的时间也会明显加长，进度越来越慢。上午的最后两钻，打上来的仅仅是15厘米的冰坨子而已。在我们吃午饭的时候，李队长对冰钻做了一番研究，认为冰钻头部的刀片需要做一些调整，于是他调整了刀片的角度和伸展程度。

下午的效果果然好得多，到晚饭收工的时候又打了10多米。现在冰芯总长度已经到了87.14米，超过了原来计划的今天到85米长度。根据李院生队长介绍，真正的深冰芯应该要打到数千米深，但时间也会非常非常长。俄罗斯的南极内陆站曾打了一个深达3000多米的冰芯，一直打穿冰层到达了其下的水层，历时10年之久。计划当中国人最后在Dome A上扎营后，要在那里打一个超过俄罗斯的深冰芯，因为Dome A下面超厚的冰层为取南极最深的冰芯带来了可能。

能看得出，李院生队长对冰芯的兴趣超过其他所有的东西。按道理说超过85米以后，在这个地段也可以收工了。但他介绍说以往曾在92米的冰芯处，也就是1000多年以前积雪的地方，发现过一个异常气候变化现象，这是一个非常珍贵的古气象资料。对他来说，在任何地方都是将冰芯打得越深越好。但不管怎么说，离完成冰芯任务不远了，老崔已经带领几位队员在整理雪橇，准备再次出发。

除了打冰芯，在这里还要取分层雪样，离这里不远，有个自动气象站，那里的太阳能电池需要更换。今天下午也已经派其他队员将电池换好了。

虽然这几天的天气还算可以，但气温一直在持续下降。刚到此地时，白天的温度在零下29℃左右，而现在已经是零下34℃左右了。今天上午已经发现一辆卡特车发动不起来了，大家吃了一惊。经检查，发现故障不大，最终又将卡特车发动了起来，虚惊一场。

2009年2月15日
星期日

今天上午打钻工作进行得相当顺利。到了中午时分我们快要打到

90米深了。按照李队长的许诺，打到90米我们就可以收钻了。眼看就要到最后一钻了，李队长却突然嘟囔起来，说什么其实可以打到95米的，今天有地吹雪，可能不适合收钻等等。虽然声音很小，类似于自言自语，但对周围人来说，简直是句句刻骨，字字铭心！

说好了90米就收钻，难道你又要耍赖不成？！大家不由自主地七嘴八舌开了，表示坚决不同意继续打钻。李院生队长任凭大家吵闹，他也不吭声，一钻下去，取出冰芯一量，总长度超过90米了。只见他稳稳地下命令：收钻。众人皆释然。

后来才知道，队长有点小“迷信”，就是收钻前的最后一钻不能明说，非得说些模棱两可的话来“欺骗”一下冰盖，直到最后一钻成功启出时才宣布结束。听说以前打冰芯时只要说出：这是最后一钻了。那这一钻肯定就会出问题，不是钻机卡住，就是钻筒掉入冰窟窿里。想不到队长还有这一招，把我们都给骗了。

收钻命令一下，我们几人赶紧把冰钻设备的重要部位拆了下来。这种心理就是，你一言既出，我们就赶紧开拆，你想后悔都来不及。所以今天收钻进行得非常快，在Dome A收钻时收了整整一天，但今天到下午一点半，就把所有冰钻设备整整齐齐地收好了。珍贵的冰芯也小心放上了雪橇，钻区周围的帐篷也都拆卸了。

现在才知道，中山站方面让我们2月24日前赶回去的原因：26日有个中山站站庆，希望全体队员都能参加。此时各级领导们也在中山站，能为我们举行一个欢迎仪式。如果路上不出意外的话，按时赶回中山站还是有可能的。

晚上我数了数所带的袜子，正好还多余一双。在将要胜利返程的前夜，我奢侈地换上了最后一双袜子。换其他的衣物是没有条件了。

26 | 夏季将逝，恶劣天气袭来

2009年2月16日
星期一

在810公里点上待了整整6天后，今天上午终于又重新出发了，大家心情当然高兴。

今天天气已经不对了，昨天晚上刮起了大风，地吹雪非常猛烈，人在外面一会儿身上就披满了雪。晚间气温已经下降到零下43℃，加上风

营地中的晚霞。很久没有“傍晚”的感觉了，暮色让我们觉得很亲切，终于快回到了“正常”的世界。

大，感到尤其寒冷，如果继续滞留，谁也无法想象气候会怎样变化。

出发后刚走了6公里路程，我和小曹开的领头车就报警了，是发动机的进气口有故障。检查了半天，发现空气过滤器里堵满了冰雪。怪了，来时一路上都是风雪交加，也没有发现哪辆PB300车的过滤器被冻住啊。我心里有些紧张不安，因为如果这辆车需要大修，说不定又要耽搁一整天时间；如果它彻底趴下，我们就会又少一辆车，会给其他车辆增加不少负重。

好在小曹想起我们带了一个过滤器配件，赶紧从发电舱里将它找了出来。换上后发动汽车一试，好了！真是高兴，又躲过了一劫。

一口气开了60公里，大家停车加油，顺便吃些点心作为午饭，同时等李队长他们。一个多小时后，李队长的车终于赶了上来，等他加完油后全队再一起出发。傍晚时候到了DT206点，我们来时曾在这里宿营并放置了25桶油。本来打算在此宿营，但我和小曹一商量：不如今天再加把劲，朝前走一段，反正现在发电舱在我们拉的雪橇上，大家怎么也得跟着我们。

小曹用对讲机要求姚旭等开着有吊车的卡特车赶紧跟上来，把这25桶油全部吊上雪橇，再放下部分空油桶（这样我们一路上拣起满油桶放下空油桶，燃料补给就不是问题了）。很快全队很默契地重新起步，谁都没有提起宿营的问题，因为大家的心情都是一样的。一口气开到DT195点，离中山站越近越好。

地吹雪渐强，我印象中，来时经过此地是没有地吹雪的。专门核对了一下当天的录音笔记，发现当时还感叹：过了冰裂隙区可能由于海拔高了，风越来越小，都看不到地吹雪了。但今天看到的情景可是完全不一样了，地吹雪飘得烟雾腾腾。是因为2月已经到了夏末？总之，在南极这块土地上，仅仅凭单次经历就下结论和判断，一定会有失误的。其实在我们平时生活中何尝不是这样。

晚上9点多在684公里点停下来时，要不是天色已变暗，哥儿几个有可能还会发疯似地继续赶路。“天色变暗”是很自然的现象，但对于我们来说已经是久违的现象了。进入冰盖后，已有一个多月没有看到黑夜了，甚至连天色微微发暗的时候都没有，一天24小时都是太阳高照。现在终于又能体会到一点点“夜幕降临”的感觉，有点新奇、有点亲切，像是重回“人间”一样。

我和小曹开着头车还有一个任务就是寻找竹竿标记。这些竹竿是前两个内陆队插上去的，它们会随着冰盖的运动而漂移。我们发现，在靠近Dome A顶点时竹竿漂移得少，越朝下，竹竿的漂移程度就越大。今天看到有的竹竿已经漂移了50~100米的距离了。

我们开车的时候，也不得不从很远的地方就开始寻找前方的竹竿。在冰盖上远远看去，细细的竹竿就像是茫茫冰盖皮肤上的一根小刺，好在我和小曹的眼力都不错。路过竹竿时要想办法从它下方的5~10米处经过，这样李队长只要跟着我们的车辙印，就能顺利找到要测量的竹竿。李队长的速度快了，全队的速度才能真正快起来。

2009年2月17日 星期二

今天天气比昨天更糟，地吹雪加上暴风雪，天地间一片白色，能见度大概只有8米左右。南极夏天即将过去，我们得跟快速恶变的天气赛跑了。在这种天气下赶路，我们找竹竿的难度加大，更何况它们经过漂移，已经不在一条线上了。后车跟进的困难更大，跟得近了怕撞到前车，跟得远了又怕丢掉前车，迷失方向。

前进了40多公里后，我们车的发动机进气口再次报警。此时车速突然下降，动力严重不足，即使把油门踩到底，发动机转速达到1800转时，车速也只能达到每小时10公里左右。我和小曹计算了一下时间，该加油了，就通知全队停车加油。

有了昨天的经验，我们俩熟练地把空气过滤器拆下来，换上清理干净的过滤器。但重新起步时还是动力不足。摘下雪橇，空车也走得非常累。再次停车，小曹又把车上相关部件全部检查了一遍，还是不得要领。

邹正定过来摆弄了一阵，也没查出什么原因，他突然猛踩油门，车居然高速冲了出去，凭目测就能判断出这车又恢复原来的动力了。这辆车性能很不稳定，时好时坏，不知什么时候就会彻底坏掉。但愿不要彻底坏在路上，如果一定要在路上坏掉，也希望是在尽量靠近中山站的地方。

下午2点多时暴风雪消失，连阳光也出来了，能见度提高到300米左右，但是地吹雪还是很大。下午顺利通过冰裂隙区。由于回程雪橇分量明显减轻，所以基本上没有看到雪面下的冰裂隙。也许等大队人马全部过去后，路面上会拖出冰裂缝来，但我们自己是看不见了。这一路上我们的头车还算争气，没再闹毛病。

下午安装磁力计和地震仪，两个多小时后安置完毕，比以前的速度快多了。其间我们接到中山站通知，在这个点上另有一个任务，给600公里点附近的一个自动气象站更换电池。但是我们找了半天也没有发现附近有自动气象站的标志。后来李队长说可能是上一次队伍记错了位置，应该在距中山站500公里的点上。

我们找到去程时坏在路上的PB240雪地车，它已经被大雪掩埋了一半，用起重机吊臂把它放到空雪橇上，战士归队。

继续前进，天色渐渐变暗，应该快要到达放弃PB240车的点了，但极目望去，却没有看到车的踪影。我和小曹再次核对了GPS定位，摸索着又前行了大概6公里左右，终于在右前方发现了一个小黑点，心里为之一振。

我们很快来到了那辆PB240身边，那天晚上在冰裂隙中弃车的情景还历历在目。车已被雪掩埋了大半，地上大大小小的冰裂缝均已被大雪盖住，大自然很快抹去了所有创伤的痕迹，要不是那辆PB240站在那里，我简直无法辨认，这就是那个给我留下深刻恐惧记忆的地方。

现在是解救“伤员”的时候了。我们先将PB240雪地车从雪中挖出来；然后两台卡特车一左一右，配合着用起重机吊臂把它慢慢起吊，再把空雪橇拉到其下方。我们的PB240被缓缓地放到雪橇正中央，战士归队。

为自动气象站更换电池，电池须埋在雪下一米多深。

回程已经走了一半多，每每路过一个曾经给我们留下记忆的地方，心里总是充满欣喜，就好像战士收复失地一样。作为正式的随队医生，我倍感欣慰的是：没有队员出现严重医疗状况。宝钢队员没有出现重大工伤，如骨折或坠落伤等；其他队员也没有出现明显的高原反应或心脑血管意外；所带的简易呼吸机和抢救药物均没有用上。这是本次内陆队的一大幸事。

说实话，如果真的遇到上述情况，在冰盖条件下，我也无能为力、爱莫能助。至于一些小的病症，如胃肠道不适、表皮挫裂伤、皮肤过敏、尿路感染等，只用了一些简单药物就都解决了，其实这些病症即便不治大部分也能自愈。这次随队医生可能是我的医生职业生涯中最“不务正业”的一次专业经历了。

2009年2月18日
星期三

天气不错，虽然上午还稍有点地吹雪，但到中午时分就红日当头了，地吹雪也几乎消失。

遗憾的是，我们的头车开出不久，又出现了和昨天、前天一样的“无力”状态。但是这次车辆的各仪表并没有报警，所以我们就让它无力地、慢慢地行进着。

这时次旦的PB300车开了上来。小曹知道次旦平时能念念经什么的，就问次旦能不能念段经来化解一下车的问题。本来是一个玩笑，但次旦真的在对讲机里念起了经，大家听了也是一笑了之。

谁知道，就在念完经不久，小曹一踩油门，车子竟然真的恢复了正常的动力！原来的无力状态完全不见了！并且自次旦念经后，今天一整天车子都没出现问题。真是神奇！自此之后，大家认定次旦有些法术，有点神秘的功力，明里暗里求他念各种经的人络绎不绝，次旦并没有因此要求收费。

越往下走，冰盖上的冰移动速度也越快，竹竿漂移程度越来越大，仅仅根据GPS定位，已很难找到。小曹总结出经验，把GPS箭头对准了下一个目标方向后，就赶紧用肉眼寻找远处的竹杆，找到后，毫不放松、两眼死死盯着，直线开过去。这样既能保持尽量直的行车路线，又不丢失竹杆。不久，我们俩就练出了“火眼金睛”，天气不错时候居然能看到2公里外的细细的竹杆。甚是得意！

当GPS显示，我们已经接近距中山站500公里的点时，开始留意路面标志。很快发现前方有一个自动气象站。从外表看，这个自动气象站仅仅是一根竖立的铁杆和一些附属在铁杆上的仪器而已，像一个挂了很多东西的晾衣服架。

这些仪器可以自动记录风力、风向、气温、降雪程度等数据，并将它们保存、传输。这种自动气象站有两套供电系统，一种是太阳能电池，另一种是电池块。南极夏天有很好的太阳能电池应用环境，光照长达24小时。

但在漫长的冬天全是黑夜，太阳能无法发电，只能靠电池。电池块供电稳定性好，缺点是每年都得更换一次。那个电池块安放在一个铁皮盒内，拎着像一个公文箱，其外有接线装置。这种电池并不是放在自动气象站的旁边，而是要埋在一米深的雪里。因为不知道埋电池的方位，我们首先在铁杆的根部开挖，挖出一根供电的电线，再沿着电线顺藤摸瓜地找电池。

虽然最后找到电池，但由于降雪原因，它已埋到雪下1.5米的深度了。大家就偷了一个懒，没把老电池挖出，仅把电池的电线取出来，直接连上新电池。不知这样是否违背南极的环保条例？

下午4点半，我们重新来到了464公里点上，也就是到格罗夫山十字路口的转折点，我们来时曾在这里拍照留念。时过境迁，我们再次来到这里，心情和气氛可是完全不一样了。找到24次内陆队曾留下的油，我们用掉其中20桶，剩下5桶留在原地。

虽然今天已经走了不少路，但大家还是卯足了劲朝前赶路，直到天色渐暗、看路面不清才宿营。计算一下，今天一共走了128公里，虽然很累，但大家情绪高涨。心理距离上离中山站已经很近了。

2009年2月19日
星期四

下冰盖的一路上，我和小曹在找竹竿方面成绩斐然（除了偶尔有一两个竹竿被遗漏，其余大部分竹竿都被我们找到了）。我们本是一片好心，因为我们在前面找到竹竿，李队长跟着我们的车辙印就能顺利开到竹竿边上，进行相关测量，这样可以大大减轻他的负担。

但是李院生队长并不领情，几次三番向我俩提出，他自己能通过车载雷达找到竹竿，让我们不用管。开始以为他是开玩笑，因为大家都知道，雷达找竹竿的效率是很低的。但今天早餐时，李队长再次郑重提出，不需要我们再帮他找竹竿了。百思不得其解，真是不识好人心。好吧，我们今天就不找竹竿了。这样我们要轻松得多，于是我们一路以16公里的时速朝前“奔跑”，非常惬意。

之前我们在这段路上留下了几桶油，用GPS标记了位置，今天几乎没费力就找到了它们。美国的这个GPS系统确实值得表扬，实用得很。在这种广漠的雪地上找几个油桶，就像在北京那么大的一块平地上找颗花生米一样，没有好的定位系统是不可想象的。

没高兴多久，我们的车又出情况了，还是同前几天一样，发动机无力，开起来像哮喘病人似地直喘气。次旦也不知在哪儿，没有来帮助念经。我们就这样吭哧吭哧地走了10公里远，突然间，车子又没有任何先

兆地就恢复了正常。我和小曹都很担心这车能否坚持到中山站。

太阳落到地平线附近，又从新“升起”，大冰盖被染上一层暖色。

趁加油时检查，发现整个过滤器被冰雪罩住了，四周都结着很硬的冰。这台车反复发生这种情况，但是其他两辆PB300都没事。我们又换了一个过滤器，把换下来的过滤器外面的冰敲掉，放在夏立民书记的卡特车驾驶室内，因为卡特车内特别暖和。事后夏立民说，过滤器外面虽然看不到冰，但热气一烤里面就流出很多水来。

下午车又出现发动机进气不足的现象，坚持到油耗尽时，终于跑到了离中山站340公里的DT023点，干脆停车宿营，早点休息。

因为大部分任务业已完成，有些队员开始犯懒。中途停车，姚旭吊装油桶时，没有人下车帮忙。老崔终于发火了，他这股气已经憋了好几天了，拉开后车厢门就开骂，几个队员这才下来工作。真是奇怪，这些队员在去Dome A的路上和在建设昆仑站的过程中，工作态度都那么积极、主动，可是现在，好像换了一拨人似的。

2009年2月20日 星期五

本打算再装一套磁力计和地震仪，但今早又是一个白化天，只好继续赶路。随着海拔下降，气温有所回升。目前白天气温在零下15～16℃、晚上在零下18～19℃左右，温度高了，但地吹雪和暴风雪却越来越厉害。不过，这种风吹在脸上，与零下40℃时被风吹的感觉有很大不同，没有那种明显的因冷而疼的感觉。

虽然特地更换了空气过滤器，但出发不久，我们领头车“哮喘”的老毛病又发作了。这一阵子它天天犯毛病，好在既没耽误行程，也没彻底趴下，还经常能不治而愈。所以不管它，我们照开不误。

很快到达DT 003点，距离中山站300公里。离中山站越近，DT编号的数字越小，DT003就是中国人在冰盖上设的第三个点。路上还有澳大利亚的定位点，是以LT开头，离中山越近，数字越大。再朝前走6公里，就是DT 001，那是10年前第15次内陆队初次涉足冰盖时放置的，是中国人在南极冰盖插的第一根竹竿、做的第一个标记，因此意义重大。来时我们还停车拍照，但今天再看，这细细矮矮的竹竿，觉得没有太多特别的地方了，心理变化真大啊！

下午加油时，兵分两路，分出二组人马分别去安装磁力计和地震仪。等到李队长他们赶上来的时候，我们已经加完油、安装完设备了。真是高效自觉的队伍！

傍晚，我们到达距离中山站248公里处的澳大利亚标记点LT 903。当时参加先遣队送油，目的地就是这里。这是我第四次经过此点，那几天的事儿历历在目，却好像又是很久很久以前的记忆。记得那次送油的归途，我们是在一天之内就赶回到中山站的。所以到达此点，我又亲切，又感到更安全，已经进入直升机可以到达的区域，大家心理上更加踏实了。

我同李队长开玩笑，说如果他再有拖泥带水的举动，我就晚上一人偷偷开车直接回中山站。本是一句玩笑话，但李院生队长居然信了，跟我做了一次认真的谈心，告诉我如果一个人回去，路上还是很危险的。

归心似箭，我们想继续赶路，扩大战果。叫小马的卡特车把留在此地的30桶油悉数吊上雪橇，大伙又朝前进发。不过仅仅开了1公里左右，白化天越来越厉害，四周一片白茫茫，而且天色开始发暗。前后车互相看不清了，整个队伍在冰盖上拉开了很长距离，尤其是李队长，还远远地落在队伍后面十几公里的地方。老崔认为这样很可能发生危险，决定立刻扎营休息。

虽然还没有真正的“黑夜”，但天色变昏暗的时间越来越早，为行路带来了较大的障碍。回想起刚进冰盖时，一天24小时阳光高照，想干到晚上几点就干到几点，而现在有时间限制了。

听说现在中山站已经有真正的黑夜，并能看到极光了。随着海拔下降、气压上升，发动机的燃烧效率明显提高，同样加一箱油，现在能跑的路程比以前远多了。而接下去的250公里的距离内，海拔要下降2公里多，下坡路又会省下很多的油。照这个进程，不出意外，两三天就可以凯旋中山站了。

与中山站联系，现在杨领队正跟着雪龙船在附近洋面上进行科考活动，可能要到2月22日或者23日才能回中山站。站里让我们控制好时间，等杨领队回到中山站后我们再到，便于领队亲临欢迎仪式。李院生队长的意见和大家一致：我们还是尽快朝中山站靠近，离中山站越近，环境和气温条件越好，我们就越主动——宁可在中山站附近等待，也不能在冰盖上磨蹭。

2009年2月21日 星期六

今天顺利找到了那辆损坏的PB240车。车周围被风吹而积的雪足足有半米高，像一道围墙似的。拆去包在车外面的篷布花了大家不少力气。它埋得太深，雪橇很难放到车下面，老崔指挥着小曹用PB300前面的雪铲一次次地将PB240前面的雪推开，清理出车前的积雪，才把车拉出雪坑，用吊车吊上雪橇。在这期间其他队员都给自己的雪地车加满了油，队长的车此时赶了上来。

再次出发后，我们在路上找到预留的14桶油。经过详细计算，我们觉得回去路上用不了这么多，只取了4桶，余下的留给明年的科考队。车队一过150公里处，立刻感到有明显的下坡，耳膜上有了明显的压力改变的反应，和飞机降落时感觉一样。我测量了一下，从150公里到140公里仅仅10公里的路程中，海拔下降了100米左右，果然是一个大下坡。同北京八达岭高速公路的“死亡段”的坡度有一比。

跟曹建西一起开头车，一路上相处得很愉快，感觉很好。头车能决定行进的快慢，还能参与决定加油和宿营的时间地点。来的时候我一直以为自己开PB300开得还不错，现在跟小曹一起，认识到还有很多经验技术可以学习。

一路上我与小曹海阔天空地聊天，从生活现象到哲学观点，从工作、恋爱，到国外留学，倒也不寂寞。曹建西很聪明，思想也比较活跃和开放，别看他平时不太说话，但说开了还挺能侃，并且挺有自己的观点和想法。

不聊天时，我就一幕一幕地回忆往事，亲朋、好友、同事，与他们相关的各种各样的经历等，像放电影一样在脑海里闪过。有时觉得自己在有的方面很幸运，嘴角不由自主地露出一丝微笑；有时想起难过的事儿，心里会含着一份凄苦；几乎每天耳边都能回响起不同时期的特殊歌声，印证自己一段段的经历。

我从来没有过这样充分而且安静的时间来耐心地回忆和思考。在那无垠的旷野中，经常觉得一切都想通了，什么都看淡了，生活的真谛似乎也领悟了。但回到实际生活中，这种在特殊环境下突然变得豁达的心态能持续几天呢？

下午6点左右到达LT 955，若非油用光了，大家还会继续朝前赶。今天走了110公里，现在海拔1647米，气压809毫帕，已相当于正常气压的80％了。天气已经比较暖和，气温在零下15℃左右。我甚至可以不戴帽子和手套短时间在外面逗留了。6点多时天色变暗，太阳摆出一副要下山的样子，但实际到半夜天还是灰沉沉地亮着。

现在距离中山站140公里，路上又没有其他任务，一鼓作气，一天就能回到中山站。不过这么做的话，就要在晚上八九点钟到，领导们不好安排接风、庆功。剩下的路途得由领导的时间安排和新闻报道这些因素来决定了。

2009年2月22日
星期日

离中山站越近，大家心情越愉快、越舒服，因为苦日子就快要过去了。到距离中山站68公里的点，这是一个著名的集散点，澳大利亚和俄罗斯的内陆队去冰盖时基本上都要路过这个点（我们发现俄罗斯队在这里存放了航空煤油）。我们这支内陆队出发后的第一个晚上就曾是在这里宿营。故地重游，记忆犹新。

挖出了预留的油桶，正要重新出发时，突然从对讲机里传出了一个声音："内陆队，内陆队，我是直九飞机，我们过来看你们了。"当我们靠近中山站时，这种玩笑一路上不知道开了多少。就在昨天，我还刚刚冒充中山站呼叫过昆仑队，也居然有几个人上了当。

"狼来"的次数多了，今天的这种呼叫一听就是个玩笑，中山站的直九飞机怎么可能飞到68公里处来见我们呢？李侍明副队长严厉地在对讲机中斥责："你们要再瞎说，我就把你的飞机打下来！"

但那边还在继续呼叫，李侍明正准备发更大的火，却看到天边真出现了一架直升飞机，那可是真的！真的是秦为稼副领队带着中山站的人来看我们来了！那呼叫的人就是秦领队。

秦领队一下飞机，第一句话就问"你们谁想把我们的飞机给打下

夕阳把营地染成一片暖色，这里是我们在冰盖上临时的“家”。

来啊？哈哈！”他一定以为，两个多月与世隔绝、历经磨难的生活已经把这支队伍变成一群疯子了。和秦领队一起过来的还有极地研究所的糜处长、人民日报记者余建斌、新华社记者刘奕湛、科大研究生罗宇涵，他们给我们送来两箱苹果、梨和一些香烟。

慰问品是象征性的，但对我们来说已感到无比的亲切和温暖。走时他们留下一句“明天中山站见”。目送着直升机离开，我们的心也随着回到了中山站。

我们继续赶路，一路海拔急速下降，就好像即使不踩油门，车也能自动朝下开似的。不久就有人兴奋地欢呼：“在我们左边看到大海了。”大家一看，真的看到细细的一条海岸线。而这些海面在我们来时路过的时候是完全冰封的，界线也不清楚，所以现在是我们第一次真正看到海湾的颜色。

下午4点半，我们到达距离中山站35公里的地方。队长决定宿营，因为剩下的路真的是一口气就能赶到。晚上我们将剩下的油全部加到车辆里，这可能是在南极冰盖上最后的一次加油，多么令人兴奋！

晚上大家畅想到中山站后，如何舒舒服服地洗澡、换衣服。一想到洗澡的美妙感觉，真让人迫不及待。我现在全身里里外外脏透，头发像杂草，毫无发型可言；头皮里长满了疮包，背部和腿上都是毛囊炎，抓起来痒且疼。我知道自己肯定像野人，因为队友们看起来都像野人。但身体还算健康，只是小腿和胳膊好像变细了，也不知道是什么原因。

我详细罗列了一下到中山站后要做的事，居然列出了20多条。习惯性地按重要性和紧急程度分类，心里一次又一次地细细盘算，抑制不住的兴奋。

27 | 凯旋！我们是历史的创造者

2009年2月23日
星期日

一大早醒来，根据天色估计应该有6点多了。过了很长时间不见大家起床的动静，看表才发现，刚刚凌晨4点半。反正睡不着，满脑子反复念叨着、重新计划着到中山站后要做的事。事后被李队长和老崔笑话，说我心情太过激动。

今天不用着急了，慢悠悠去做准备工作。首先是安置我的宝贝血样标本：把它们小心放到冻盒里，在BP300车后平板的积雪上挖一个很大的雪窟窿，将冻盒放进窟窿内并用冰雪盖好。因为进入中山站区域后气温会上升，标本需要冻存保护，到达中山站后立即移到零下40℃的冰箱里。取血过程中产生的生物垃圾也要打包，以便运回国内处理。

我还有一件珍贵的纪念品——从Dome A带下来的雪水，我把它放置在我自己的雪地车上，防止到达目的地后，卸货时忙乱而搞丢。最后一件准备工作是，将自己的行装作了彻底的整理，把那些不要的衣服和物品悉数放入垃圾包里。收拾剩下的“细软”，准备随身带回中山站。

8点多，全体队员都整装完毕，坐在各自车上等待出发命令。可等了1个小时，还没动静。焦急心态开始以各种形式表达出来，有的很直接：可以出发了吗？有的比较含蓄：某号车已准备完毕，可以出发。其他车辆如法炮制，连贯报告：准备完毕。意思是就等你队长的命令了。队长显然知道大家的心思，不久正式下令出发，各车顺利地起步了。我和小曹还是开领头车。

根据老崔的经验，最后10公里路会非常不好走，因为那地区在白天有雪融化，晚上会结冰，再加上地吹雪，冰面上又盖一层薄雪……总之非常滑，且一路都是陡峭的下坡。下坡甚至比上坡更危险，除了担心雪地车打滑，更可怕的是后面雪橇在下坡时加速，越滑越快，撞上前面的雪地车，发生车祸事故。老崔讲去年在这一段路上就差点发生这样的事故，故提醒大家一定要小心。

话是这么说，但大家心底里并没有多少戒备之心，开了两千多公里，什么风险没见过？现在快到家了，还怕什么？所以我们一路狂奔下坡，开得非常快。队长反复提醒下坡要减速，可是真正听进去的人很少。我理解队长，这是我们旅程的最后一段，胜利在望，不能出任何差错和事故，要尽量给这次行动画上一个圆满的句号，不能最后关头“晚节不保”。

很快就看见真正的海面了。海水颜色深蓝，显得很沉稳，不像人们心中海水的颜色。远处漂浮着似乎永远也化不了的冰山，它们呈现出淡淡的蓝色，浅而亮。海岸上的拉斯曼丘陵，山坡上露出深棕色的泥土，让人有回到现实的踏实感觉。浅海滩上，海水是一片灰蓝色。

对于习惯了茫茫白色的我们来说，现在能看到三种别的颜色，真是莫大的享受。两个多月来，我们首次重新看到自然界色彩的变化，突然感悟，这世界原来是这么生动多彩，眼睛和心灵都为之一亮。体会到只有失去过才能真正了解拥有的珍贵。队员们在对讲机里欢呼雀跃，有的发出怪声和嚎叫，纵情释放自已的情感。

一路上不断有人试图用对讲机呼叫中山站，然后立即会有很多假冒的中山站通讯员出来答复。在距离中山站20多公里的地方应该能呼叫到他们，因为此地正好在一个高坡上。果然不久以后，真的听到中山站的答复了。这次肯定是真的，因为对讲机里传来的是小罗美妙的女声，她受队里委托一直守在对讲机边上，等待同我们进行联系。

很快看到了俄罗斯进步站旁边的机场了。从高坡上远远看去，机场跑道边上的两排黑色标记物，就像我们在昆仑机场跑道两边竖的小黑木板一样，它们在雪地上连成两排，颜色黑白对照，显得格外清楚。李队长指挥我们将车辆在机场跑道的左侧一字纵形排开，因为机场附近是一个冰裂隙区域，但飞机跑道附近是安全的。车队每隔10米一辆，排列成近1公里长的阵势，蔚为壮观。

再观察曾经奋战过的“出发地”，熟悉而陌生：当时离开时，这里的雪面被我们的车搅得一团糟，就像是春天开荒时翻腾过的田地一

远征冰盖后胜利归来的内陆队。中山站的直升飞机从空中拍下我们的车队。

样，几乎没有一块是平整、完好的。但此时却发现，雪已经把地表严严实实地盖住了，就好像重新进行了包装，这块地方已经被彻底“打扫干净”了。若不是尚能辨认出一些留下的物品，已经很难相信，这块地就是我们曾经反复布局过的出发地。

根据事先的安排，所有雪橇暂时留在出发地，人员带上随身行李，挤进4辆卡特车和3辆PB300车里。李队长由于所带行李实在太多，只能带回部分。曹建西还带着一个单板的滑雪板，原以为可以在无边无际的雪原上纵情滑一次雪，想法很浪漫，但实际上一次都没用上，只好原封带回去。

整支队伍在12点45分重新出发，完成我们最后的一段旅程。这段路我们来来回回已经跑过多次，但可能是由于期间下雪的原因，发现有些坡度比原来要陡得多了，雪面也滑了很多。我们非常小心地驾驶。到了鹰嘴岩附近，发现这里的坡度更是比以前大了很多。为了安全起见，队长让老崔下车探路，他边朝前走边用铁棍杵着路面，一直走到坡下，用铁棍标记出安全区域后，才指挥着雪地车一辆一辆慢慢通过。

车队过了两个湖的连接处后，终于到了最后一个大坡——“俄罗斯大坡”，它属于兴安岭，翻过坡后就是俄罗斯进步二站，离中山站就只有1000米了。由于堆了更多的雪，上坡变得更加困难。PB300车重心低、履带抓地性能好，还能顺利通过。卡特车重心较高，履带进

到达出发地附近的机场边，我们能再次看到大海了，中山站就在前方，胜利在望！

雪又不深，开起来很困难。

小曹用PB300前面的雪铲开路。不得不承认，小曹用雪铲的水平在内陆队真是无人能出其右。推完雪后，夏立民书记和小魏驾着卡特车第一个朝前试了一把，但是车开到半途就开始打滑，并出现车身扭转现象，非常危险，赶紧退了下来。

仔细检查路面发现，该段路有好几处下面有曾经溶化的雪结成的冰，不要说是车，就是人步行也明显打滑。李院生队长想把所有的车运回中山站，大坡过不去，他就沿着兴安岭边上朝前探路，试图找出一条蹊径回中山站。但5分钟后他就回来了，因为实在没有别的路能绕。只剩下一个可能：先将PB300开回站里，4辆卡特车暂时留下，以后再说。

中山站不断地呼叫我们，为我们准备的午饭已经热了凉、凉了热，折腾好几次了。队长最后决定先用PB300将部分队员运回中山站，再回来接其他队员。队长和老崔是队中的灵魂，所以最后一段回程路就由他俩开领头车。前后的车都打开所有的灯，让车同我们的队员显得一样的兴奋。

中山站已经派了一辆雪地摩托等候为我们引路，大家很快到了中山站站区。

站区一片敲锣打鼓声，站上全体人员都集中在站门口欢迎我们，站内拉起了“欢迎内陆冰盖队回到中山站”的横幅，气氛非常热

烈。秦为稼副领队亲自在外面迎接，车刚停下，中山站的队员们就迎上来和我们紧紧地握手、拥抱。大家非常激动，但是流下热泪的大部分还是迎接我们的队员，而内陆队员的反应稍显麻木。

经过这两个多月的艰苦跋涉，我们已经被折腾得不成样子了，一个个又黑又瘦，头发乱糟糟，头上和身上长满了疮包和毛囊炎。我下车的时候有很多人涌过来同我握手、拥抱，几分钟后，一大部分人又重新来和我握手、拥抱。因为第一次他们根本就没有认出来我是谁，定下神才认出我是毛医生，所以又过来重新握手、拥抱。

等到第二批队员回到中山站时，举办了一个简单但隆重的仪式，李院生代表全体内陆队员正式向秦为稼副领队报告：内陆队胜利完成任务，全体队员毫发无损安全返回！

现在，我们最重要的任务是洗澡换衣服。中山站专门为我们烧了很多热水，在我们到达后的一段时间里，除了内陆队员，其他人员一律不准洗澡。我狠狠地、彻底地洗了两回澡，从头到脚无比舒畅！从来不知道洗澡可以这么享受！据说在内陆队洗澡过程中，下水道一度淤堵，可能是因为我们身上的淤泥实在太厚了。

晚上当然是庆功晚宴，大家热热闹闹地一顿好吃好喝，可以想象场面热烈之程度。李队长、老崔（老崔几乎是不能喝酒的）、次旦等队员都喝多了，我也多喝了一点，但还没有彻底醉。

李院生队长是醉得不行了，我太能理解他了！几乎是不可能完成的千斤重任终于顺利圆满地卸下，所有的重负突然释放，这个时候能不喝酒吗？能不喝多吗？李队长聚餐后带着醉意，敲开每个内陆队员的房门，坚持要在每位队员的脸上重重地亲一下，并口齿不清地说一声：谢谢。李队长平时可不是能做出这种举动的人啊，很多队员在回到中山站那一刻没掉过泪，但在这一刻流下了男儿的泪。

今天从体力和情感上都有较大消耗，晚上一身干净地躺在舒适、温暖、真正的床上，太舒服了！这一晚睡得真好。

2009年2月24日
星期二

中山站室外温度是0～-2℃，相对冰盖来说，真是非常舒服，室内更是暖和，穿一件棉毛衫就够了。

我无所事事、到处游荡，真是彻底放松的一天。发现两个多月的时间里，中山站各方面进步很大。多出来好几栋房子，包括巨大的新综合楼，新的大容量的车库，两个垃圾焚烧处理站，海边山顶的观景楼，还有一个巨大的圆球形的天线。有些还没完工，但外表模样已经显示出来。等这些建筑彻底完成后，中山站就会是很棒的具备国际水平的南极站了。

另一个大变化是通讯改善，这里居然可以上网了！这是一个巨大的进步，因为现代生活离不开网络，没有网络就意味着同外面世界是隔绝的。能上网，立刻感到同外面世界离得并不远。大家都认为现在中山站再招人就不难了，至少可以同男女朋友在网上聊天，不怕寂寞。

站长为了照顾我们这些在冰盖上闷了很久的可怜的人，暂时把上网优先权让给了我们，每个人拿到一个用户名和一个密码，据说将来有一天要“适当”地收取一些费用，但反正现在还没有费用一说，就使劲地上吧。只是上网速度不快，有人自觉地将上网时间挪到半夜，可很快发现，大部分人又在半夜撞车了，居然这个也是“英雄所见略同”。无论如何，我还是好好地过了一把了解新闻的瘾，了解一下这世界在这两个月间发生了什么。

以前中山站用美国人的卫星电话，不但贵而且不方便，音质也不能让人满意。不知用了什么先进技术，现在他们接通了国内的电话，在中山站拿起电话，就相当于在国内的上海拿起电话，如果是打给上海，收的是上海的市内电话费，如打北京电话，就相当于从上海打到北京的国内长途电话！中山站的进步也同国内的发展一样，可以用日新月异来形容，真是三月不见，当刮目相看了。

发电栋的一个工作人员有业余理发水平，只是他的作品形式单一，不管你的头型如何，都会被赐予同一种发型，就是国内所称的“马桶盖子”。这哥们儿人挺热情，来理发者有求必应，而且分文不收。在遥远的南极，又几乎是清一色男性队伍，当然不会计较发型问题，只要理短了舒服就行。我找他理完发，又洗了一个澡，轻轻松松走出发电栋。半路上被老崔撞见，一眼就认出我的发型来自发电栋。

中山站附近的海水处于半化状态，海面上有很多浮冰，这些浮冰堆在一起，看起来海面上好像没化冰似的。浮冰上面懒洋洋地躺着很多海豹，它们似乎一直是处于睡眠状态，基本上不活动，更没看见它们捕食，对于我们的到来以及周围环境的变化一概不感兴趣。就那么安静地躺着。这样的生活有什么意义？

倒是那些企鹅们，总是不停地在附近山坡上好奇的来回走动。企鹅是一种非常奇怪的动物，动作迟缓、憨态可掬。一般情况下用两只脚走路，双手撑开一摇一摇的；它们还可以把肚子贴在地上，用两手两脚交替划地滑行，滑的速度比走快得多，它们在受惊吓时常用这种方式快速逃脱。

根据气象预报，由于中山站附近海面上有气旋，所以外出进行大洋科考的雪龙船暂时还回不到站里，可能要明天下午或后天早上才能到达。如果杨惠根领队一行能在26日晚上以前到达中山站，那就能赶上中山站的站庆活动。

胜利完成昆仑站建站任务，回到中山站，我们受到热烈欢迎。

2009年2月25日 星期三

回到中山站后，很多在冰盖上养成的习惯都要一一改回来。首先是洗碗的习惯：我们在内陆的两个多月时间里，没有条件洗碗（因为水太紧张太宝贵），有人还发明了一种“无水洗碗法”，就是在吃完饭后，将碗倒扣在雪地里，用脚猛踩，将饭碗完全踩入雪里，再用脚踩着转上几下就成。后来也有人用装食品的薄薄的塑料袋罩住饭碗，食品盛在塑料袋上，吃完饭将塑料袋一扔了事。

回到中山站后，要到水龙头底下去洗碗，一开始还真有点不习惯。当水龙头打开，水哗哗流出来时，就有一种特别奢侈的感觉，简直不敢让水多流一会儿。在欧洲生活时，西方人曾说：用水程度代表文明程度。古罗马人在一千多年前就创造了公共洗浴池，代表了当时的文明。我那时不好意思同他们争辩，贵妃出浴的故事其实发生的更早。

内陆队完成了艰巨的建站任务，终于可以在中山站放松一下，享受一下南极风光。

另一个习惯是憋尿：回到中山站后，半夜内急被憋醒时，总是习惯性地忍一会儿，这个习惯是在冰盖上养成的。在冰盖上，半夜出去解手所受折磨的程度远比憋尿更甚。有人准备了空的塑料瓶作尿壶，但使用起来却非常不方便，由于没有重力作用，躺着排尿很费劲，需要一段专门的训练。现在半夜醒来，总要彻底清醒才能领悟已经不需要再憋尿了，温暖的房间里就有卫生设备。

下午秦为稼副领队引领着我们几个人参观了新综合楼，新楼规模比老楼大很多倍，里面不但要修建餐厅、厨房，还会有体育运动馆、文化休闲馆等，最让人惊讶的是，里面会留出4～5个房间，作为一个小型医院。将来，中山站要扩展到一个可容纳200人的站区，设施更加完善的新住宿楼也正在规划之中。我想不久以后，在南极中山站工作，可能不再是一个“艰苦”的代名词，如果想到世外桃源躲躲清静或是情债什么的，这里可能是一个独特的选择。

次旦算出来今年的2月25日是藏历的大年初一，没有佐证，对此谁也没有发言权，反正有节过总是令人高兴的事。晚上内陆队部分队员又聚在一起，跟次旦庆祝藏历新年，开始喝酒。次旦定下了规矩：他一个一个地敬过来，能喝的一起干一杯，不能喝的就唱一曲代酒，次旦喝一杯。三巡下来，次旦等不到别人唱歌，他就主动喝下一杯；五巡过去，次旦站在每一个人面前，先替你唱上一支歌，然后再替自己喝掉一杯酒。藏族人就是简单、豪爽，我喜欢。知道他一定喝高了，扛回宿舍睡觉。

2009年2月26日
星期四

还没起床，就听到直升机的声音。不久走廊里传来了姑娘们的说话和嬉笑声——很长时间里没有听到这么美妙动听的声音了。大家赶紧起床，简单梳理后就出门了。原来雪龙船已经靠近中山站了，今天下午就举行庆典仪式，而船上的5名女队员先“飞”了过来。

雪龙船上的5名女队员，加上已经在中山站的小罗，6个人几乎是25次南极科考队的所有“家底”。她们大多是从事跟气象、海洋、地质有关的科研人员，大部人一直在雪龙船上工作，今天算是第一次真正踏上南极大陆，兴奋之情溢于言表。有了女同志，站里的气氛立刻截然不同，活跃了很多。

几个姑娘要利用有限的上岸时间，尽量在中山站附近多活动，看看风景、照照相，也算没有白来一次。女队员在南极科考队里的宝贝程度可以想象，所以她们的要求很容易得到满足。我和小曹接到命令，开一辆PB300车带她们去俄罗斯进步一站和附近的澳大利亚劳基地（Law Base）兜兜风。李队长还特地嘱咐，下午2点前必须回到中山站，不准在外面玩疯了，不准耽误庆典仪式。

一行人从中山站出发，女队员们个个捂得严严实实，防寒措施齐备，这里零下10来度的气温，对我和小曹来说，已经算不上什么了，俩人连帽子都没有带，我甚至没有戴手套，穿的是中山站区的比较单薄的夏装。小曹开车，副驾驶座自然该留给女队员，我主动退居后车厢，跟另外5位女队员坐在一起，给她们讲冰盖上的各种故事。她们非常兴奋，对冰盖内陆充满了无限向往。

一路上欢歌笑语，很快就到了澳大利亚的劳基地，这里有一些简易建筑，包括一个厨房、几个睡舱和一个工作舱。澳大利亚人会定期来这里进行科考活动，但平时没人。所有的门都没有上锁，其他各国人员可以随意进入，根据需要使用任何设备。可以想象，如果探险队员遭遇暴风雪或其他意外情况，能找到这么一处避风雪、有补给的公用设施，一定会像抓住救命稻草般的感动。

我们走进厨房，里面设施齐全，像一个标准的西式厨房，电烤炉、咖啡机等一应俱全，甚至还有简单的面包类食品和一些西式佐料等。桌上有个翻开的大本，里面登记着来过的人。在这个本上，你能看到谁在什么时候曾经到过这里，很有意义。女队员们好奇心重，她们把所有橱柜都翻个遍，看看里面究竟有些什么东西，然后再一番点评。之后还摆出各种POSE拍照留念，如同到了旅游景点。

离开劳基地又去俄罗斯进步一站（这里曾是我认识南极冰盖的第一步），又是一通拍照。回来路上再次经过俄罗斯站前的大坡，遇到一辆俄国人的装甲车运水回来，正在努力地爬坡。

由于雪太厚，装甲车抓地不深，怎么都爬不上去。我提出帮他们一把，可倔强的老毛子还是努力地朝上冲了好几次，差点从坡上倒着滑下来。最后还是在我们的PB300后面系了一根钢缆，连拖带拽地把装甲车朝坡上拉，它自己也开足马力向上拱，终于上到了坡顶。

这时他们突然发现我们车里居然有女队员，我们打开后车厢门，让姑娘们一起向俄罗斯人挥手，大声喊“哈罗”。俄国人吓了一大跳，在这南极旷野中，怎么突然冒出这么多姑娘来？在姑娘们的嘻笑声中，老毛子个个瞪大眼睛，好久没能回过神来。

下午4点，庆典活动正式开始。还专门邀请了澳大利亚南极凯西站站长和俄罗斯进步二站站长等人参加，他们分别坐直升机和装甲车过来。内陆队员们胸带大红花站在最前排，领队、站长和内陆队长依次发言后，两位兄弟站站长分别做讲话。

澳大利亚站长的英文发言还能听懂，但俄罗斯站长的俄文发言大家却一句也听不懂，他带了一个翻译。可是俄国站长滔滔不绝地讲了一大段，那翻译好一阵思考，最后只翻译出来一句“Thank you all”，引起台下一阵善意的笑声。

尽管没听懂，但从肢体语言上我们还是能读出，他是在对我们的成绩表示祝贺。之后大家在新修的车库大厅里烧烤，食堂人员拿出了所有家底，烤得满屋香味。大家就着啤酒和饮料一顿好吃，聊得也非常开心。

庆典结束后，四架直升机依次启动，俄罗斯人的装甲车也开了起来，一时间在中山站出口处狂风四起，天上直升机、地下装甲车一齐开动，如同战争片场面一样壮观。

中山站前的莫愁湖水面开化了，它给中山站增添了一道美丽的风景。

第七部

家门口死里逃生

庆生、极光、裸泳，中山站的欢乐时光

一波三折的圆满句号

28 | 家门口死里逃生

2009年2月27日
星期五

不知不觉，内陆队回到中山站已休整了4天，谁都没有想到，今天会是如此漫长的一天，不仅出现了车辆损失，而且还有同伴与死神擦肩而过。

今天内陆队员们有3个任务：将所有停放在俄罗斯大坡下的4辆卡特车运回中山站；整理留在出发地的雪橇；到35公里处取回冰芯样本等需要冰冻的物品。

全队人马很快到达俄罗斯进步二站旁的大坡，对面停着4辆卡特车。队长决定先将两辆没有吊车的卡特车运回站里，留下另两辆去出发地整理雪橇。卡特车自重大、重心高，履带抓地浅，在雪地里上坡很困难。我们采取昨天拉俄罗斯装甲车的办法，用PB300挂上钢索拖它们。

仔细观察地形，我发现，真正需要PB300出力的是坡的四分之三路段，尤其是有五六米的路又陡又滑，过了这里，就能顺利上坡了。这段路是卡特车上坡成败的关键，如同人在遇到似乎无法克服的困难，这时如果遇到援手，也许他就挺过来了，以后的命运就会因此而不同；要在此时松一下手，将会是另一个结局。看来人生历程和爬坡有相似之处。

第一辆车成功上坡后，队员们如法炮制，将第二辆卡特车也顺利地拉上了大坡。队长指派两位宝钢队员将这两辆卡特车开回中山站。第一场战斗打得很顺利，大家士气高涨。

下鹰嘴岩陡坡时，我们遭遇严重事故，雪地车一侧履带完全断裂。

剩下的队员们直奔出发地。我们计划把雪橇拉到俄罗斯进步一站，那里雪小，有利于雪橇存放，可以留给明年用。从出发地到进步一站的实际距离不到4公里，但是一路上有较大的下坡和拐弯路段。

在出发地4天前放下的雪橇，已经有部分被雪埋住，好在雪面非常松软，不难清理。我和曹建西依然还是开PB300当头车，挂上了3个雪橇准备往回返。李队长和老崔反复叮嘱：到了鹰嘴岩后，会有一个较大的带拐弯的下坡，一定要非常小心，去年此处就发生过险情。

他们要求我们采用两种方法：一是将后面的雪橇拆分，逐个运过鹰嘴岩；二是将雪橇和车之间的钢索连接（软连接）改成雪橇和车的直接连接（硬连接），这样即使后面雪橇追上来，也只是顶着雪地车的屁股，而不会从侧面超过它进而拉动雪地车引发危险。但是，我和小曹充满了盲目自信和过度乐观心理，队长和老崔的话并没有听进去多少。

我们顺利通过了一段2公里长的下坡，速度不慢，没有发生后面雪橇因滑动过快而同前面雪地车“追尾”的事故，心里难免有点小得意。到了鹰嘴岩，两人都有点被胜利冲昏了头脑，一致认为无须做复杂繁琐的分解动作，决定一口气通过鹰嘴岩。

我下车站到转弯处一个视野较好的小坡上，用对讲机指挥小曹开车。最初的10多米，车子还比较平稳，车和后面的雪橇能顺序下来。但到了转弯处，坡度急转直下，我突然发现后面雪橇下滑速度越来越快，眼看就要撞上前面的雪地车了！情急之中冲小曹大喊：后面雪橇追上来了，加快速度！但随着小曹车速加快，雪橇速度也更快了，而且下冲的惯性也更大！虽然在冰盖上经历了种种风雨险阻，但我对眼前的情况完全没有经验，拿着对讲机不知该如何指挥，愣在那里，眼睁睁地看着雪橇朝前冲。

雪橇很快从左后方超过雪地车，因为雪橇同雪地车之间有钢索连接着，雪地车被巨大的拖力甩了出去，我听到令人毛骨悚然的霹雳喀喇的响声，知道雪地车已严重受损.几秒钟后一声巨响，雪地车又被猛然甩到雪橇前面，轰然停住！

我彻底呆住了，以为小曹肯定没命了，但忽然发现车门动了一下，曹建西同志居然慢慢地从车里爬了出来。我飞奔过去检查，身体各部位居然都没严重受伤。这种车祸情况下还能全身而退，只能说是福大命大！

回头再看那辆PB300，左侧履带5条强大的皮带完全断裂，履带的铁链已经脱了出来，车子倾斜地插在一个雪橇前面。后面雪橇一个接一个撞在一起，连接处几乎全部被撞坏……惨不忍睹！

杨惠根领队今天亲自参加了这次任务，本来想体会一下冰盖运输的情景，也可见证这次任务的圆满收尾。他和李院生队长在一辆车上，很快到达了我们的车祸现场，目睹了雪橇和雪地车的严重碰撞和损坏，心里当然不是滋味。我们没按要求操作，李院生队长很生气，对我们进行了严厉批评。

批评完之后，接下来还得干工作。先把雪橇一辆一辆拉到安全的空地上，再用硬连接运下坡，排放在进步一站。其实鹰嘴岩距离进步一站只有600米，拆分后运输所花时间并不长，真后悔当时头脑发晕造成现在的损失。后面到来的车都严格按队长说的操作，没再出事。我们那辆PB300，孤零零地留在鹰嘴岩的半坡上。

全体人员在进步一站集结后，计划先将装有2辆PB240和1辆PB300的三个雪橇运到俄罗斯大坡下，那辆PB300就是我的“小黄斗”。这三个雪橇分量最重，路途上可能存在一定的挑战，但它们需要被运回中山站进行修理，也许还需要用雪龙船送回国内修理，因为明年很有可能还要用它们。

从这里到俄罗斯大坡，比较困难的路段是两个湖的湖边。我们出发去冰盖时，湖面完全冰冻，可以借道冰面，但现在湖面大部分已经融化，只能在坡度很大的湖岸行进，而地上雪很厚，负重的车辆会很难走。

李队长用PB300车在前面推雪，尽量露出泥土路面，减少下滑的可能性。卡特车拉着装载雪地车的雪橇跟在后面，两者重心都比较高，从后面看，倾斜得好像都快要倒下去似的。最终，所有车辆都安全地通过了。卡特车旋即返回，去拉下一批物资。

两个较轻的雪橇都很顺利地被拉过俄罗斯大坡，运回了中山站。剩下一个“硬骨头”——把装着“小黄斗”的沉重雪橇拉过大坡的任务依旧是由我和小曹完成，我们开始稍作心理准备，开足马力一股劲地朝坡上冲，但是当车到达坡的四分之三处时，明显感到动力不足，车在坡上停了下来，并有朝下滑动的趋势。如果被雪橇拖着倒滑下去，那后果不堪设想。赶紧拉住刹车，车和雪橇就僵持在半坡上。

李院生队长也赶来帮忙，他在他的车后挂条钢缆连到我们车的前面，前后两辆PB300一起发力，终于将那个雪橇拉上坡顶。李队长的车同我们脱钩后，就接着去帮助其他车辆了。我们开始慢慢顺着坡朝下开。

真是应了“上坡容易下坡难”的老话，眼看着一步一步快要到达坡底的时候，出现一段很陡的坡路，后面那个载重量特大的雪橇直接冲上前顶住了我们车的后屁股！好在是硬连接，不会又出现上午的惨剧。但是，PB300处在严重受推挤状态，只要一松刹车，车就被顶出去一段。更糟糕的是，在这种状态下方向盘已经不起作用，车头不断被顶向左上方。

不久车子就被挤出土路，前面履带开上了路边的乱石堆上，而车屁股被雪橇顶得高高翘起，车子严重倾斜了！赶紧停车，但丝毫不敢松手刹。我下车一看，吓出一身冷汗：车子再朝前一点肯定是要翻了。难道我们还要在家门口再损失一辆PB300车？

李队长和老崔赶了过来，大家一起商量办法。只有先拉住后面的雪橇，防止它继续下滑，前面的PB300才有可能脱身。怎么办呢？只有用卡特车支援。

我们于是兵分两路，一部分队员开始寻找散落的钢缆，并将它们一根根地连接起来；另一组人把卡特车开上坡。卡特车平地拉力大，但是在雪面上爬坡，难度很大，存在明显的风险。小魏主动请战去开那辆卡特车，因为他对卡特车的性能最熟悉，老崔跟着他一起过去了，我们目送两位消失在坡顶的地平线上。

连好钢缆，开始呼叫老崔和小魏，但反复呼叫都没有回答，一种

不祥的预感袭来，但谁都不敢说出来。我们几个人跌跌撞撞地爬上坡顶，却没有看到应该等在那里的卡特车。赶紧向对面跑，同时用对讲机不断呼叫。快到坡底时，看到那辆卡特车斜着停在坡的一侧，离开上坡路已经有一段距离，巨大的车轮飞出十几米以外，大腿般粗的钢轴被生生震断，小魏和老崔两人一动不动地呆坐在地上。

我们跑到他们面前，发现他俩已经几乎不会说话了。后来得知，小魏驾着卡特车一鼓作气朝坡上开，眼看快要到达坡顶，车子突然打滑，失去了动力。据老崔形容，车子就像一个自由落体似的从坡上直接掉下来。卡特车拧着劲、歪着头毫无方向地朝下翻转，直至重重地摔在山坡下！

前面两个巨大的轮子飞了出去，掉在半道上。小魏居然没有受重伤，自己从车里爬了出来，一下子哭倒在车轮下，可想而知当时的精神创伤有多大。若在西方国家，事后需要接受很长时间的心理治疗。我在医院工作，清楚地知道在这种情况下，车毁人亡的结果是毫不令人惊讶的，但车毁人却不重伤的结果是非常令人惊讶的。我觉得回国后，我都应该做心理治疗了。

经过这番折腾，大家的心理和情绪都受到了很大打击，很多人站在那里不知所措，唯独李院生队长像没事人似的，显得尤其镇定，甚至还能开出不太好笑的玩笑来，实在让人匪夷所思。一个人的神经能强悍到这种地步？或者根本就是没脑子？要不就是疯了？然而这个时候全队最需要的，正是这种处变不惊的指挥者。

在大坡对面还有一辆完好的卡特车，这次不敢再让它单独上坡了。李队长决定把现有的钢缆延长，钢缆这边拖住雪橇，那边直接拉到远处坡底的卡特车上，只要钢缆绷紧，就应该能拖住雪橇。

大家立即行动，找出所有钢缆和卸扣，把它们一条条地连接起

“俄罗斯大坡”坡度很陡，PB型雪地车单独行驶没有问题，但是如果拖拽负重的雪橇就很容易发生危险。

运送一个雪橇过“俄罗斯大坡”，前面的雪地车和雪橇之间采用“硬联接”，后面再用另一辆雪地车拽住雪橇，这么做是为了防止雪橇下滑冲力太大。

雪地车拉着雪橇过坡，雪橇上是我曾经开过的“小黄斗”。下坡时雪橇冲力太大，（一直顶着）差点将前面的雪地车顶出山路去，非常危险。

来。单单一个卸扣就有25斤重，大家带着钢缆和卸扣吃力地朝坡上移动，很多时候，只能坐在地上、趴在地上，慢慢地将钢缆和卸扣一点点往坡上挪。

所有能找到的钢缆都连接起来，长度还是不够，但是再让这辆卡特车上坡，风险太大了。天色已晚，中山站已多次呼叫我们收工。老崔强烈建议：现在队员们心气浮动、情绪急躁，应该告一个段落，明天再继续干。李队长做了短暂思考后，果断决定收工。

回到中山站，站里的队员们已准备好可口的饭菜，热情地招呼着我们。据他们事后说，当晚内陆队员回站时，个个沉默寡言、心事重重。他们不知道发生了什么事。

今天在家门口附近损失两辆雪地车，即便在整个内陆探险过程中，都没有在一天之内发生这么惨重的情况。所幸没有人员伤亡，但我们依然要为此承担责任。还是那句老话：在南极任何事情都是无法预料的。

2009年2月28日
星期六

惦记着尚未完成的任务，在没有召唤的情况下，一大早内陆队员们就聚集在广场上，整装待发。杨惠根领队和秦为稼副领队也随队出发，估计让他们在中山站里等消息，他们会坐卧不安。

先去解救被重雪橇顶着的BP3000车。我随部分人乘坐中山站的一辆俄式装甲车，翻山越岭，绕过被堵的道路，去PB300后面。第一次坐装甲车，这是一辆过时的俄罗斯装甲运兵车，体形低矮，重心非常低，人坐在车厢里，两脚好像离开地面并不远。这么设计是有利于作战驾驶时的稳定性？

据说该装甲车是老毛子送的，已经非常陈旧，外面锈迹斑斑，看起来像一堆废铁，难以想象它还能开得起来。但是一发动，却发现它的动力依然令人惊讶地强劲，像一头未经装饰的野牛似的。这可能是俄罗斯机械的一个特点，看起来做工粗糙、笨拙，但非常实用。大概符合战争车辆的要求吧。

装甲车绕过俄罗斯进步二站，直接奔向山上。它在泥土、石头的路面上动力强劲，但碰到雪面就明显软弱了，因为履带吃雪太浅，使不上劲儿。我们专挑那些化了雪的山地走，很快就到了坡顶。

今天要用装甲车作为后面的牵引车。链接好钢缆，装甲车随之发力，钢缆绷紧了，顶在PB300屁股后面的雪橇终于有了一点朝后的拉力，虽然没有完全拉开，但当小曹将PB300朝下慢慢挪动时，就没有了雪橇朝前顶的压力。雪地车和雪橇一起小心翼翼地慢慢朝下挪动，装甲车也跟着一步步朝后退，终于把PB300和后面的雪橇挪到了平地上。

中山站派卡特车来接“小黄斗”，雪橇和车都直接被放在中山站旁边的码头上，可以通过驳船直接将它们运上雪龙船，回国修理。

第一件任务终于圆满完成，开了一个好头。

接下去运两个装载PB240的雪橇。有了前面的经验，后面就顺利多了。运它们下坡时，一辆PB300在后面拽着，另一辆PB300在前面拉。尽管如此，在坡度最陡的地方，前面的那辆PB300车还是能感到后面雪橇的推力，几乎不用踩油门，就被慢慢地推下坡。不久，第二个任务也告成功。

此时已是中午12点半，小魏、宫雪非和安春雷三人在35公里处取到了装有冰芯的雪橇，正往回赶。部分队员要等他们回来后进一步处理橇上的冰芯，剩下的队员就抓紧时间回中山站吃饭。能方便地回中山站休息或吃饭，不仅有利于及时补充精力和体力，更重要的是有一种潜在的心理上的安全感。

下午再到出发地整理雪橇。直升机过来取冰芯，把这些“宝贝”直接空运到雪龙号船上，放入冷冻房。直九飞机起降了7个架次，才把所有的物品全部运到船上。这时已经是下午5点了，我们离开出发地，将剩下的两个装冰芯样本的雪橇安放到进步一站。

至此为止，内陆队的物资整理取得了一个阶段性的胜利，今天工作进程和成效是令人满意的。

29 庆生、极光、裸泳，中山站的欢乐时光

2009年3月1日
星期日

继续收拾内陆队的“财产”。雪橇分别运到各自的位置，有些直接回到中山站或码头上；有的放在进步一站，明年再用。今天还得整理乘员舱。我们离开时，仅仅带走了一些行李和个人物品，而被单、褥子、枕套等都乱七八糟地堆放在舱里。我们的任务是，将舱中所有能清洗的生活用品拆下来，并统一运回中山站。不知道中山站会如何处理这些东西，是清洗后明年再用？抑或是干脆扔掉？我们就不操心这事了。

打开生活舱门，一股奇臭扑鼻而来，让人几乎作呕。当我们掀开被子时，那味道可以将人熏倒在地，而被子下面更是什么脏东西都有。难以想象我们居然能在这种环境中其乐融融地生活了两个多月！

现在剩下的难题是那两辆在家门口损坏的车辆。一辆是左侧履带全部断裂的PB300，停在鹰嘴岩的坡上；另一辆是前面两个轮子已经飞脱的卡特车，留在俄罗斯大坡下面。四位机械师由老崔带队开始处理这两辆车。他们要给PB300换上一条履带，希望能将车直接开回中山站；而那辆卡特车则需要将两个轮子重新换上。

履带和车轮均没有配件，只能拆东墙补西墙地从其他车上拆卸。不管怎样必须先将它们运回中山站，要不然冬天一到它们就会被就地埋葬，那就可能再也无法修补了。那辆PB300“小黄斗”，虽然已经瘫痪在雪橇上，但它的履带还完好无损。经过一个上午的努力，几个

人终于将小黄斗的一条履带拆了下来。

今天是我的生日，晚上照例要为我庆祝一番。虽然这是一个特殊的、具有历史性意义的生日，以后不可能再有机会在这么特殊的地方和一群特殊的人一起过生日了，但是说实话，我实在提不起精神来好好过这个不平凡的生日。也许是这段时间里受到的各种精神刺激太多了？当然，在国内对过生日也早就没有什么特殊兴趣了。

晚上生日宴的大部分含意是有了另一次加餐的机会。张宏忠老弟亲自下厨，为我们多准备了几道菜，照例把二锅头搬了上来。队里送了我一张生日贺卡，卡里夹了4根企鹅羽毛（强调：那企鹅羽毛不是从企鹅身上拔下来的，是在地上捡的），作为我年龄的10位数的象征。杨惠根领队、李院生队长等亲自给我敬酒，热闹一翻后领导们撤离了。我们哥儿几个加上老崔，坐下来喝酒聊天。次旦自然又要一展歌喉。11点多才曲终人散。

中山站前的海面对比。内陆队出发前，冰山封锁站区海面，正夏季时，3个小时的顺风就可以把冰山远远吹离，那时海面开阔，驳船可以开到岸边码头。

2009年3月2日 星期一

李院生队长指示：今天任务有限，不需要全队一起出发，五六个人跟他一起去就够了。至于哪些人去，没有进一步指示。大家知道李队长的习惯是逮着谁就是谁去。我心里一懒，就继续躺在床上没起来。当队长知道我还没起床，果然就用对讲机通知我不用去了。一般

情况下，李队长有活干都会叫上我。队里还流传一个说法：队长一般是找亲信干活，找非亲信闲聊。

上午扎扎实实睡了一觉，感觉又完全可以进入工作状态了。知道我没随队长出发，老崔和小曹就招呼我一起去救那辆鹰嘴岩边的雪地车。这是我第一次目睹装履带的过程：先用吊车把带来的履带拉下雪橇，平铺在损坏的PB300前面的坡地上，对准方向以后，将车慢慢朝前挪动，使车的履带齿轮扣在地面的履带上，直到整个车都停在履带当中。然后把履带的一端高高吊起，再慢慢放在履带齿轮的上缘，履带两端在上缘对接后，用专用的卡口将履带一点点收紧，最后用螺丝螺母加以固定。

没有经历过整个过程的人，这么听下来估计不能完全理解。大家花了两个多小时才装好履带，之后这辆PB300车居然成功启动了，看来质量确实不错。车子能修好，最高兴的当然是小曹和我了，为了这辆车，我们可是憋了一肚子歉疚和失落啊。今天终于修好了，松了一大口气。

我和小曹分别开着PB300车，怀着胜利的喜悦往回赶。当到达俄罗斯大坡下时，正好遇上小魏和老邹，他们去救那辆损坏的卡特车，我们也加入了。在几个机械师的共同努力下，终于把断轴拆了下来，装上新轮子，打上液压油，收紧皮带轮。一启动，嘿，这辆卡特车也能开起来了！

虽然车后面的吊车撞坏了，但至少能开。两辆车都能运行了，真是喜上加喜，大家心情大好。老崔决定，今天先将修复的PB300开回中山站，卡特车暂留坡底，明天用PB300做牵引，开回中山站。

至此为止，我们在冰盖上的大部分工作已经完成，要带回国的东西都堆积在码头上了。只要中山站前的冰封消散，就能放下驳船，开始运输。其实中山站附近的冰封已经化开了，只是目前刮的是北风，浮冰块和冰山刮向岸边，又把岸边封得严严实实。据那些老南极介绍，只要南风一起，三四个小时，就能把站前的巨大冰山吹个精光，因为它们都没有根，能随着海水的流动而漂走。

2009年3月3日 星期二

吃完早餐后，我就自觉地穿上工作服。带上帽子、手套，果然李队长点了我的名，集合了6名队员出发，到进步站整理物资，这些都是为明年进冰盖做的准备。

回到中山站，我和次旦整理了从冰盖带回的药品，药品消耗量不到一半。一些保健性质的直接分给内陆队员们，剩下的放到中山站医务室。那个高压氧舱原来是想留在昆仑站的，但考虑到那里尚无发电、取暖设备，冬季气温太低，有可能损坏这价值不菲的氧舱，所以带了回来。

工作已接近尾声，雪龙船在3月10日前一定要离开中山站海面，因为再晚了海冰就有可能把整个海面牢牢冰封住，接着就是整个冬天，船就再也没有可能开出去了。所以不管驳船能不能靠岸、岸上物品能不能运上船，时间一到，就一定要撤离。这对大家其实是一颗定心丸。

晚上，杨惠根领队到我们房间里来做客，天南地北地瞎聊了一会。离开时外面天色已偏晚，他好像是随意看了一眼天色说：看样子今晚会出现极光。我当时没有把他的话当真，哪有随便一眼就能看出要有极光？躺下后不久，就听有人在对讲机里高呼：出现极光了！大家操起照相机就往外跑。

果然，那极光像几条宽窄不同的光带飘在天边，扭曲着在天空上慢慢变形，两端呈融化状散开着。由于背景天色不够暗，极光的色彩不是非常的亮艳，以浅绿浅蓝为主。极光不断地变化，不久就暗淡下来消失在天际了。

这是我第一次看到极光，以前总听说它灿烂而神奇，但这次亲眼目睹，却觉得跟想象相去甚远，也许今天看到的是一个非典型、朴素的特例？这时才突然想起，杨领队之所以能够预测极光，因为他是极地大气粒子和电离层专家啊！有时，一个人离你太近，反而把他最主要的属性给忽略了。

2009年3月4日
星期三

今天是清闲的一天。

上午李队长只叫上几位队员去进步一站整理雪橇。其实已经没什么工作可作，只是对于李队长来说，每天要是不出去干点什么，就好像心里没有着落，哪怕只是开着车到进步一站逛一圈，在那边做个午饭什么的，也算是一件事。

我几乎在床上赖了一天，看书、上网、看新闻、看电影等，感觉挺舒服，不觉得饿，中午也懒得起床，随意吃些饼干等非健康食品就混过去了。一个人从勤劳状态转变到懒散状态是这么自然而且容易，也许懒惰是刻录在人类基因里的天性吧！

昨天CCTV的徐进在中山站的莫愁湖里游了泳，虽然只有几分钟，毕竟开了一个先例。老徐在国内一直有冬泳习惯，在南极游泳更有特殊意义。今天次旦也忍不住要试一把，据他自己说，每年都要在拉萨河冬泳。次旦把我从床上拉下来，为他作岸上服务和后勤工作。

南极科考队并不鼓励队员们在南极游泳，所以先得签“生死文书”，一切后果自负。过程当然既不严肃也不正规，像是一个半开玩笑的证明。在岸上，次旦先煞有介事地做了些暖身运动，还喝了两口二锅头，然后搔首弄姿地一件一件脱衣服，脱一件甩给我一件。

他下水游到湖中，岸上有人大喊着让他把最后的短裤也脱了，改成真正的裸泳。次旦随即用力将最后的遮羞布扔上岸，并在水中上下跳跃。岸上一片欢呼和相机的咔嚓声。秦领队的名作——“中山站裸泳的次旦”诞生了。次旦一共游了5分钟，全身通红地上了岸。

2009年3月5日
星期四

内陆队工作接近尾声，队员们开始无所事事地在中山站闲逛，这种懒散状态同其他正忙于工作的队员形成了鲜明对比。

小曹与企鹅合影。他是单板滑雪高手，在中山站终于有了一显身手的机会。

次旦在莫愁湖里裸泳，当时气温接近零度。

中山站目前正在热火朝天地进行基建工作，中铁工人们在夜以继日地搭建几个建筑物的外框架。中山站越冬能力有限，大部分工人要跟随雪龙船回国，所以要赶工期，中铁工人分两班倒，晚上经常干到9点天色暗下来后才收工。内陆队员的“悠闲”或多或少地影响了其他人，造成他们情绪不稳定。

领导们决定，如果条件允许，就让部分内陆队员提前上船。所谓“条件允许”，主要是指天气情况，前几天天气一直不太好，风大，昨天还飘了一点小雪，这种天气下直升机没法作业。虽然中山站和雪龙船隔着冰山相望，但如果直升机无法作业，别说运输岸上的物资，就连人员也无法送上船。

随着夏天结束，南极天气只会朝着更恶劣的趋势演变，可能再也不会有让人满意的天气了。这也是决定先接人上船的原因，避免临走时想上船都没有机会了。气象预报显示明天下午有可能会放晴、风力减小，大部分队员开始准备自己的行李，有可能一声令下，10分钟之内就要动身上船。

在离开中山站前，内陆队员们还悄悄地做了一件事：捡块石头回去作纪念。原则上来说，这种做法是不被允许的，我们来南极接受过宣教：不在南极大陆留下任何东西，也不从南极大陆带走任何东西，包括动物活体和遗骸、南极大陆的一草一木。

“留下东西”是不可避免的，而且正是目的，所建的新站都留下了；看来“不能带走东西”大家也难以遵守了。草木虽然没有，但石头那么多，捡走几块就会破坏环境吗？虽然李队长持明确反对态度，但队员们多多少少、或明或暗地都在捡石头。

南极石头的意义也就在于它的特殊身份，长得奇特并不是它的可贵之处，不能以太湖石皱、瘦、透、漏的标准来衡量。队员们捡石头的另一个重要原因是，能从南极带回国内的纪念品实在太少了，除了冰雪就是石头。好不容易来一次南极，总得留下些什么作为念想吧。

2009年3月6日 星期五

早晨风还是很大，但午后眼看着风就小了下来，这南极气象预报还真是准，再次表扬！直升机开始起运，那熟悉的直升机螺旋桨的声音，不停在中山站和雪龙船间往返。

15名内陆队员第一批撤离上船，包括全部12名宝钢队员和他们的“秤砣子”李侍明副队长；科考队中的安春雷和宫雪非，他们需要安排船上的科学仪器和冰芯样本等。一时间，内陆队宿舍的走廊又活跃起来，人员穿梭、一片忙乱。宝钢队员们将自己的行李打包整理，往楼下直升机停机坪上搬运。忙乱中能体会出他们轻松、愉快的心情，终于等到回家这一天了。

李院生队长叫上我、老崔、小曹和小魏，一行5人再次到进步一站和俄罗斯大坡下去完成最后撤离前的工作。

我们先到进步一站，搬运原本打算放在那里的1个生活舱和1个乘员舱。因为经过计算，明年会有新的生活舱从国内运到。这两个舱将被放到离中山站不远的一个“风景区”里，可以充当一个临时落脚点，像澳大利亚的劳基地一样，供所有需要的人使用。

路上我偶然间回头看了一眼俄罗斯大坡和远处进步一站，突然意识到，这将是我此生中最后一次看到它们了。从出发前的准备到回来后的整理，来来回回多少次路过这里，在这段路上留下了多少或喜或忧、或欢或惊的故事，从此以后它就只能保存在我回忆里了。

2009年3月7日
星期六

大家都知道今天会再有一部分队员上雪龙船，但不知道会是哪些人。队长照例没指示，八成他也没想过该谁上船，点到谁是谁吧，大家已经习惯了。不过想早些上船的人可以在他的身边多转悠转悠。8点多，首架次直九飞机过来了，徐进和其他几位队员将行李放上飞机，随机上船了。

这时李队长过来让我帮忙去干活，被临时抓住壮丁的还有许波和张胜凯。我们继续整理回船的物品。

下午，我发现综合楼门前的一个大冰库的门被打开了。我到中山站后，从没见到这个门被打开过。令我惊讶的一幕出现了：起重机从冰库里慢慢拉出一头海豹的尸体，已经冻得僵硬，然后一头接着一头朝外拉，一共拉出8头海豹尸体。

海豹大大小小都有，它们的身体扭曲，头上和身上都有明显血迹，显然是“他杀”。它们被拖到广场上，装上口袋，等着直升机吊上雪龙船。那些海豹在阳光照射下温度回升，广场上弥漫着一股带血腥的酸臭味。我询问了极地办领导后得知，猎杀这些海豹是经过批准的，并有国际南极协会同意的证件，它们被运回国内主要是作标本或做科学研究。虽然合法，但看到这个景象，还是觉得惨不忍睹，心里非常不舒服。

气象预报说还有明天一天的好天气，直升机还能运作。虽然晚上下起了小雪，我们还是相信这里的气象预报。我想明天可能是在中山站的最后一天了，因为预计3月9日会出现一个新的气旋，不知道多少天才能过去，估计雪龙船需要在这个气旋到来之前离开。

2009年3月8日
星期日

上午还在下雪，但我们还是坚定地等待昨天气象站的“预言”。还有8名内陆队员在这里，行李都整理好了，没有必须的工作要做，大家处于停顿状态。中午时分，大家惊喜地发现雪终于停了，而且风也变得很小，直升机可以运作了。

大家一致认为：无论如何先撤人员，保证人员上船。于是我们把行李都堆放在直升机停机坪旁，随时随地迎接飞机的到来。但此时雪龙船上传来指示说，先把剩下的几包降落伞和科研仪器吊上船，再运航空煤油，最后送人员。

虽然隔不了几个小时，但大家心里还是有明显的失落感。8个人在房间里打牌，但是情绪都不高，我在一边有一眼、没一眼地观战。真是奇怪，短短半个月前，我们还英雄般豪气冲天地在冰盖上奋战，不曾有风险和困难吓倒过我们，现在晚一点“回巢”算什么？但如今，大家如同打完仗要撤离的散兵，都希望越早走越好、越快走越好。

货物运输终于结束，我们可以上船了，但需要留3个人协助直升机挂钩。夏书记要拍告别镜头，必须得留下；另外还要留两个人去进步一站，协助直升机将两个已经装好挂件的舱吊运走。目前情况下，任何工作都是苦差事，多逗留一分钟都是煎熬。小曹留下来挂钩，我想第三个人应该是我吧，但小魏坚持他留下来。一番推托后，我领受了他的好意。我和李队长等其他4位，坐上直九离开了中山站。

我从机舱朝外凝望了一圈站区，这是最后一次看中山站了，这辈子也不可能再来。内心百感交集，脑子里乱成一团，眼前却出现不久以前（又好像是很久很久以前）我坐着同一架飞机降落在中山站的一幕，李队长迎上来接过我的包裹……不敢再朝窗外看，我直视前方，却清晰地体会着中山站在我身后渐渐远去，渐渐消失。

直升机穿过冰山的缺口，很快就看见了下面的雪龙船，这条既熟悉又陌生的船。上船后看到什么东西都倍感亲切，我与曹建西被安排在一个屋。我把两人的大小行李都放到房间里，才长长地舒了一口气：我上船了，要回家了。

记得内陆队刚从冰盖回到中山站时，觉得站里是如此舒服，能洗澡、能上网、吃得好、又安定，当时觉得在中山站住上几年都没问题。现在到了雪龙船上，感到生活级别又提高了一个层面，生活设施不说，雪龙船还能让人有温馨、安全的家的感觉。

今晚还有3位内陆队员留在中山站，他们一定非常孤单。我到通讯室，用对讲机同还在中山站的小曹通了一次话，告诉他行李已安然无恙的放好，并做了一些明知无效的安慰。听得出，他的声音非常孤独。据说他们3人分别待在自己的房间里，坐在床上悄然无声地看电脑。我有一种自己撤离后，却将战友留在战场上的感觉，没有亲身体会，很难理解我们此时的心情。

今天是三八妇女节，领导请几位女队员吃饭。其实是领导吃饭，

雪龙船放下驳船，试探是否能让驳船靠上中山站码头，将物资运到船上。

女队员们能吃得下多少饭、喝得下多少酒？在我们去冰盖那阵，杨惠根领队在船上设计了一个酒吧，以不苛刻的标准来衡量，感到还是可以的，至少多了个聊天好去处。我晚上去坐了一会儿，但感到非常累，回舱吃了两颗安眠药，躺下后开始计划在船上将要做的事，但很快就睡着了。

2009年3月9日
星期一

今天是告别仪式，其实双方在心理上早已说再见了，这次主要是形式。本次南极科考队的所有领导坐直升机飞回中山站，同留在那里越冬的队员们正式说再见。同机去的还有中央电视台的两位记者，他们要把这些镜头都记录下来。

最后留守的三位内陆队员与领导们一起回船，终于在甲板上迎接到了他们3人，个个脸上是如释重负、石头落地的喜悦。整支内陆队伍终于全部到齐。

下午4点整，雪龙号船在一声汽笛中正式起锚开航了，从现在开始，我要慢慢地把自己的生活、作息规律重新调回正常状态。我知道南极冰盖的旷野将慢慢离我远去，我很快就会回到北京，回到紧张的工作生活中去，身体和心理都要做好充分准备。

能参加中国第25次南极科考队，并成为内陆队队员之一，我感到非常荣幸。和队员们一起克服重重困难在Dome A成功建立昆仑站一期工程；完成了医疗保障和医学研究任务；进入冰盖路途上全程开车，并且参与所有我能参与的工作。

我对于自己在这次行程中的表现是满意的。在这短短的4个多月时间里，我体会到了我这辈子不可能用其他形式体会到的经历和感受。每一件影响深厚的事件刚刚结束时，总是来不及也无法做出完整全面的总结。但我知道这次在南极的非凡经历一定会对我的余生带来无法抹去的影响，我已经不再是原来的我了，我是经历了冰盖的我。一丝一缕的回忆都是我人生的宝贵财富，将伴随我一直回味到我生命的终点。

后记：

南极，珍藏一生的记忆

雪龙船的回程显得特别的快。经过第一夜的航行，已经驶出浮冰区了。很快我们又再次经历西风带，虽然这次出现了船体倾斜32度的前所未有的摇摆，但总体上不舒服的感觉却远比来时要轻。原来万事有了点心理准备就会好得多。一路上平安无事。我又开始跑步锻炼，并在船上的“南极大学”讲了一堂医学常识相关的课。大家看惯了我穿着红色工作服的样子，一下子还接受不了我“老本行”的白大衣，居然台下发出嬉笑声。2009年3月20日一早，雪龙船终于到了Fremantle港，大家有机会离船上岸，到小镇上去逛悠一番。在与世隔绝了这么长一段时间后，队员们第一次看到了正常的街道和穿梭其中的花花绿绿的人群。我们重返文明世界了。3月21日下午，我告别了所有队友，离船入境澳洲，同时也暂时离开了25次南极科考队。

下船后经过短暂的停留、访友，就直接飞回了北京。从南极特殊的生活状态猛然进入现实世界，颇有些不适应。这种生理上，更重要的是心理上的转变需要一段时间。这段时间我的脑子是比较“混沌”的，不停地在记忆和现实间切换。

在我下船之后，雪龙号船继续着它的旅程。4月1日，雪龙船停靠台湾高雄港，这也是祖国大陆的第一艘公务船在宝岛台湾停泊，具有重要的意义。据说雪龙船进入高雄港时，台湾当地军方还担心船上的先进“探测仪器”是否会把港口的地形摸得一清二楚，要求在船进港时关闭所有的声纳雷达等探测装置。其后，雪龙船经过了韩国济州岛，放下了Ka–32直升飞机和韩国机组人员。4月20日，全体考察队员终于到达了上海。

作为南极科考队的内陆队成员，我早就接到通知要在4月20日前赶到上海，并提前上雪龙号船报到，和其他的科考队员一起作为一个完整的团队参加盛大的欢迎仪式。我按捺不住激动的心情，19日飞到上海，登上了阔别近一个月的雪龙船。船上的老面孔见到我都非常亲热，大呼小叫地跟我搂搂抱抱。我经历了一个月现实世界的洗礼，在日常行为上已经比较“内敛”；而他们这段时间一直待在船上，还残存了一些南极生活粗犷的风格。看来，环境造就性格是有根据的。

在跟老熟人寒暄之后，我与直九飞机的驾驶员聊了起来。这架直升飞机预计第二天欢迎仪式之后从上海经由北京飞回沈阳。我灵机一动：坐直升飞机回北京也是一种独特的体验。于是我让年轻驾驶员第二天把我一起捎回北京，由于以前关系非常熟，他满口答应了，还说这样路上可以多一个人说话。可是当我了解到飞机要在沿途几个城市停留加油后，我放弃了这个计划。我不想在路上耗太长时间，因为医院里还有很多工作等着我去做。

第二天上午，雪龙号船上彩旗招展、花团锦簇。群众载歌载舞，向圆满完成任务的南极科考队致以最亲切的慰问。领队杨惠根代表全体队员发表了讲话，对群众的欢迎表示了由衷的感谢。杨领队在韩国济州岛时曾突感右下腹痛，当地医生怀疑是急性阑尾炎，被飞机紧急送回国内接受治疗。后来，杨领队的腹痛逐渐减轻，也就没有接受手术治疗，仅予以保守治疗后得到缓解。这一次，他也是专程抱病赶到雪龙号船跟队员们一起分享胜利凯旋的喜悦。

欢迎仪式之后，就是群众代表及队员家属参观雪龙船。队员及家属分离已经多时，只偶有电话联系，如今再次相聚，场面令人动容。我80高龄的老母亲这次也专程前来参加仪式，很明显她对雪龙船的兴趣尤其大，对船上的每个物件都表现出极大的好奇，她四处同其他队员留影。我一走神，她就消失了。我跑遍全船后才发现，她已登上四层的甲板正跟一个队员兴高采烈地聊天呢。

中午的宴会自然也是非常热闹。宴会后，南极科考队的每一个成员都像放学的孩子一样被家属“领”走了。南极的集体生活结束了，家庭再次成为了队员们生活的主轴。

21日，当我准备回程时，突然听到一个令人震惊的消息：直九飞机出事了！

听说直九飞机离开雪龙船后甲板，朝前刚飞出70米，就栽进了海水中。飞机中共有4人，其中3人被成功营救，仅受轻伤。另一个机组人员老杨不知所踪，搜救人员找了整整一天也没能发现。

1周之后，在离上海港不远的长江入海口处，渔民发现了一具穿着红色制服的遗体。那正是老杨……

老杨夫人的痛苦是无法想象和形容的。一年之前，他们的孩子刚因白血病去世。这次老杨本打算从南极回来之后就退休的。谁知道出了这种不幸！我们只希望老杨夫人能保重身体，毕竟在这种情况下任何安慰都是苍白的。

我时常想，如果当时我选择了跟这架直升机一起回京，那么这个离世的人会不会就是我呢？世事有如此大的随机性，好像均有天意安

在上海坠毁的直九飞机。经历了南极冰雪世界考验的老杨，牺牲在上海。

排一样。老杨在南极生死攸关的时刻尚能全身而退，而在胜利凯旋之时却横遭此劫。可能是天堂里尚有更加重要的工作等着他吧；在那里老杨一定能同他的儿子相聚，给儿子讲那讲不完的南极故事……

这些就是第25次南极科考队最后的一些事儿。

在完成了这部日记之后，编辑同志让我写篇“后记”，总结一下这一段不可复制的非凡经历对我一生带来的影响。他们可能期待着诸如“从此改变了我生命的轨迹”或“从此对生命的意义有了更深的认识”等文字。但是，当我重新搜索这一段记忆的时候，却发现我缺少这种被认为“应该”的感受。从逻辑推理上来说，当一个人经历了生死考验，总是应该会有很深的感触的。但目前我却没有。再次细细重读我的南极日记时，我有种恍惚的感觉，就像这一切都是上辈子发生的事，离现实是如此的遥远。那一段经历就像是人生的一页已经永远地翻过去，再也翻不回来了；又仿佛所有的这些事都发生在别人的身上，我只是一个附体的灵魂在一旁非常贴近地伴随着那人经历了整个过程。我知道这段经历肯定会对我的后半生带来改变，因为不可能没有改变。但我至今都无法总结出这种影响的具体内容和形式。不知道在我生命的最后一天会不会突然对此有所顿悟。但我想：够了，一个人的经历就是他宝贵的财富。这种财富没有办法通过其他方式去获得，也不会被人偷窃或复制。丰富自己的阅历，从最根本的意义上说至少是丰富了自己的人生。如果这次南极建站行动是对国家，或者是对南极科考事业有那么一丁点贡献的话，那就是我在丰富个人阅历之外最主要的收获了。

毛一雷

2010年3月

于北京协和医院外科值班室

附录1：

中国南极第25次科考内陆队队员名单

姓名	出生地	职务或专业	单位
李院生	内蒙古	队长	中国极地研究中心
夏立民	山东	书记、副队长	海洋局极地办
李侍明	上海	副队长	宝钢金属有限公司
安春雷	河北	冰川	中国极地研究中心
宫雪非	安徽	天文	中科院南京天文光学技术研究所
张胜凯	山东	测绘	武汉大学中国南极测绘研究中心
毛一雷	浙江	医生	北京协和医院
次旦罗布	西藏	医生	西藏自治区第一人民医院
崔鹏惠	辽宁	机械师	青海洁神装备制造集团有限公司
邹正定	上海	机械师	贵州柴油机厂
魏福海	辽宁	机械师	中国极地研究中心
曹建西	湖南	机械师	中国极地研究中心
张宏忠	北京	厨师	北京同仁医院
李方明	河北	通信	中国电波传播研究所新乡分所
许波	湖北	记者	中央电视台
徐进	北京	记者	中央电视台
陈兆融	上海	施工	上海宝产轻型房屋有限公司
周定福	江苏	施工	上海宝产轻型房屋有限公司
戴启鹏	安徽	施工	上海宝产轻型房屋有限公司
荀水彪	江苏	施工	上海宝产轻型房屋有限公司
姚旭	安徽	施工	上海宝产轻型房屋有限公司
高建领	山东	施工	上海宝产轻型房屋有限公司
马中青	山东	施工	上海宝产轻型房屋有限公司
陈洪生	江苏	施工	上海宝产轻型房屋有限公司
周景武	安徽	施工	上海宝产轻型房屋有限公司
宋九建	河南	施工	上海宝产轻型房屋有限公司
王云龙	江苏	施工	上海宝产轻型房屋有限公司
马卫新	江苏	施工	上海宝产轻型房屋有限公司

附录2：

网友在内陆队员徐进博客上的留言

博客网址 http://blog.cctv.com/html/81/812281-type-blog.html

空耳道风 / 2008-11-26 03:31:39 誓以自己顽强生命非要去穿越南极无情冰雪的众勇士们，为了祖国和民族的昌盛，本网友向各位师长致以永恒的敬意

央视网友 / 2008-12-11 20:27:22 老徐：你好，今天在你的博客里看到了我弟弟李方明的照片了。自从你们出发，我们家里人也没有信息，一直在电视里关注你们的情况。这几天好像天气不太好，为你们担心，看着图片很美，对你们有信心。有机会，向我弟转告呀，你们回家我们请你们在唐山做客，吃我们唐山的大烧鸡哈！ 姐姐洪芳

央视网友 / 2009-02-14 20:30:34 徐霞兴啊真英雄，开车探路掉海中，急中生智胆子大，沉着冷静自逃生。老方

央视网友 / 2009-03-29 09:27:29 从船长建忠、水手长吴林灿烂的笑脸上，知道你们胜利在望，离家越来越近，我们的心跳也越来越快。感谢船长建忠和你们船上全体弟兄，是你们不辞辛苦、日夜坚守岗位，安全、顺利把科考队员带回祖国，我们家人十分感谢你们，在此，向全体机组工作人员说声，谢谢，你们辛苦了。我们迎接你们的凯旋。 老方

刘奕湛博客留言节选

博客网址 http://liuyizhan.home.news.cn/blog/a/01010013D78D06285835BEF5.html

老酒老酒老酒 / 2009-04-24 21:53 从北极到南极，老杨辛苦了，愿你在天堂好好休息，你是英雄，一路走好

老方 / 2009-03-14 10:56 科考健儿在中山，今日启程把家还。离别时刻有创意，飞机空中转几圈。 “雪龙”汽笛震南天，战友挥手说再见。患难与共情意浓，热泪饱含眼里边。 再见，南极。再见，中山站， 再见，越冬队员。 祝你们一路顺风，早日相见。

匿名网友 / 2009-02-17 11:13 在遥远的南极这么美丽的地方工作，既艰辛，更让人神往！祝科考队员们平安！快乐！

附录3：

南极洲平面示意图

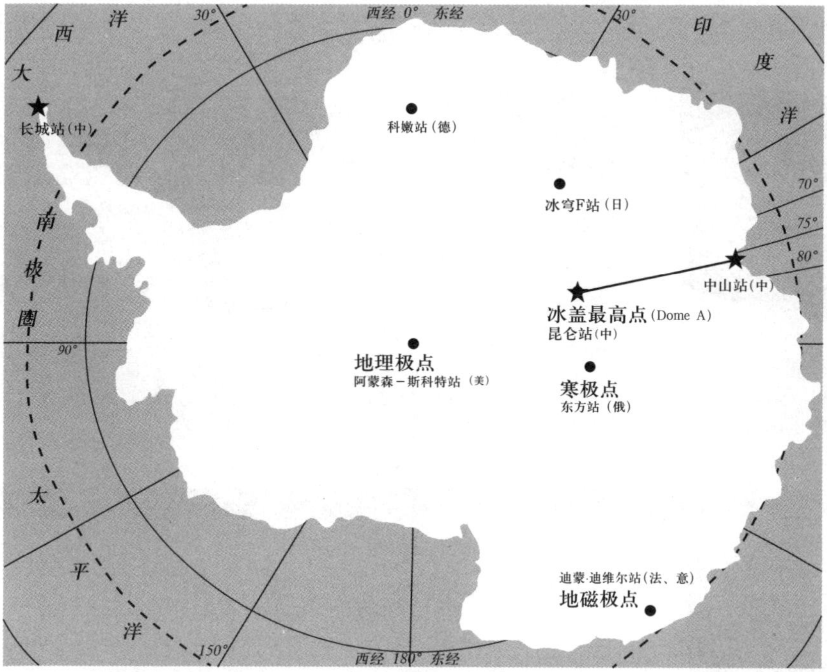

附录4：

中山站附近地形图

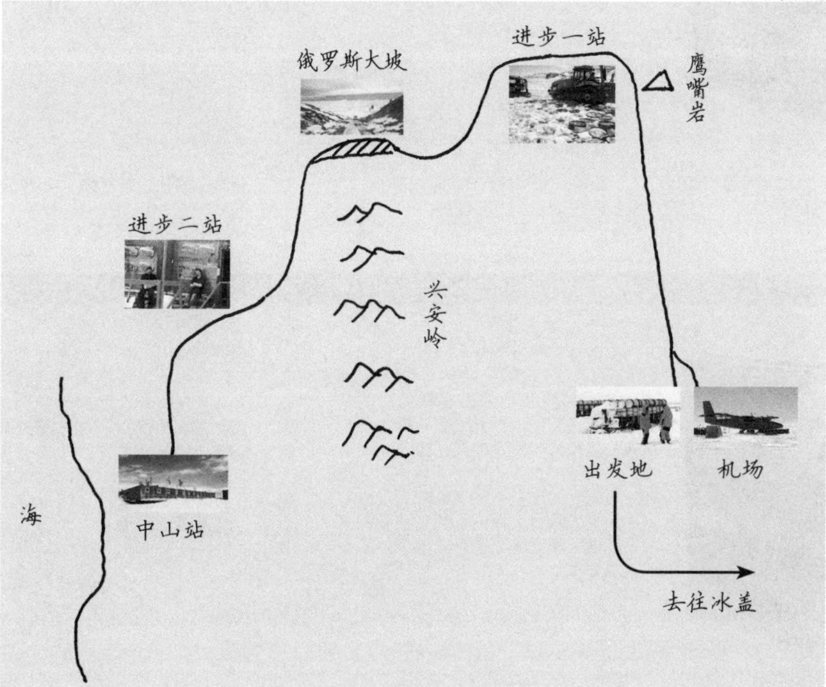

中国国家地理
CHINESE NATIONAL GEOGRAPHY

北京全景地理书业有限公司

梦幻大陆——南极

本书由《中国国家地理》杂志社社长、中国南北极科考队员李栓科与国家海洋局极地考察办公室共同编著。本画册以精美的图片讲述这片遥远大陆上的幽蓝色冰山、苦寒而壮美的冰原、独一无二的地理特征、绚烂多姿而生动活泼的原居民、不畏艰苦的南极探险者与中国科考队员，让喜好极地的读者体验一次南极的视觉盛宴。

作者：李栓科　　装帧：8开精装，176页
定价：128元　　出版日期：2010年1月

中国景色

在中国国家地理杂志改版十周年之际，杂志社推出《中国景色》一书。这本书是十年来执行主编单之蔷先生卷首语第一次择其精华，围绕着一个主题：认识中国，精心结构，结集出版。书中地图数量多，质量高还有众多精彩的直击主题的图片，具有珍藏价值。再重新修订之后，增添了内容及篇幅，地图、图片亦有调整，内容更加精彩。

作者：单之蔷　　装帧：16开精装，384页
定价：68元　　出版日期：2008年12月

亚洲

这里是世界高低两极的共存之地，这里凝结了赤道至北极的生命辉煌。《亚洲》是近年来第一本全面介绍亚洲自然美景的精美图文集，书中的44个地区展现了亚洲地区标志性的自然美景。本书共360张精美的图片、散文式的语言娓娓道来了这些自然景观的地理成因、动植物分页、人文历史等知识，描绘出一个人与自然和谐的祥和画面，犹如一部壮丽辉煌璀璨耀眼亚洲自然史卷。

作者：斯特凡诺·布朗碧拉　　装帧：16开精装，320页
定价：68元　　出版日期：2010年6月

非洲

一本关于非洲的精美图文书，一次野性非洲的原始自然之旅，在这里仍然有无数种动植物还没有被人类所熟识，本书将带您穿越这片广袤大陆，体验高山、沙漠、热带草原和森林……

从地中海到好望角，这里保留着大量的几乎处于原始状态的自然资源，保护着地球上最稀有、最著名的野生动物。这就是荒野而原始的非洲，一个非同寻常的大洲。

作者：乔凡尼·朱塞佩·贝拉尼　　装帧：16开精装，304页
定价：68元　　出版日期：2010年6月

国家公园

本书将带领我们穿越自然，探险最为美丽的自然保护区。书中，摄影大师与作者用独特的镜头语言和优雅的文笔，为读者介绍了世界上最为秀美的自然保护区和其中栖息的美丽生灵。透过本书，读者将惊讶于地球上最珍贵的动物；看到现实中存在的梦幻般的美景。本书用令人炫目的照片和优美清晰的文字，让读者享受本书所带来的难以置信的自然之旅。

作者：安吉拉·艾朵斯等　　装帧：16开精装，328页
定价：68元　　出版日期：2009年7月

品茶读女人

“欲把西湖比西子，从来佳茗似佳人。”后人将苏东坡的两句诗巧妙结合，便成了茶与女人最美妙的历史渊源。茅盾文学奖得主、著名茶文化专家王旭烽2010最新力作，中国首家茶文化学院教师团队合力打造，130余幅珍贵茶文化资料图片，讲文化、道养生、说茶事，品茗香，请诸位细细读来。

作者：王旭峰　　装帧：32开平装，232页
定价：29.80元　　出版日期：2010年4月